조선의
빅데이터,
송남잡지를
찾아서

현대적으로 재해석한 조선의 마지막 백과전서

조선의 빅데이터, 송남잡지를 찾아서

최원재 지음

추천사

　시대를 초월하여 새로운 교육사관으로 조명한 『조선의 빅데이터, 송남잡지를 찾아서』의 출간을 진심으로 축하드립니다.

　1855년 송남 조재삼은 백과전서 유서인 『송남잡지』를 조선의 전인 全人 교육 벨트인 괴산에서 출판했습니다. 조선 후기에 발간되고 나서 『송남잡지』의 가치는 그간 크게 조명받지 못했으나, 2008년 전 권 번역을 시작으로 학계에서 조선의 3대 유서로 인정받게 되었고, 이후 많은 연구가 활발하게 진행되고 있습니다. 그 일환으로 최원재 교수의 연구 결과가 이번에 빛을 보게 되었습니다.

　송남은 『송남잡지』의 자서 自序에서 책의 목적이 교육서라는 점을 분명하게 밝혔습니다. 또한 그 내용에 있어서도 각 분류 항목에 따라 저자의 의견이 반영되어 있습니다. 이러한 점은 조선 후기 실용주의적 실학 교육의 본령을 보여주는 보기 드문 특징입니다. 이 때문에 『송남잡지』는 우리나라 교육사에 큰 의미를 갖습니다.

　송남 조재삼은 만물 하나하나에 서려 있는 의미를 찾아가도록 격물치지格物致知의 교육 방식을 채택했습니다. 그리고 과거와 당시의 지식을 견주어 기록하는 교육 형태를 견지함으로써 독자가 자기만의 지식 체계를 일구고 사색하여 사회를 자각하기를 바랐습니다. 한국인의 문화적 긍지를 고양하여 넓은 도량度量을 갖게 하려는 저술 의도 역시 책 곳곳에서 발견됩니다.

　『송남잡지』를 널리 알리고자 열정적으로 연구와 강의를 하고 계신 동국대학교 최원재 교수님께 감사의 말씀을 전합니다. 더불어 괴산에 남다른 관심을 갖고 지역의 역사, 문화 자원을 발굴해 출판하시는 문화잇다 천정한 대표님께도 감사를 드립니다. 송남 조재삼 5세손으로서 『조선의 빅데이터, 송남잡지를 찾아서』가 출간되어 큰 자부심을 느낍니다. 『송남잡지』가 백과전서로만 알려지기보다는 자기 자신을 되돌아보고 사색의 세계를 열어가는 교육서로 자리매김하기를 바랍니다.

- 송남학연구소 소장 조찬영

들어가는 말

대한민국의 원류를 찾아서

『송남잡지松南雜識』는 1855년에 발간한 백과전서입니다. 이 책에는 상당한 양의 데이터가 들어 있습니다. 저자인 송남松南 조재삼趙在三은 당시 한반도의 지식을 집대성하기 위해서 이전에 발간된 다른 백과전서를 참고하여 여기저기 흩어져 있던 기록을 한데 모았습니다.

제1책 천문류天文類・세시류歲時類・지리류地理類

제2책 국호류國號類・역년류歷年類・외국류外國類

제3책 농정류農政類・어렵류漁獵類・실옥류室屋類・의식류衣食類

제4책 재보류財寶類・집물류什物類

제5・6책 방언류方言類

제7책 계고류稽古類

제8책 이기설理氣說・인물류人物類・조시류朝市類

제9책 화약류花藥類・초목류草木類

제10책 음악류音樂類・기술류技術類・구기류拘忌類

제11책 인사류人事類・가취류嫁娶類・상제류喪祭類

제12책 성명류姓名類・과거류科擧類・문방류文方類・무비류武備類

제13책 선불류仙佛類・상이류祥異類

제14책 충수류蟲獸類・어조류魚鳥類

저자는 이렇게 카테고리를 분류하여 당시 사람들이 여러 지식을 골고루 참고할 수 있도록 하였습니다. 오늘날 역사, 민속, 국문학 분야의 학자들은 『송남잡지』를 보면서 조선의 삶을 연구합니다. 당시 기록이 세세하게 적혀 있기 때문에 증거 사료로서 역할을 합니다. 그러나 『송남잡지』는 탄생의 목적이 교육에 있었습니다. 『송남잡지』는 조선 후기의 실학적 교육관을 반영한 학습서였습니다. 그러므로 『송남잡지』를 단순히 여러 분야의 지식을 모아 놓은 백과전서 식의 공구서工具書(조사・연구에 참고가 되는 사전)로 보는 게 아니라 온갖 데이터를 이용해서 아이들을 가르칠 목적으로 만든 학습서로 생각해야 합니다. 이런 면에서 『송남잡지』는 우리나라 교육사에 한 획을 긋습니다. 바로 이 점이 중요합니다. 지금과 마찬가지로 19세기 중엽 조선은 교육의 새 바람을 원했습니다. 『송남잡지』에는 아래와 같은 기록이 있습니다.

신라가 삼국을 병합한 뒤 원성왕(元聖王)에 이르러 비로소 독서출신법(讀書出身法)을 제정하였다. 고려 태조는 처음 학교를 건립했지만 아직 과거제도는 없었다. 광종이 쌍기의 말을 수용하여 처음 과거로 선비를 선발하니, 이로부터 문풍이 차츰 일어났다. 그러나 부화한 문장이 일어나더니 마침내 폐습되었다. - 과거류(科擧類), 『송남잡지』

과거 공부를 하는 선비들은 오직 요약집(抄集, 초집) 작성에만 힘쓴다. 경서(經書)와 역사서의 문자를 뽑아 모으는데, 글자의 대우(對偶)와 구절의 서로 가까운 것만을 가려내어 장(章)과 부문을 나누어서 편집의 자료로 삼으니 '유초(類抄)'라고 부른다. 과거 문제를 따라 인용하면 절취의 묘미를 얻을 수 있으나, 경서와 역사서 그 자체에 대해서는 전혀 생각을 하지 못한다. 이른바 명경(明經)을 하는 자는 오로지 '말 만들기'에만 신경을 쓴다. 그래서 경전을 가지고 단락마다 각각 한 글자를 뽑아내어 음란하고 웃겨서 기억하기 쉬운 말로 만들어 암송의 자료로 삼으니, 이것을 '성령(聖令)'이라 한다. 장구와 단락의 차례를 엇비슷하게 잊지 않을 수는 있지만 대의(大義)는 전혀 알지 못한다. 이 두 가지가 풍속을 이루어 '문장의 요귀(文妖, 문요)'와 '경전의 적(經賊, 경적)'이 되니, 송나라 말기의 폐단에 머물 뿐만이 아니다. - 과거류(科擧類), 『송남잡지』

『신당서(新唐書)』에 "명경과(明經科)는 첩괄(帖括)만 외우면 된다."라고 하였는데, 주석에서 "요점을 모아서 암송한다."라고 하였다. - 과거류(科擧類), 『송남잡지』

위 구절에서 보이는 당대 교육의 폐단은 단지 조선만의 문제가 아니었습니다. 그 시절 동아시아의 공부법은 현대의 입시 교육에서 보이는 공부법과 비슷한 양상을 보였습니다. 공부라기보다는 입시 요령 익히기에 가까웠습니다. 이러한 세상에서 『송남잡지』가 출간되었습니다. 저자 송남 조재삼은 그 서序(머리말)에서 『송남잡지』가 교육서임을 천명했습니다. 저자는 두 아들을 가르치기 위해 도서 매체를 통한 새로운 데이터 교육 방법을 고안했던 것입니다.

『송남잡지』에서 저자는 1855년즈음 쓰였던 말의 유래를 알려줍니다. 무엇이든 그 유래를 알다 보면 그것이 나온 바탕도 알 수 있습니다. 말의 유래와 형성 과정에서 생기는 호기심은 또 다른 지식 네트워크의 원천이 됩니다. 뇌는 이렇게 움직이고 발달하게 됩니다. 저자는 한반도와 동아시아의 인명, 지명, 사물명 등을 보면서 당시 말의 원천을 더듬어 갑니다. "저건 왜 저렇게 불러?", "이건 무슨 뜻이야?"라는 아들들의 물음에 답해주면서 아이들이 이러한 주위 사물, 대상을 파헤치는 힘을 기르고 원류를 알아가면서 세상의 퍼즐을 맞출 수 있는 공부를 할 수 있도록 해주었습니다.

　누군가는 쓸데없는 잡지식이라고 말하기도 하고, 누군가는 '그런 건 알아서 뭐 하나?'라고 하는 지식을 얕잡아봐서는 큰 공부를 할 수 없습니다. 민들레 꽃의 어원을 아시나요? '민들레'라는 말은 '문 둘레'에 피는 꽃이기 때문에 생겨났습니다. '글쎄'는 '그럴', '그러기에'에서 나왔습니다. 이런 것을 안다고 해서 대단한 지식을 얻었다고 할 수는 없습니다. 그러나 무언가 어떤 대상에 대해서 파고들어 생각의 여백을 채우고 비우는 격물치지格物致知의 습관은 공부의 궤적을 넓혀줍니다. 저자는 누구라도 이해하기 쉽게 말 뿌리의 단서를 찾아 이를 보여줌으로써 공부의 내용과 공부의 방법을 알려줍니다.

　『송남잡지』에는 '그것이 지금의 이것이다.'라는 말이 자주 나옵니다. 이 말이 곧 『송남잡지』를 정의합니다. 시대를 관통해서 내려오는 말의 흔적을 찾아가는 여정은 다름 아닌 재미있는 언어 게임입니다. 이로써 학습자의 생각 틈을 비집고 들어가 평소에는 생각하지도 못한 지식의 여백을 만들어냅니다. 공부란 실용의 범주에만 있어서는 안 되는 성격의 존재자입니다. 생각하는 힘을 길러주는 것이 공부입니다.

　송남의 공부 방법은 지식의 원천 데이터를 이리저리 합쳐보고 고전의 내용과 자기 시대의 현상을 잇는 것이었습니다. 이런 방법은 지식의 교감과 공감을 일으키고 뇌 활동을 자극하는 흥미로운 학습 방법이었습니다. 디지털 데이터 내러티브digital data narrative 교육학자로서 제가 『송남잡지』를 연구하면서 "유레카!"를 외쳤던 지점이 바로 이 학습 방법입니다. 과거 급제를 위해 편식성 수험 공부만 하던 조선의 교육적 폐단을 보고 송남 조재삼이 자신의 아이들만큼은 달리 가르쳐야겠다고 생각해 만든 조선 후기 데이터 분류 학습법은 오늘날 우리가 그렇게도 필요해하는 디지털 데이터 시대의 교육 방법입니다. 일제강점기가 없었다면 조선 후기에 『송남잡지』를 통해 본격적인 모습을 드러낸 실학적 데이터 학습법의 명맥이 지금까지 이어져 왔을 게 분명합니다. 이러한 명맥을 살리고 지금 시대가 필요로 하는 공부 방법을 만들기 위해서 저 역시 『송남잡지』 방식의 책을 기획했습니다. 이 책을 '신新 『송남잡지』', 『송남잡지』 시즌 2'라고 부를 수도 있겠습니다.

　이 책은 우리 주변의 것 중에서 누구나 한 번쯤 궁금해했을 법한 것들의 연원을 더듬어 가면서 한국과 아시아의 데이터를 고전에서 현대의 콘텐츠로 이어가는 방식으로 구성했습니다. 한국 문화와 한국인을 더 깊이 알아가고자 하는 국내·외 한국학, 한류학 연구자와 한국을 알고 싶어하는 모두에게 도움이 되기를 바랍니다. 이 책에서 인용한 『송남잡지』는 경북대학교 강민구 교수님의 번역본입니다.

- 2025년 8월 어느 날,
최원재

목차

추천사 4

들어가는 말 대한민국의 원류를 찾아서 6

1장

인격화의 한국인

윤이정 19 | 허엽 21 | 박혁거세 25 | 알영 25 | 신사임당 27 | 어지간 30 | 김숭겸 31 | 숭례문 34 | 명천 37 | 저명산 41 | 김시습 42 | 김유신·이기축 47 | 견훤 52 | 상·돈·태 55 | 유몽인 56 | 류차달·이도 58 | 이업복·김중진 59 | 경기도 이천 61 | 금강산 62 | 속리산 63 | 개롱 64 | 마이산 65 | 개운포 67 | 금난새 68 | 김천 69 | 지지지지 71 | 이이 72 | 남곤·심정 74 | 임꺽정 75 | 신문고 76

2장

한국인의 영토성

삼한일통 *81* | 고구려 *84* | 백제 *86* | 신라 *87* | 가야국 *89* | 조선 *89* | 말갈 *91* | 발해 *93* | 김극수 *94* | 동두란 *103* | 한반도 분할 *104* | 다다량 *106* | 대마도 *107* | 현해탄 *109*

3장

한국인의 가상성

용 *113* | 요괴 *115* | 우물 *132* | 떡 *147* | 놀이 *151* | 시장 *155*

4장

한국인의 스타성

최치원 *165* | 화랑 *171* | 과거 *175* | 혼인 *185* | 음악 *191*

5장

어벤져스 한국인

남이·안종약·이영간·양만춘·유봉수·신숭겸·을지문덕·강감찬·조충·김취려·박서·김경손·정충신·송 장군·지채문·정렴·최세진·이지함·남사고·이사부·류성룡·이준경·정세운·이순신·곽재우·조헌·제말·김덕령·이장손·성삼문·최승지 3부자·허목·정철조·김안국·허만석·유형원·홍계희·최부·서승순·박세무·이덕무·기우자·정협·장붕익 203

6장

인기 최고 대한민국

마상재 249 | 예·시·서 250 | 편전 251 | 종이 252 | 촌은 유희경 255 | 지화 256 | 황모필 257 | 청심환 259 | 단산오옥 260 | 남포석 261 | 음악 261

7장

한국인의 말 습관

한 267 | 왕 269 | 사랑 269 | 사랑에 빠지다 270 | 진지 271 | 동냥 272 | 비파 272 | 나락 273 | 구들 274 | 복작복작 275 | 그만해 276 | 아포 276 | 임금 277 | 저격 279 | 아아 280 | 아기씨 282 | 엄마야 283 | 뻐꾹질 284 | 자! 으쌰! 284 | 쫑쫑쫑 286 | 하하 287 | 푸르다 288 | 종이 291 | 울릉하다 292 | 마누라 292 | 귀달마 293 | 지청구 294 | 을사삼간 295 | 예교·쪽발이 297 | 고집 298

나오는 말 조선의 마지막 백과전서의 의의 303

1장

인격화의 한국인

한국인은 이름을 중시합니다. 드라마 〈이상한 변호사 우영우〉(2022)에는 풍산豐山 류씨柳氏 판사(배우 이기영)가 변호인의 본관을 묻는 장면이 나옵니다. 영화 〈범죄와의 전쟁: 나쁜놈들 전성시대〉(2012)에도 최익현(배우 최민식)이 "그 실례지만 으데 최씹니꺼?"라고 묻는 장면이 나옵니다. 아직도 우리의 정서에 이름이 차지하는 비중은 큽니다. 그래서 자기의 분신인 이름만으로 서로 싸우기도 합니다. 예를 들어 이름 안에 음양오행陰陽五行 싸움의 법칙이 있어서 '금金'이 '목木'을 죽인다고 믿었고, 금金씨 성의 발음을 아예 '김金'으로 바꿔버리기도 했습니다. 이런 사례를 보면 한국인이 갖고 있는 이름 정서를 알 수 있습니다. 앞에 말한 이름의 싸움 법칙이란 대상을 인격체로 분화하는 한국인의 정서입니다. 자연 대상을 놓고 이름을 정할 때도 이러한 인격화 정서가 나타납니다.

윤이정

가수 윤도현 딸의 이름 윤이정은 아버지의 성 '윤'과 어머니의 성 '이'를 함께 써서 만든 것입니다. 이름이 외자로 '정'입니다. 윤도현은 초코파이 CF를 보다가 '정情'이라는 단어가 너무 마음에 와닿아 이름에 넣게 되었다고 밝혔습니다. 배우 공유의 본명은 공지철입니다. 예명인 공유는 부모의 성씨만으로 만들어진 이름입니다. 축구 선수이자 방송인 안정환의 아이들 이름은 리원, 리환인데 안정환 아내가 이(李)씨여서 돌림자로 쓰게 된 결과입니다. 아버지와 어머니 두 사람의 인격을 모두 자녀에게 투영하고 싶어 하는 이런 한국인의 정서는 어디에서 왔을까요?

> 『진서(晉書)』, 「유원해전(劉元海傳)」에 "옛날 한(漢) 고조가 왕실의 여자를 묵특(冒頓)에게 시집보낸 까닭에 그의 자손들이 마침내 유(劉)씨를 성 앞에 붙였다."라고 하였으니, 대개 오랑캐가 어머니의 성을 따른 시초이다. 『사략(史略)』에서 "노자(老子)가 어머니의 성씨를 따라 이(李)씨가 되었다."라고 하니 초(楚) 또한 오랑캐의 풍속이다.
> - 성명류(姓名類), 『송남잡지』

조선 시대에는 감히 따라 할 수 없는 일이었지만 부모 성 함께 쓰기 풍습이 고대부터 있었다는 사실을 조선 사람들도 알고는 있었습니다. 이런 간접 학습의 효과가 지금에야 나타난 것일까요? 어머니 성 따라 쓰기는 현대에 들어서 갑자기 생긴 트렌드가 아닙니다.

허엽

고대, 중세 한국에서 이름을 지을 때 부모 두 사람의 성을 함께 쓸 수는 없었으나 어머니의 성을 따른 사례는 있었습니다.

> 가락국(駕洛國)의 역사에 "수로왕이 황금 상자에서 나와서 김씨(金氏)가 되었다. 남천축국(南天竺國) 임금의 딸 허씨(許氏)를 맞아 왕비로 삼으니 황옥부인(黃玉夫人)이라고 한다."라고 하였다.『삼국유사』에서 "아유타국(阿踰陀國)의 공주다."라고 하였고 "서역(西域) 허국(許國) 임금의 딸이다."라고 말하는 사람도 있다. 아들 아홉을 낳았는데 그중 둘은 어머니의 성을 따라 허씨가 되었다. 지금의 김해(金海) 허씨(許氏)와 김씨(金氏)가 이들이다. - 성명류(姓名類),『송남잡지』

우리나라에 있는 태인 허씨, 하양 허씨, 양천 허씨 등 허씨 가문은 가야 수로왕과 왕후 허황옥에서 시작했습니다. 외국인 허황옥이 자기의 후손이 남지 않을지 염려하여 아들 열 명 중 둘을 허씨로 삼았다고 합니다.

> 양천(陽川) 허씨(許氏)는 대대로 외자 이름을 쓰는데, 근래 허석노(許石老)가 두 글자로 이름을 지었다. 살펴보건대 옛사람은 외자 이름을 많이 사용했다. - 성명류(姓名類),『송남잡지』

양천 허씨들은 지금도 외자를 많이 사용하고 있습니다. 허씨 성의 외자 이름을 쓰는 사람이 있다면 양천 허씨일 가능성이 높습니다. 허씨 외자 인물 중에 조선의 허균許筠은 아버지 허엽許曄, 이복형 허성, 친형 허봉, 친누나 허난설헌과 함께 '허씨 오五문장'으로 유명했습니다.

허균은 광해군의 사돈이었습니다. 광해군의 아들이자 세자였던 이지李祬의 후궁이 바로 허균의 딸 허씨였습니다. 그러나 나중에는 역적으로 몰려 거열형을 당했습니다. 허균의 아버지 허엽은 호가 초당草堂인데 우리가 아는 바로 그 초당 두부가 그의 호를 딴 것입니다. 허엽이 머물던 곳도 허엽의 호를 따서 초당이라고 불렀습니다. 허엽이 조선 전기 삼척부사를 역임했던 시절 집 앞의 약수로 콩을 불리고 깨끗한 바닷물로 두부를 만들었던 것이 초당 두부의 시작이었습니다.

지금의 뮤지컬 〈난설〉(2020)은 허난설헌을 모티브로 한 작품입니다. 허난설헌이 8세에 지은 「광한전백옥루상량문廣寒殿白玉樓上樑文」이 뮤지컬에 등장합니다. 신선계神仙界에 있다는 광한전 백옥루의 상량식에 상량문을 쓸 사람으로 초대받았다고 상상하면서 쓴 글입니다. 허난설헌이 신동으로 알려지게 된 계기가 되었습니다. 호가 난설헌蘭雪軒, 본명은 초희楚姬입니다. 난설헌은 '눈 속에 자라는 난이 있는 집'이라는 뜻입니다. 간이簡易 최립崔岦과 마찬가지로 허난설헌의 글은 조선보다는 중국에서 먼저 인기가 있었는데, 명나라의 오명제는 최치원, 김시습의 시를 포함한 100여 편의 시를 엮어 『조선시선朝鮮詩選』을 발간했습니다. 이 책에 허매씨許妹氏(허균의 누이)라는 이름으로 난설헌의 시 58수가

실렸습니다. 책에 수록된 작품의 절반이 넘는 분량이 허난설헌의 시였습니다. 주지번은 허균의 『난설헌집蘭雪軒集』에 서문을 쓰기도 했습니다. 『난설헌집』은 18세기 초 일본으로 전해져 1711년 분다이야지로文台屋次郞에 의해 일본판이 간행되었고 큰 인기를 얻었습니다. 조선보다는 일본과 중국에서 인기를 얻은 K-문학의 효시라고 할 수 있습니다. 아래 〈앙간비금도仰看飛禽圖〉는 허난설헌의 그림입니다. '새를 부러워하면서 쳐다 본다'는 뜻입니다. 도교가 가학家學이었던 허난설헌의 집안 내력이 반영된 작품입니다. 허난설헌은 늘 신선계로 날아가고 싶어 했습니다.

그림 1. 앙간비금도 (출처: 국사편찬위원회)

간이(簡易) 최립(崔岦)의 작문이 당대에 매우 뛰어났으나, 우리나라 사람 중에는 알아주는 이가 없다. 신묘년(1591)에 올린 주의(奏議)가 중국으로 들어가 집집마다 전하여 암송하고 사람마다 베껴 쓰고서야 우리나라 사람들이 비로소 알게 되었으니, 진실로 이른바 "거울을 보고서야 자기 얼굴이 아름다운 줄 안다."는 격이다.『엄주집(弇州集)』에서 "조선의 최립이 문자를 조금 안다."라고 하였다. - 문방류(文房類),『송남잡지』

간이(簡易) 최립(崔岦)의 제화(題畫)에 "말하는 사람은 입으로 표현하지 않고 손가락으로 표현하며, 듣는 사람은 귀로 표현하지 않고 팔장 낀 모습으로 표현하니, 오묘하다."라고 하였다. - 문방류(文房類),『송남잡지』

서포西浦 김만중金萬重은『서포만필西浦漫筆』에서 최립의 문장과 차천로車天輅의 시, 한호韓濩의 글씨를 송도삼절松都三絶이라고 했습니다. 한편, 지금까지 알고 있던 바와는 달리『송남잡지』의 기록대로 허황옥이 인도가 아닌 서역 사람이라는 주장이 최근 제기되었습니다.『삼국유사三國遺事』의「금관성파사석탑조金官城婆娑石塔條」를 보면 '기원후 48년(건무 24)에 수로왕의 비 허황후 황옥이 서역西域 아유타국阿踰陀國에서 석탑을 배에다 싣고 왔다.'라고 기록되어 있기 때문입니다. 서역은 중국 서쪽의 중앙아시아를 말합니다.

박혁거세

신라인 혁거세는 박씨였습니다. 많은 성씨 중에서 왜 하필이면 박씨가 되었을까요? 생각보다 단순한 이유가 있습니다.

『삼국유사(三國遺事)』에서 말하였다. 소벌공(蘇伐公) 이알평(李謁平)이 양산(楊山)에서 큰 알을 얻어 쪼개어 보니 아이가 있었는데, 바로 혁거세(赫居世)이다. 진한(辰韓) 사람들은 '瓠(호)'를 박(朴)이라고 하였는데, 알이 박 같았던 까닭에 성을 박씨(朴氏)라고 하였다. - 성명류(姓名類), 『송남잡지』

알이 박처럼 생겼다고 해서 붙인 성이 박씨였습니다. 그렇다면 박이라는 식물의 발음은 고대 신라에도 있었던 것이 됩니다. 이런 발견이 신비롭지 않나요? 지금도 널리 쓰는 말의 뿌리를 거슬러 찾아 올라가고 올라가면 고대인들을 마주하는 기분이 듭니다. 혁거세의 이야기를 조금 더 읽어보겠습니다.

알영

혁거세(赫居世)는 신라사에 우리나라 말로 왕이라는 말이라고 하였다. 이를 그대로 시조의 이름으로 삼았는데 양산 기슭 나정(羅井) 가에서 태어났기 때문에 나라 이름을 신라(新羅)라고 하였는가? 왕비는 우물의 이름으로 그 이름을 삼았다. 혁거세 왕비의 이름이 알영(閼英)이니 처음에 용이 알영정(閼英井)에서 오른쪽 갈비뼈로 딸을 낳았기 때문이다. - 성명류(姓名類), 『송남잡지』

여기서 알 수 있는 점이 두 가지입니다. 혁거세가 단순히 한 사람의 이름이 아니라 '왕'이라는 뜻을 갖는 말이었다는 것과 나라 이름 신라의 '라' 자가 나정이라는 우물에서 나왔을지도 모른다는 것입니다.

오른쪽 갈비뼈로 딸을 낳았다는 이 말은 어디서 들어본 적이 있습니다. 기독교 성경에도 아담의 갈비로 이브를 만들었다는 이야기가 나옵니다. 이런 것을 보면 갈비로 생명을 생성한다는 생각은 인류의 보편적인 정서일지도 모르겠습니다.

갈비뼈라는 말은 사실 뼈라는 말이 두 번 쓰인 표현입니다. 우리말 갈비는 가랑이, 가르마 등에 쓰는 '갈라진다'는 뜻의 '갈'이라는 표현과 뼈를 뜻하는 '비'가 합쳐진 말입니다. 옛날에 갈비탕은 가릿국, 가리탕이라고 했습니다. 가리구이는 갈비구이를 말합니다. 여기서 우리나라의 갈비 이야기를 잠깐 해보겠습니다.

한국에서 갈비로 유명한 곳은 수원과 포천입니다. 수원 왕갈비는 정조의 화성 행차 수라상에 올라간 갈비라고 해서 '왕' 자가 붙었는데 크기가 진짜 큽니다. 포천 이동에 있는 갈빗집들은 갈빗대를 쪽(세로)으로 갈라 1인분에 10대를 만들어 푸짐하게 내놓았는데 이로부터 이동 갈비는 '쪽'갈비로 불리게 되었습니다. 춘천도 닭갈비로 유명합니다. 왜 춘천 하면 닭갈비, 닭갈비 하면 춘천이 되었을까요? 춘천에는 양계장이 많아서 닭고기를 싸게 살 수 있었기 때문에 1960년대 말부터 닭갈비 음식이 발달했습니다. LA갈비는 왜 LA갈비일까요? 여기서 LA란? 미국 서부의 도시 로스앤젤레스, LA? 맞습니다. 미국으로 이민 간 한인들이 싼값에 갈비를 사다가 절단기로 잘라 먹기 시작했고 그때부터 하나의 고유한 갈비 조리법으로 정착했습니다. 미국에서 발생한 조리법이 다시 K-갈비로 미국에서 유행하고 있다니 재밌습니다.

신사임당

신라의 시조 혁거세(赫居世)의 왕비를 알영(閼英)이라 이름한 이유는 처음에 용이 알영정(閼英井)에서 나타났는데 용의 오른쪽 갈비뼈로 여자아이 하나를 낳았기 때문이다. 그래서 우물의 이름으로 왕비의 이름을 지었다. 신라 역사에서 선덕왕(善德王)의 이름은 덕만(德曼), 진덕왕(眞德王)의 이름은 승만(勝曼), 진성왕(眞聖王)의 이름은 만(曼)이라 하니, 만(曼)은 당시 여왕의 별호이거나 초(楚)나라 제후의 부인 등만(鄧曼)을 사모하여 이름에 쓴 듯하다. 이는 마치 지금 여항의 여자들이 주(周)나라 태임왕희(太任王姬)를 사모해서 희(姬) 자를 이름에 사용한 것과 같은 듯하다. - 성명류(姓名類), 『송남잡지』

　이 부분에서도 우물의 이름에 인격성을 부여한 한국인의 인격화 특성이 잘 나타납니다. 1855년즈음의 여자들은 주나라의 태임을 현모의 전형으로 보고 흠모했나 봅니다. 19세기에 희姬 자가 들어가는 여자 이름이 어떻게 생긴 것인지 그 이유를 알 수 있습니다. 사실 한반도에서도 주나라 문왕의 어머니인 태임은 오랜 시간 본보기가 되는 어머니의 상이었습니다. 그래서 신사임당도 태임을 본받겠다(師, 스승 사, 본받을 사)는 의지로 사임당師任堂이라는 호를 만들었습니다.
　신사임당 외에도 조선에 또 다른 두 명의 훌륭한 어머니 상이 있었는데 석봉石峯 한호韓濩의 어머니 백인당白忍堂 백씨白氏와 덕암德巖 이순신李舜臣의 어머니 초계草溪 변씨卞氏입니다. 참고로 한호와 어머니의 '나는 떡을 썰 테니, 너는 글을 쓰거라.' 하는 이야기는 1869년(고종 6년) 이원명李源命이 쓴 야담집 『동야휘집東野彙輯』에 나옵니다. 선조 때 인물인 한호를 300년 후에 기록한 것을 보면 어머니와 아들 사이의 떡 에피소드는 사실이라고 보기에는 어렵습니다.

그림 2. 신사임당 (출처: 한민족대백과사전)

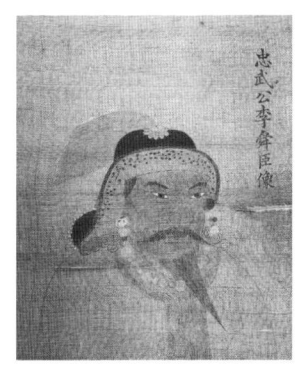

그림 3. 석봉 한호 (출처: 전통문화포털)   그림 4. 덕암 이순신 (출처: 동아대학교 박물관)

지금은 어떤 어머니 상이 있을까요? 봉준호 감독이 메가폰을 잡고 배우 김혜자와 원빈이 주연을 맡은 영화 〈마더〉(2009)에는 아들을 끔찍이도 위하는 어머니가 나옵니다. 영화는 약간 모자란 아들 때문에 노심초사하는 엄마의 모습으로 시작하는데, 아들이 살인범으로 몰리자 아들을 구하려고 고군분투하는 어머니를 둘러싼 내용으로 전개됩니다. 여기에는 평소 연약한 엄마가 강인하고, 광기 서린 모습으로 변하는 모습이 나옵니다. "아무도 믿지 마. 엄마가 구해줄게."라는 대사는 아들을 지키려는 21세기의 한국 어머니 상을 표현합니다.

영화 〈올가미〉(1997)에서 시어머니가 며느리에게 하는 "넌 내 아들에게 사준 장난감에 불과해."라는 대사로 현대 한국의 어머니 상을 정의할 수도 있겠습니다. 영화 〈오로라 공주〉(2005), 〈세븐 데이즈〉(2007), 〈피에타〉(2012)에 등장하는 어머니들은 홀로 자식을 보호하려고 고군분투하는 인물형입니다. 아이에 대한 책임을 넘어서 과보호와 집착도 나타납니다. 이러한 경향은 시간이 가면서 더 심해져 2025년 「서울학생종단연구 2020 3차년도 결과분석 보고서」를 보면 서울 초등학생의 우울감(3점 만점)은 1차 조사를 시작한 2021년 0.51점이던 것에서 2022년과 2023년 각각 0.66점, 0.73점으로 매년 상승했습니다. 이러한 결과는 사교육, 소셜네트워크서비스, 양육자인 1980년대생 학부모의 과잉보호가 원인인 것으로 드러났습니다.

어지간

『충주지씨보(忠州池氏譜)』에서 "고려의 지중익(池重翼)이 겨드랑이에 물고기 비늘이 있기 때문에 어(魚)씨 성을 하사하였다."라고 하였다. 지금의 충주 어씨와 충주 지씨는 본래 뿌리가 같다. - 성명류(姓名類), 『송남잡지』

충주(忠州)의 지중익(池重翼)이란 사람에게는 물고기 비늘이 있었기 때문에 어씨(魚氏) 성을 하사받았다. 지금은 서로 멀지 않은 물건을 말할 때 어지간(魚池間)이라고 한다. - 방언류(方言類), 『송남잡지』

충주 어魚씨는 고려 초에 평장사를 지낸 어중익을 시조로 합니다. 어중익의 본래 성은 지池씨였습니다. 그는 태어날 때부터 겨드랑이 밑에

세 개의 비늘이 있었다고 하는데 고려 태조 왕건은 자기 몸에게도 비늘이 있다면서 어씨 성을 내렸습니다. 이는 이수광李睟光의 『지봉유설芝峰類說』과 이정형李廷馨의 『동각잡기東閣雜記』에도 전하는 내용입니다.

어지간魚池間은 '물고기魚와 못池 사이'라는 뜻입니다. 여기에는 또 다른 설명이 필요합니다. 고려 말 충주에 어魚씨 형제가 살았는데 동생이 분파하여 새로운 성을 가지면서 자신의 근본이 어魚씨임을 잊지 않으려고 물고기의 고향이라는 뜻으로 '지池'씨를 성으로 정했다는 설입니다. 여기서 어魚씨와 지池씨 사이처럼 관계가 보통에 가깝거나 그보다 약간 더한 상태를 '어지간魚池間하다'고 하게 되었습니다. 이와 비슷한 어중간은 한자로 '於中間(어중간)'이라고 쓰며 글자 그대로 '중간에 있다'는 뜻입니다. 이도 저도 아닌 어정쩡한 상태를 일러 말할 때 씁니다.

지금 한국 영화에서 형제 간의 의리를 다룬 유명한 작품은 배우 원빈, 신하균, 박보영 주연의 〈우리 형〉(2004), 배우 원빈, 장동건 주연의 〈태극기 휘날리며〉(2004), 배우 조정석, 도경수 주연의 〈형〉(2016)이 있습니다.

김숭겸

김숭겸(金崇謙)은 태어날 때 장절공(壯節公) 신숭겸(申崇謙) 꿈을 꾸었기 때문에 숭겸(崇謙)이라고 이름을 지었다. 문학을 일찍 성취하였고 수명도 장절공과 같다. - 성명류(姓名類), 『송남잡지』

조선 숙종 대를 살다 간 천재 시인 군산君山 김숭겸은 영의정 김수항金壽恒의 손자이자 대사성 김창협金昌協의 아들입니다. 김숭겸의 가문은 당쟁에 휩싸여 하루아침에 역적 집안으로 몰락했습니다. 김숭겸은 방랑과 방황으로 지친 고달픔을 시로 풀어냈고 300여 편에 이르는 작품을 남기고 18세에 요절했습니다. 19세기 프랑스의 천재 시인 장 니콜라 아르튀르 랭보Jean Nicolas Arthur Rimbaud에게서 김숭겸이 보입니다.

우리 역사 속에는 아직도 잘 알려지지 않은 명인들이 많습니다. 『송남잡지』를 보면 조선 후기까지 대중적이었던 인물이 지금과는 조금 다르다는 것을 알 수 있습니다. 김숭겸도 그렇고, 김숭겸이라는 이름의 모티브가 된 신숭겸도 그렇습니다. 장절공 신숭겸은 강감찬과 함께 조선에서도 숭상했던 고려의 인물이었습니다. 고려 개국공신으로 왕건에게서 평산 신申씨와 숭겸崇謙이라는 이름을 받았습니다. 활을 상당히 잘 쏘아서 신申씨가 되었습니다. 날아가는 기러기를 아래서 활로 쏘았는데 이때 화살이 기러기의 정중앙을 맞춘 모양이 신申 자와 비슷한 모양이었고 사냥을 한 곳이 평산平山이었습니다. 그래서 평산 신씨가 되었다는 이야기가 있습니다. 신사임당도 신숭겸의 가문입니다. 고려 태조에 대한 신숭겸의 충성심은 대단했는데, 그래서 충절을 중히 여겼던 조선에서도 신숭겸을 숭상했고 조선 시대 영조 16년에는 조선 8도에 흩어져 있는 신숭겸의 후예들을 군역과 잡역에서 제외하라는 명이 있었을 정도였습니다.

한국의 근대 시인인 윤동주尹東柱도 젊은 나이에 생을 마감했습니다. 그의 이름은 해환이었습니다. 순우리말인 '해'와 한자 빛날 '환煥'. 윤동주는 중학교에 입학하기 전까지 윤해환으로 불렸습니다. 동생 일주는 달환達煥, 막내동생은 별환이었습니다. 형제가 해, 달, 별이었습니다. 천재 시인 이상도 젊은 나이에 요절했습니다. 김해경은 친구 구본웅이 선물한 스케치 상자를 보고 상자를 뜻하는 상箱 자를 넣어 '이상'이라는 필명을 만들어 활동하다 스물일곱 나이로 생을 마감했습니다. 이상은 건축가였습니다. 「삼차각설계도」, 「건축무한육면각체」, 「지도의 암실」 등 작품의 제목만으로도 건축을 연상하게 합니다. 실제 이상은 지금의 서울대학교 문리대 인문학부 건물과 이화여대 사회관을 설계했습니다. 영화 〈금홍아 금홍아〉(1994), 〈이상의 날개〉(2007)와 뮤지컬 〈곤빠이, 이상〉(2017), 〈스모크〉(2020), 〈팬레터〉(2021), 〈라흐 헤스트〉(2022~), 연극 〈이상, 12월 12일〉(2010), 오페라 〈이상의 날개〉(2024) 등이 시인 이상을 소재로 한 작품입니다. 이 정도면 이상은 '한류의 동력'이라고 불릴 만합니다. 지금 한글 글씨체 '안상수체'를 개발한 파주타이포그라피배곳의 타이포그라피 디자이너 안상수가 시인 이상을 영감의 지향점으로 삼고 있습니다.

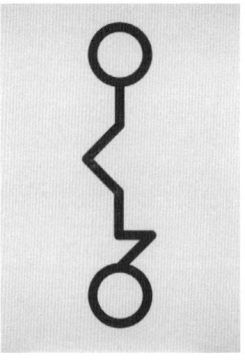 

그림 5. 안상수의 〈이상〉   그림 6. 안상수의 〈이상 얼굴〉

숭례문

숭례문은 지금의 남대문이다. 여러 문의 편액(扁額)은 모두 가로로 걸었건만 유독 이 문만은 세워 걸었으니 "예에 선다(立於禮, 입어례)"라는 의미이다. 전설에 의안대군(義安大君)이 편액을 쓸 때, "나라의 정문에 편액을 쓰는 일이니 공경히 하지 않을 수 없다."라고 하여 사흘간 나물만 먹고 글씨를 썼다. 중국의 사신이 남대문의 편액을 보고는 "너희 나라에는 명필(名筆)이 없는가? 이것은 중의 글씨로구나."라고 하였다. 그렇게 말한 연유를 묻자 "고기 기운이 없다."라고 답하였다고 한다. - 실옥류(室屋類), 『송남잡지』

위의 내용으로 미루어 보아 옛날 사람들은 예를 '세운다', 예를 바탕으로 '선다'라고 하여 수직, 세로 방향을 고귀하게 여겼음을 알 수 있습니다. 또한 '고기를 먹으면 부정을 탄다.'라고 생각했던 모양입니다. 그리고 이와 동시에 '고기를 먹으면 힘이 생긴다.'라고도 생각했던 듯합니다. 과학적으로는 탄수화물이 힘의 원천이기는 하나 고기를 먹어야 힘이 난다는 이런 고정관념은 그 연원이 오래되었습니다. 위의 인용문을 보면 "고기 먹고 힘내!"라는 말은 조선뿐만 아니라 중국에도 있었던 모양입니다. 숭례문을 살펴보았으니 동대문도 한번 봐야겠습니다.

> 흥인지문(興仁之門)은 지금의 동대문(東大門)이다. 전설에 동쪽이 치우치게 허한 까닭에 '之(지)' 한 글자를 더하고 다시 곡성(曲城)을 쌓았다고 한다. 살펴보건대 문(門)의 편액에 '之' 자를 쓴 것은 오래전부터이다. – 실옥류(室屋類), 『송남잡지』

유교의 오상五常인 '인仁', '의義', '예禮', '지智', '신信'에 음양오행을 적용하면 인仁이 동쪽에 해당합니다. 동대문을 홍'인'지문이라고 부르게 되었습니다. 여기에서 '지之' 자체는 의미 없는 허사虛辭이기 때문에 당시 사람들은 대부분 홍인문이라고 불렀습니다. 퇴계 이황이 홍인지문의 현판을 썼다고 전해지며, 이기언李箕彦은 영조와의 대화에서 "도성 동쪽에 있는 수구水口의 지세가 매우 취약하였기 때문에 별도의 곡성曲城(주요 지점이나 시설물을 효과적으로 방어하기 위해 성벽의 일부를 둥글게 돌출시킨 것)을 쌓고 현판에도 '之' 자를 더 써넣었다고 합니다. 한 글자를 더 넣는다고 해서 수구의 취약함을 보강하는 데에 아무런 도움이 되지 않을 것 같기는 합니다만 예전 사람들은 그렇게들 말했습니다."라고 했습니다.

이를 보면 한국인에게 글자는 단순히 기호가 아니라는 사실을 알 수 있습니다. 옛부터 글자로 우주의 기운을 끌어다 썼다는 것은 인식 속에 가상 세계에 대한 이해가 충분했다는 증거입니다. 이는 곧 철학과 예술 등 추상적인 개념인식의 발전으로 이어졌습니다. 한국인은 가상성이 발달한 민족입니다. 시인이자 소설가인 이상도 가상세계 구현에 능했습니다.

나온 김에 여기서 '숭' 자가 들어가는 한국어를 몇 개 더 살펴보겠습니다. '숭을 보다'는 '흉凶보다'의 호남 사투리, 제주 사투리입니다. '내숭떨다'의 내숭도 내흉內凶에서 나왔습니다. '성숭생숭'도 마찬가지입니다. '숭숭'도 '흉흉洶洶'이었을 것으로 유추할 수 있습니다. '흉흉'은 '물결이 세차고 물소리가 매우 시끄러운 모양' 혹은 '분위기가 술렁하여 매우 어수선한 상태'를 뜻합니다.

'숭늉'이란 말은 숙랭熟冷이라는 한자어 발음이 변형된 것입니다. 익힐 숙熟, 식힐 랭冷이 합쳐져 숙랭이 되었습니다. 이 말이 시간이 흘러 숭늉으로 변했습니다. 그리고 '밍숭맹숭하다'는 원래 '맨송맨송하다'입니다. 맨송맨송은 몸에 털이 있어야 할 곳에 털이 없어 반반한 모양을 가리킵니다.

명천

해주(海州)의 명천(鳴川)이라는 곳이 있으니, 작별하는 장소인 까닭에 명천(鳴川)이라고 한다. 옛날에 어떤 사람이 이곳에서 기생과 이별을 하는데 기생이 울지 않자 시를 지어 말하였다. - 지리류(地理類), 『송남잡지』

명천이라는 지역이 밝을 명明 자 혹은 목숨 명命 자를 쓰는 곳인 줄 알았는데 '울 명鳴' 자를 쓰는 곳이었습니다. 비슷한 예로 우리나라에 명사십리明沙十里라는 이름이 여러 개 있지만, 전라남도 완도에 있는 신지 명사십리薪智鳴沙十里는 모래를 밟으면 우는 소리가 나서 속칭 '울 모래 등'이라 하는데 밝을 명明 자를 쓰는 명사明沙가 아니라 울 명鳴 자를 써서 명사鳴沙라고 씁니다.

여기서 우리나라 기생에 대해서 잠깐 알아보겠습니다. 다음은 『송남잡지』의 기록입니다.

우리나라에 예전에는 기생이 없었는데, 고려조에 이부춘(李富春)이 처음 여종 양수척(楊水尺)을 기생으로 만들었던 까닭에 지금까지 기생을 '수척(水尺)'이라 부른다. - 가취류(嫁娶類), 『송남잡지』

당나라 사람들은 기생을 '녹사(錄事)'라고 하였고, 그들의 거처를 '녹사항(錄事巷)'이라고 하였다. 또 기생을 '주규(酒糾)'라고도 한다. 우리나라의 기악(妓樂)은 본래 부방(夫防)을 접대하던 것이다. '부방(夫防)'은 무반(武班) 가문의 자제를 선발하여 삼 년간 변경을 지키게 한 후에 벼슬을 제수하는 것이라고 한다. 지금은 폐지되었지만 대개 기생은 본래 아내가 없는 군사를 접대하였던 것 같다. - 음악류(音樂類), 『송남잡지』

고려 태조 때에 백제 유민 계통의 양수척楊水尺을 관청에 소속시켜 노비로 삼았는데, 그 중 색예色藝 있는 비婢를 가무 연습하게 한 것을 기생의 시초로 봅니다.

그림 7. 기생사진엽서 (출처:국립민속박물관)

후삼국 때부터 고려에 걸쳐 유랑하며 천업賤業에 종사하던 자들을 양수척이라 불렀는데, 1423년(세종 5년) 천민을 뜻하는 백정白丁으로 호칭이 바뀌었습니다. 고려 시대까지 백정의 의미는 평민이었습니다. 백

白은 '없다', 정丁은 '정인丁人'이라는 뜻이므로 백정은 곧 '정인이 아닌 사람, 즉 군역 없는 평민'을 가리켰습니다.

> 범어(梵語)의 '흘속다(吃栗多)'는 중국말로 '천한 사람'이라는 뜻이고 '저속다(底栗多)'는 중국말로 '축생(畜生)'이라는 의미이니, 지금 우리나라 말로 '짐승'이다. – 방언류(方言類), 『송남잡지』

일본어로 축생畜生을 읽으면 '칙쇼ちくしょう'가 됩니다. 일본인들이 일상에서 쓰는 욕입니다. 개[犬]를 뜻하는 이누いぬ라는 발음을 앞에 붙여 '이누칙쇼いぬちくしょう'라고 하면 '개새끼'가 됩니다. 우리는 욕을 할 때 '새끼'라는 말을 많이 씁니다. 이런 말은 어디서 나왔을까요?

> 양웅의 『방언(方言)』에서 "'厜'의 음은 '사'이니, 강(江)과 상(湘) 사이의 지역에서 '이 새끼'라고 말할 때 '사(厜)'라고 한다."라고 하였다. 『광운(廣韻)』에는 "자기를 높이고 남을 업신여기는 말이다."라고 하였다. 한편으로 상대방을 부르는 호칭이기도 하다. 지금 사람과 짐승의 새끼를 '사(厜)'라고 통칭하는 말은 여기에서 나왔다. – 방언류(方言類), 『송남잡지』

이렇게 사료를 따져 보면 "야, 이 새끼야!"라고 하는 욕도 오래된 표현입니다. 15세기 『석보상절釋譜詳節』에 '샷기'라는 말이 나옵니다. 이는 낳은 지 얼마 안 되는 짐승을 가리켰습니다. 새끼라는 말에는 다른 뜻도 있는데, 짚을 꼬아서 만든 줄索(삭)을 가리키기도 합니다.

앞서 나온 이부춘과 관련한 말이 두 가지 더 있습니다. '사나이'와 '가시나'입니다. 아래『송남잡지』의 기록을 보겠습니다.

> 고려조에 이부춘(李富春)의 아들 이름이 나해(那海)였는데, 그 용모가 매우 아름다웠기 때문에 '나해처럼 생긴(似那海, 사나해)' 남자를 '사나이'라고 불렀다. – 방언류(方言類),『송남잡지』

한자 '似(사)'는 '비슷하다'는 뜻입니다. 그러므로 '나해'와 비슷하게 생긴 남자여야만 사나이, 사내가 됩니다. 즉, '사나이'라는 말이 처음 생겼을 때 이는 잘생긴 남자를 뜻하는 말이었습니다.『송남잡지』의 기록을 하나 더 보겠습니다.

> 고려 말 원나라에서 어린 여자아이를 선발해 갔는데, 가정(稼亭) 이곡(李穀)이 원나라에 가서 이의 혁파를 상소하였다. 그래서 지금 촌 여자아이들을 가시나(稼産兒, 가산아)라고 칭하니 가녀(賈女)라고 하는 말과 같다. 또 어떤 사람은 말하기를 "고려 말에 영남의 남정(男丁)을 선발하여 군대에 내보내는데, 남정(男丁)이 부족하여 대신 여자들로 충원하였다. 그래서 '가시나(假似那海, 가사나해)'라고 불렀다."라고 하

였다. - 방언류(方言類),『송남잡지』

즉, 가산아稼産兒는 '가稼정 이곡이 구한[産, 산] 아兒'라는 말입니다. 한자를 풀어보면 뜻을 알 수 있습니다. 그리고 위의 기록을 보면 '가시나'라는 말은 '사나해'라는 말이 생기고 나서 생긴 말이라는 것을 알 수 있습니다.

저명산

울 명鳴 자가 들어간 지명을 하나 더 보겠습니다. 경기도 이천시 마장면에 있는 저명산猪鳴山입니다. 이 산에 전해 내려오는 이야기는 다음과 같습니다. 효자 한 명이 저명산 절벽에 매달려 버섯을 찾고 있었는데, 산돼지 울음소리가 들려 올라갔습니다. 산 위로 올라가니 산돼지는 없고 밧줄이 바위 모서리에 긁혀 끊어질 지경이었습니다. 계속 밧줄에 매달려 있었다면 낭떠러지 아래로 떨어졌을지도 모르는 일이었습니다. 마을 주민들은 "산신령이 돼지 울음소리로 효자를 살려냈다."라고 하였고 돼지 '저猪' 자에 '울 명鳴' 자를 써서 '저명산'이라고 했습니다.

저명산은 '도드람 산'이라고도 불립니다. '돋을 암岩산' 즉, 바위가 돋아난 산입니다. 고구려에서는 돼지를 '도시'라고 불렀고, 고려에서는 '돗', 조선 시대에는 '돋', '돝'이라 불렀습니다. '돝'에 새끼라는 의미의 '아지'가 붙어 '돼지'가 되었습니다. '아지'는 아기처럼 '응아응아' 하는 녀석이라고 해서 '응안이'라고 한 게 '아지'가 된 것입니다. 돼지를 뜻하는 한자로는 돈豚과 저猪가 있는데, 돈은 집돼지, 저는 멧돼지입니다. 『서유기西遊記』에 나오는 저팔계를 돈팔계라고 하지 않는 이유입니다. 제육볶음도 '저육猪肉 볶음'의 변형입니다.

김시습

김시습(金時習)의 청한자(淸寒子)와 유몽인(柳夢寅)의 어우당(於于堂)은 숭상하는 것으로 호를 삼은 것이다. - 성명류(姓名類), 『송남잡지』

그림 8. 청한자 김시습 (출처: 조선명현초상화사진체)

김시습은 서울의 반궁泮宮, 지금의 성균관 근처에서 태어났습니다. 『율곡전서栗谷全書』「김시습전金時習傳」에 따르면 시습時習이라는 이름은 옆집에 살던 집현전 학사 최치운崔致雲이 『논어論語』「학이편學而篇」에 나오는 '때로 익히면 즐겁지 아니한가.'라는 구절을 인용해서 지어준 것이었습니다. 최치운은 강릉에 오죽헌烏竹軒을 지은 인물입니다. 그리고 오죽헌은 율곡 이이가 태어난 곳입니다. 그는 김시습의 이름을 지어주었고, 이이가 태어난 곳을 지었으므로 조선의 천재 두 명과 인연을 맺게 됩니다. 이런 식으로 '인연'이라는 테마로 고려와 조선의 인물 네트워크를 시각화해보면 상당히 흥미로운 결과를 얻을 수 있습니다.

김시습은 이미 5세에 세종대왕으로부터 쓰임을 인정받아 이름을 함부로 부르지 말라는 명이 있어 사람들이 그를 '5세', '김5세', '오세동자'라고 불렀습니다. 세종이 김시습의 이름을 단속한 장면은 한국인 이름에 서려 있는 인격성을 확인할 수 있는 대목입니다. 그리고 김시습을 '오세동자'로 부르는 장면에서도 역시 문자를 인격화하는 한국인의 정서가 나타납니다. 2003년 결성된 컬러링 베이비 7공주의 '7공주'와 2006년 방영된 〈소문난 칠공주〉의 '칠공주'를 비교해 보면 한국인의 문자 인격화 정서가 잘 보입니다. 드라마 〈소문난 칠공주〉의 '칠'은 숫자 7이 아니라 극 중 자매들의 이름 돌림자입니다. 발음으로 일곱 명이라는 숫자를 연상하게 하는 것은 한국인의 숫자 인격화 정서를 건드린 작가 문영남의 트릭이었습니다.

김시습은 김반金泮과 윤상尹祥 등에게 공부를 배우고 있었으나 단종이 폐위되고 세조가 왕위에 오르자 10여 년에 걸쳐 조선을 순례하였습니다. 설악산의 오세암五歲庵은 김시습이 머물게 되어 붙여진 이름입니다. 김시습이 김오세로, 김오세가 오세암으로 이어지는 이름의 순서를 보면 태초의 자연 상태에서 먼저 인간이 글자로 인해 인격화되고, 또다시 글자가 인격화되고, 다시 자연이 인격화되는 모습이 보입니다. 즉, 인물성人物性과 문자성文字性이 번갈아 가면서 자연 속 대상에 투영되고 반사되는 인격화입니다. 한국인은 이런 인격성에 특화되어 있습니다.

신라의 화랑들이 그랬던 것처럼 김시습은 조선 팔도를 유랑했습니다. 수락산水落山, 춘천, 설악산, 경주 남산 등을 다녔는데, 29세가 되던 해 금오산이라고도 부르는 경주 남산에서 우리나라 최초의 한문 소설 『금오신화金鰲新話』를 저술했습니다. 김시습은 유학자로 시작하여 불자가 되었고 도가道家에도 심취했습니다. 『해동전도록海東傳道錄』에는 김시습이 춘천과 한계령에서 설현偰賢을 만나 도가를 받아들였다고 나옵니다. 이렇게 해서 김시습은 한국인 고유의 풍류도風流道를 이루게 되었습니다.

김시습을 '조선의 화랑'이라고 부를 만합니다. 신라가 멸망하고도 화랑의 모습은 이후 대대로 이어져 고려, 조선을 지나 지금까지 한국인의 마음속에 자리하고 있습니다. 최치원의 「난랑비서鸞郎碑序」에는 한국인의 풍류도風流道가 유·불·도 세 가지 교리를 모두 포함한다고 기록되어 있는데, 김시습의 생애를 보면 이러한 흐름이 신라대에서부터 흘러 조선에까지 이어지고 있었음을 알 수 있습니다. 윤군평尹君平의 「참동

용호비지參同龍虎秘旨」, 정희량鄭希良의 「옥함기내단법玉函記內丹法」, 홍유손洪裕孫의 「천둔검법연마결天遁劍法鍊魔訣」은 모두 김시습으로부터 전수된 것입니다. 정렴鄭磏의 『용호비결龍虎秘訣』, 허준許浚의 『동의보감東醫寶鑑』도 그 원류에는 김시습이 있었습니다.

한 가지 눈에 띄는 점은 김시습의 역사관입니다. 『금오신화』 「취유부벽정기醉遊浮碧亭記」는 홍생洪生이라는 개성 상인이 평양 부벽루에서 신녀神女를 만나 고조선 멸망의 역사를 듣고 슬퍼하는 장면이 나옵니다. 그리고 꿈속에서 신녀의 부름을 받고는 죽어서 시해선屍解仙(도교의 신선 중 하나)이 됩니다. 신녀는 고조선의 왕녀인데, 나라가 망했을 때 신선이 된 단군이 구해줍니다. 이 소설은 은殷과 고조선이 주周와 위만衛滿과 대결하는 구도로 설정되어 있습니다. 이러한 김시습의 역사 구도는 곧 우리나라의 자주성을 나타냅니다.

『송남잡지』에 나오는 조선 단학파 계보는 조선 시대 사회에 도학파의 영향력이 어떠했는지를 보여줍니다. 단군檀君에서부터 혁거세赫居世, 동명왕東明王, 고극겸高克謙, 최치원崔致遠, 강감찬姜邯贊, 김시습金時習, 홍유손洪裕孫, 서경덕徐敬德, 전우치田禹治, 윤군평尹君平, 남사고南師古, 이지함李之菡, 곽재우郭再祐 등이 단학파로 기록되어 있습니다.

여기서 앞에 나온 '남산'이라는 말에 관해 조금 더 알아보겠습니다. 우리나라에는 남산이 많습니다. 서울 한복판에 있는 남산만 남산이 아닙니다. 남산의 '남南' 자에는 '앞'이라는 뜻도 있기 때문에 우리나라 전국에 있는 앞산은 사실 모두 남산이 됩니다. 그러므로 대구광역시 남구

그림 9. 목멱조돈 (출처: 간송미술관)

에 있는 '앞산'도 곧 남산입니다. 서울의 남산을 목멱산木覓山이라고 부르는 이유는 앞산이라는 뜻의 순우리말 '마뫼'를 한자로 표기했기 때문입니다. 위의 그림 〈목멱조돈木覓朝暾〉은 '목멱산에 아침 해가 돋아 오르다.'라는 뜻으로 겸재謙齋 정선鄭敾이 그렸습니다. 그리고 흔히 만삭의 산모 배를 보고 '배가 남산만 하다.'라고 하는 것도 앞에 높이 솟아 있는 산을 에둘러 표현한 것입니다. 한편, 북北 자는 '뒤'라는 뜻을 갖습니다. '뒤', '등지다'는 뜻의 배背 자는 북北에서 나왔습니다.

지금 말레이시아 말라카Malacca와 조호바루Johor Bahru에 가면 서울의 남산을 모티브로 만든 레스토랑 '산san 105'가 있습니다. 메뉴도 모두 한국 음식입니다. 그런데 경영진은 싱가포르인, 중국인, 한국인입니다. 드라마 〈내 이름은 김삼순〉(2005), 〈푸른 바다의 전설〉(2016), 〈이태원클라쓰〉(2020), 〈오징어게임〉(2021) 등의 배경이 된 서울의 랜드마크 남산이 독자적인 한류의 랜드마크로 자리 잡아 가고 있습니다.

김유신·이기축

신라의 김서현(金舒玄)이 경진일(庚辰日) 밤에 형혹성(熒惑星)과 진성(鎭星)이 자기에게 떨어지는 꿈을 꾸고 아내 만명(萬明)이 임신하여 스무 달 만에 아이를 낳았다. 서현이 부인에게 "내가 경진일에 길몽을 꾸고 이 아이를 얻었으니, 그날로 이름을 짓는 것이 마땅하겠지만, 『예기(禮記)』에서 '날과 달의 간지로는 이름을 짓지 않는다.'라고 하였소. '庚(경)'과 '庾(유)'는 글자 모양이 비슷하고 '辰(진 혹은 신)'과 '信(신)'은 음이 같소."라고 말하고는 드디어 '유신(庾信)'이라고 이름을 지었다. - 성명류(姓名類), 『송남잡지』

그림 10. 김유신 (출처: 조선명현초상화사진체)

어떤 사람은 "신라 김유신은 경신일에 태어났다. 그런데 옛사람은 육십갑자로 이름을 짓지 않았다. 이 때문에 '庾(유)' 자는 '庚(경)' 자와 모양이 비슷하고 '信(신)' 자는 '申(신)' 자와 소리가 비슷해서 '유신(庾信)'이라고 이름을 지었다."라고 말한다. - 성명류(姓名類), 『송남잡지』

한국인 중에는 김유신처럼 우주의 기운을 이름에 넣어 인격화하고자 했던 이들도 있습니다. 도교에 '경신일庚申日'이라는 날이 있습니다. 1년에 6번 있습니다. 경신일은 옥황상제가 주관하는 천상계의 큰 행사가 있는 날입니다. 이때는 좋은 날 중에서도 정말 좋은 날입니다. 이날 인간과 동물의 행동과 마음이 천상계에 전달됩니다. 하늘의 문을 지키는 수문장들이 자리를 비우는 시간이기도 합니다.

『유양잡조(酉陽雜俎)』에서 "정월 경신일에 삼시(三尸)가 하늘로 올라가서 인간의 과실을 상제에게 고한다. 그래서 의원과 무당은 이날 밤에 잠을 자지 않으니 삼시가 올라가지 못하게 하여 죄를 면하려는 것이다."라고 하였다. - 구기류(拘忌類), 『송남잡지』

경신일에 삼시충三尸蟲을 쫓기 위해 밤을 지새는 풍습을 경신수야庚申守夜 또는 수경신守庚申이라고 합니다. 도교의 영향을 받아 생긴 습관입니다. 이날 잠을 자면 눈썹이 하얗게 변한다는 속설이 있습니다. 삼시충은 상시(혹은 팽거彭倨), 중시(혹은 팽질彭質), 하시(혹은 팽교彭矯)로 나뉘며 평소에 사람의 비장脾臟 속에 살다가 사람의 상·중·하의 단전을 각각 공격함으로써 사람의 수명이 단축된다고 합니다. 제야除夜는 섣달 그믐날 밤, 즉 한 해의 마지막 날 밤입니다. 제야에 화롯가에 둘러앉아 밤을 새우는 것을 수세守歲라고 하였습니다.

>조선의 계해공신 이기축(李起築) 역시 이와 비슷한 사례로 기축일(己丑日)에 태어나 소리가 같은 글자를 취했다. - 성명류(姓名類), 『송남잡지』

어려서 부모를 잃은 이기축은 떠돌이였습니다. 이기축과 아내는 한양에서 술청을 차렸습니다. 어느 날 능양군綾陽君 이귀李貴, 김자점金自点, 최명길崔鳴吉, 심명세沈命世, 원두표元斗杓 등이 찾아와 술을 기울이며 은밀한 말을 주고받았습니다. 이기축의 아내는 술값을 받지 않았고 남편에게 『맹자孟子』 한 권을 주면서 사직골 능양군의 집에 가서 글 한 대목을 배워 오라 했습니다. 이기축이 『맹자』 「양혜왕梁惠王」편을 손가락으로 짚고는 다짜고짜 글을 가르쳐달라고 하였습니다. 이는 지금 광해군이 옛 중국의 걸·주와 다름이 없으니 그를 칠 생각이 없는지 에둘러 묻는 것이었습니다. 다음날 능양군이 이기축의 술청을 다시 찾았을 때 이기축의 아내는 남편인 이기축이 성품이 충직하고 힘이 장사라서 거사에 끼워주면 자기 몫을 해낼 것이라고 했습니다. 그래서 이기축이 반정거사反正擧事에 가담하게 되었다는 이야기입니다. 이기축은 이후 정묘호란과 병자호란 때 무장으로 활약했습니다.

여기서 또한 우리나라의 식자識者 존중의 정서를 읽을 수 있습니다. 능양군은 이기축이 『맹자』를 들고 온 것만으로도 상대의 생각을 파악할 수 있었습니다. 지식으로 소통하는 게 일반적인 나라가 한국입니다. 한국인은 지식 추구에 대한 욕구가 상당히 많습니다. 그리고 지식 평가에 대한 욕구도 엄청나고 잣대도 엄격합니다.

그리고 자기의 이름을 비슷한 한자로 이름을 바꾼 사례는 많습니다. 이를 보면 '한자는 기호'라는 생각을 하게 됩니다. 의미보다는 생김새로 기능을 정하는 게 상형성을 전제로 하는 한자의 매력이기도 합니다. 『송남잡지』에 나오는 다음 기록의 사례를 보겠습니다. 문자를 활용하는 한국인의 인격성을 볼 수 있습니다.

> 풍기(豊基)의 노좌리(魯佐里)에 여씨촌(余氏村)이 있다. 세상에 전하는 말에, 풍수가가 "다른 성씨는 들이지 말라."라고 하였다고 한다. 그래서 서로 경계하여 비록 혼인을 맺더라도 데릴사위는 두지 않았으니 몇 대 동안 온 골짜기를 독차지해서 번성하였다. 그 후에 마을 끝의 여씨 딸이 김(金)씨의 부인이 되었다가 청상과부가 되어 돌아왔다. 유복자가 있었는데, 장성하여서 외가 곁에 나란히 집을 짓고 살았다. 마을 입구를 막고 '余(여)' 자의 끝에 한 획을 더해서 '金' 자가

되었다. 이후로 여씨는 쇠퇴하고 김씨는 번성하였다고 하니 또한 이상하다. - 성명류(姓名類), 『송남잡지』

이와 비슷한 이야기가 하나 더 전해집니다. 아래의 『송남잡지』 기록을 보면 버드나무를 통해 자연에 인격성을 부여하는 한국인의 인격화 습관이 나타납니다.

또 하회(河回)는 본래 권(權)씨의 세거지(世居地)였는데, 풍수가가 "버드나무는 심지 말고, 버드나무가 나면 반드시 잘라 버려라."라고 하였다. 후에 권씨의 딸이 류씨에게 시집갔다가 청상과부가 되어 돌아왔다. 유복자(遺腹子)가 있었는데, 이곳에 의탁하여 살게 되었다. 이후로 권씨는 쇠퇴하고 류씨가 번성하여 독차지하였다고 한다. 바로 서애(西厓) 류성룡(柳成龍)의 고향이다. - 성명류(姓名類), 『송남잡지』

그림 11. 서애 류성룡 (출처: 전통문화포털)

견훤

견훤(甄萱)의 본래 성은 이씨(李氏)이니 아자개(阿慈介)의 아들이다. 그런데 견씨(甄氏)라고 자칭하였다. 방언에 큰 지렁이를 '지거치(地巨赤)'라고 하니 견훤(혹은 진훤)이라고 이름하게 된 까닭이다. - 성명류(姓名類), 『송남잡지』

견甄 자는 질그릇 구울 '견', 질그릇 구울 '진'으로 발음됩니다. 이름을 진훤으로 읽어야 한다는 설이 있는데 '甄'이라는 글자를 성으로 읽을 때 보통 '진'으로 읽기 때문입니다. 안정복安鼎福이 『동사강목東史綱目』에서 '甄'의 음을 '진'이라고 쓰고 있는 것도 이를 뒷받침하는 근거 중 하나입니다. 이렇게 보면 지렁이의 '지' 발음이 성씨가 되었다는 말도 생겼을 만합니다. 지렁이의 중세어는 '땅地'과 '용龍'을 합한 것으로 '지룡'으로 불렀습니다. 이후 '디룡', '지룡'을 거쳐 오늘날의 '지렁'이 되었습니다.

저 단어가 생겼을 때 지렁이는 '땅속의 용'이라는 뜻이 담겨 있었습니다. 견훤이라는 이름은 사람에게 동물을 빗대어 인격을 부여하는 한국인의 정서를 단적으로 보여줍니다. 그러나 아무리 봐도 지렁이는 신성한 동물과는 거리가 있어 보입니다. 견훤이 시대의 영웅이긴 했으나 결국 패배자였다는 역사적 사실 때문에 이렇게 불렀을 것으로 생각됩니다.

견훤이 안동의 낙동강변에서 왕건의 군사와 맞붙었을 때 견훤은 강변의 모래 속으로 숨었다가 기습을 했습니다. 마치 지렁이의 자손처럼 말이지요. 권행權幸, 김선평金宣平, 장길張吉은 견훤을 물리칠 생각을 하던 끝에 소금으로 짠물을 만들어 견훤이 모래 속으로 들어가자 짠물을 흘려보내 견훤을 무기력화했습니다. 이는 견훤을 지렁이로 설정하고 풀어가는 재밌는 이야기입니다. 이렇게 견훤의 군사를 크게 격파하였고, 세 사람은 태사 벼슬을 제수받았습니다. 그리고 김행은 권權씨 성을 하사받아 권행으로 불리게 되었습니다. 원래는 김행金幸이었습니다. 『고려사高麗史』에는 권행權行으로 기록되었습니다. 나중에 김행의 집안이 동아시아 역사에 아주 큰 영향을 끼치게 되는데, 금나라 가문의 시조가 되기 때문입니다.

> 김행(金行)은 신라의 후예로 임기응변을 잘했던 즉, 권도(權道)에 통달했던 까닭에 권(勸)씨 성을 하사받았다. - 성명류(姓名類), 『송남잡지』

이 싸움의 승리를 기념하여 만든 놀이가 차전놀이입니다. 그리고 이 싸움의 승리로 나라의 '동쪽'이 '평안'해졌다고 해서 붙여진 고을 이름이 경상도의 '안동安東'입니다. 여기서 한 가지 더 알려드리면 소금의 어원은 이렇습니다. 고려 때 어휘를 채록한 『계림유사鷄林類事』에는 '소감蘇甘'이라는 단어가 나옵니다. 이 발음이 지금의 소금이 되었습니다. 『훈민정음訓民正音』 창제 후인 15세기 문헌에는 한글로 '소곰' 혹은 '소금'이라고 적은 흔적이 남아 있습니다. 흰 소素에 쇠 금金을 써서 소금이라는 설명도 있습니다. 상가喪家에서 입는 소복素服, 맑은 국물에 말아서 먹는 국수 소면素麵의 '소' 자가 '하얗다'는 뜻의 흰 소素입니다.

> 우리나라에서 '염소(鹽牛)'라고 하니, 소금을 먹기 때문이다. 진(晉)나라 때 호귀빈(胡貴嬪)이 무제가 탄 양수레[羊車, 양차]가 자신의 처소에 이르도록 하기 위하여 처소 앞에 염소가 좋아하는 소금을 뿌리고 댓잎을 걸었던 고사(故事)가 이것이다. - 충수류(蟲獸類),『송남잡지』

설마 했는데 염소의 '염' 자가 진짜 소금 염鹽을 쓴 것이었군요. 진나라 사마염司馬炎이 1만 명이 넘는 미인들을 뽑아 양수레를 타고 가다가 멈추고는 후궁을 선택했는데 호귀빈 등의 후궁들이 소금을 자기 방 앞에 뿌려 황제가 자주 오게 했다는 일화가 있습니다. 염소라고 할 때 우牛(소) 자를 써서 '염우'라고 하지 않고 '염소'라고 했으니 외국어와 토종어가 합쳐진 사례입니다. 이런 말 습관은 아래의 사례에서도 볼 수 있습니다.

> 지금 술 마시는 사람이 술 마시기 전에 먼저 안주를 먹으면 술이 잘 받고 또한 크게 취하지도 않는다. 그러나 지금은 세 끼 식사 외에 시도 때도 없이 쉬지 않고 입을 놀려 먹어대는 것을 '주전부리(酒前喙, 주전훼)'라고 통칭한다. - 방언류(方言類),『송남잡지』

'주전부리'에서 '주전'은 한자이고 '부리'는 순 우리말입니다. 부리를 한자로는 喙훼라고 합니다. 새가 부리로 쪼듯이 계속 무언가를 먹는 모양새를 가리킵니다. '주전훼'라고 하지 않고 '주전부리'라고 말하는 방식은 '정수리'라는 말이 만들어진 방식과도 같습니다. 정수리는 꼭지를 나타내는 '정頂'과 구멍을 의미하는 '수리'가 합쳐진 말입니다. 이는 지금의 헬리콥터를 헬기라고 하는 것과 같습니다. 원키(원래(原來) 키(key), 노래할 때 원곡의 원래 음), 제로백(zero(0)에서 百(100)km까지 속도), 핵노잼(핵+No+재미), 시월드(시댁+world), 물티슈(물+tissue) 등의 표현이 모두 이런 오래된 말 습관에서 비롯했습니다. 그리고 한 끼, 두 끼에서 '끼'는 '때'와 같은 뜻입니다. '끼니'는 때와 밥을 의미합니다. 그러므로 '때에 먹는 쌀'이란 뜻이 됩니다. '마시다', '먹다'라는 뜻의 끽喫 자와도 관련이 있어 보입니다.

상·돈·태

예전에는 지금은 생각하지도 못하는 이름 짓기 방식이 있었습니다. 사람 이름에 동물을 인용함으로써 사람의 정체성을 동물의 단계로 바꿔버리는 형벌입니다. 이렇게 해서 사람을 동물로 만들어버립니다. 이것은 한국인이 가지고 있는 인격화의 역전된 모습으로, 즉 물격화입니다.

세상에 전해오는 말에 고려 때 목천(木川)에서 자주 반란이 일어나자 가축의 이름으로 성을 하사하였다. 뒤에 象(상, 코끼리)을 바꿔 '尙(상)'이라고 하고, '豚(돈, 돼지)'을 '頓(돈)'이라고 하고 '犬(견, 개)'을 '太(태)'라고 하였다. - 성명류(姓名類), 『송남잡지』

이러한 사례는 오늘날 '천天', '방方', '지地', '축丑', '마馬', '골骨', '피皮'의 성을 가진 사람들이 천민 출신이라는 말도 안 되는 음모론의 연원이 되었습니다. 천민은 애초에 성이 없어요. 있다 하더라도 후손들이 죄인임을 뜻하는 선조의 동물 성씨를 잇지 않고 다른 성씨로 바꾸는 일이 많았기 때문에 대대로 이어지는 일은 없었습니다. 중국에서 귀화하거나 개국공신으로 임금에게 성을 받은 이들이 '천', '방', '지', '축', '마', '골', '피'라는 희귀한 성을 가졌습니다.

유몽인

유몽인柳夢寅은 『어우야담於于野談』의 저자입니다. 우리나라에서 야담野談이라는 용어를 처음으로 사용했습니다. 이 호의 출처는 『장자莊子』 「천지天地」 편의 '어우이개중於于以蓋衆'으로 '쓸데없는 소리로 뭇 사람들을 현혹케 한다.'라는 뜻입니다. 여기서 '야하다'는 말의 연원이 궁금해집니다. '야담'이란 말이 선정적인 이야기라는 뜻일까요?

『논어(論語)』에서 "문(文)이 질(質)을 이기면 사(史)하고, 질(質)이 문(文)을 이기면 야(野)하다."라고 하였다. 지금 '촌스럽다'는 말이 또한 여기에서 나왔다. - 방언류(方言類), 『송남잡지』

최근 한국교원대 이동석의 '야하다'의 어휘사 연구에 따르면 중세 문헌에서 '冶(야)ᄒᆞ다'는 '꾸미다, 치장하다'는 의미로 사용되었고, '野(야)ᄒᆞ다'는 '비속하다, 천하다'는 의미로 사용되었습니다. 20세기 문헌에서는 무늬가 화려하거나 원색 계통으로 색상이 강렬한 느낌을 줄 때 주로 '야하다'는 말을 사용하였는데, 이는 '冶ᄒᆞ다'의 의미가 발전한 것으로, '천하게 아리땁다'는 의미를 나타냅니다.

1970년대에 이르러 '야하다'가 선정적이라는 의미를 보이기 시작하는데, 이게 '야하다'의 기본 의미로 통하게 되었습니다. 이는 '冶하다'의 '천하고 아리땁다'는 의미가 변한 것으로, 화려한 무늬나 강렬한 색상에 사용하던 '冶하다'가 노출이 심한 옷 등에 사용이 되면서 선정적이며 '성적인 호기심을 자극하는 힘이 있다'는 의미가 되었습니다.

그렇다면 '음산하다'는 말은 어디서 왔을까요?

지금 우리나라에서 그늘지고 추운 것을 '음산(陰山)'이라고 말하는 것은 북쪽의 산이기 때문인가? - 방언류(方言類), 『송남잡지』

세상에서 을사년(乙巳年)은 흉하다고 두려워하는 까닭에 지금 생전 낙이 없는 것을 '을씨년스럽다'고 한다. - 방언류(方言類),『송남잡지』

'을씨년스럽다'는 말은 지금 많은 사람들이 알고 있는 것처럼 을사늑약 때문에 생긴 말이 아니었습니다.『송남잡지』가 을사늑약(1905) 이전인 1855년에 출판되었다는 사실을 보면 을씨년스럽다는 표현은 이미 한참 전부터 쓰였던 것입니다.

류차달·이도

고려 때 류달(柳達)은 수레[車, 차]로 군량미를 수송한 까닭에 차달(車達)이라는 이름을 하사받았다. 이도(李棹)는 배를 저어 군사를 건너가게 한 까닭에 도(棹, 배의 노)라는 이름을 하사받았다. - 성명류(姓名類),『송남잡지』

임진왜란이 일어난 1592년에 학봉 김성일이 경상도 지역의 선비와 백성들에게 왜적에 맞서 의병을 일으키고 조정을 도와 싸우라는 격문을 지으면서 "부자들은 류차달처럼 곡식을 날라 군량을 대라."라고 했을 정도로 조선 시대에 이미 그의 이름은 널리 알려져 있었습니다. 다음의 기록에서도 이를 확인할 수 있습니다.

풍수가의 말에 포은(圃隱) 정몽주(鄭夢周)의 무덤과 신숭겸(申崇謙)의 무덤과 유차달(柳車達)의 무덤이 조선의 삼대 명당이라고 한다. - 상제류(喪祭類), 『송남잡지』

이도는 고려 개국기의 사람입니다. 원래는 치齒라는 이름이었습니다. 고려 태조가 후백제 견훤을 정벌하고자 공주 금강에 이르렀을 때 이치가 주도하여 왕건이 무사히 금강을 건널 수 있도록 도왔고 왕건은 이를 치하하여 '도'라는 이름을 하사했습니다.

옛날에 강을 건너는 것은 큰일이었습니다. 그래서 왕이 강을 건너게 돕는 일은 개인에게는 큰 공이 되고, 한 고을의 이름까지 바꿀 수 있게 하는 계기가 되기도 했습니다. 이처럼 한국인에게 이름, 즉 문자는 단순한 호칭이 아니었습니다. 우리에게 문자는 정서를 인격화하는 매개체입니다. 달리 말하면 문자를 통해 우리는 우리의 정서를 인격화하여 역사 속에서 전달하기도 합니다.

이업복·김중진

'이야기'라는 말의 '이'는 한자로 이로울 이利 자입니다. 아래 『송남잡지』의 기록을 보겠습니다.

『지림(志林)』에서 "소식(蘇軾)이 귀양 갔을 때 무료함이 병이 되어 치료할 수가 없었는데, 지림(志林)이라는 중이 문병을 와서 이야기만 하고 사오일 밤을 함께 자니 약을 쓰지 않고도 병이 나았다."라고 한다. 지금은 '옛날 이야기[古談, 고담]'를 '이야기[利藥, 이약]'라 하니, 그대로 우리말로 음차한 것이다. - 방언류(方言類),『송남잡지』

이야기는 곧 '이로운 약'이라는 말입니다. 누군가와 말을 하면 속이 시원해지는 게 있습니다. 이것이 바로 수다의 미학입니다. '수' 자는 서로 갚을 수(酬)입니다. 그러므로 '수다(酬多)'는 쓸데없이 말수가 많은 것을 뜻합니다. 한자 중에 '수다스러울 절(龖)' 자가 있습니다. 용(龍)이 네 마리 합쳐진 글자입니다. 용이 하늘로 올라갈 때 얼마나 시끄러운지 안 봐도 느껴집니다.

1790년(정조 14년) 8월 10일『정조실록』기사 사건 중에 전기수(傳奇叟)였던 이업복이 종로의 한 담배 가게 앞에서『임경업전(林慶業傳)』을 읽어 주고 있었는데, 김자점이 임경업을 모함해 죽이는 대목에서 이업복이 연기를 너무나도 실감 나게 한 나머지 이야기에 과몰입한 청중 한 명이 이업복을 죽였다는 기록이 있습니다. 실감 나는 이야기는 사람을 정신없게 하기도 합니다. 이업복 이야기는 드라마〈조선과학수사대 별순검〉(2005)에도 나옵니다.

풍자를 섞어가며 이야기를 풀어놓는 공연예술인 재담(才談)은 일제강점기에 박춘재 명창이 우리 전통 소리에 녹여내 '재담소리'로 거듭나기도 했습니다. 재담꾼은 지금의 스탠딩 코미디언입니다. 입으로 온갖 소리를 흉내 내는 구기口技와 표정 연기로 이야기에 생명력을 불어넣었습니다. 조선 최고의 재담꾼은 정조 대의 김중진입니다. 젊은 나이에 이가 다 빠지고 입을 늘 오물거려 '오물음'이라고도 불렀습니다. 조선 후기 문인 김희령金羲齡은 「소은고素隱稿」에서 그의 이야기 실력을 높이 평가했습니다.

경기도 이천

경기도 이천利川은 왕이 강을 건너는 사건 때문에 생긴 이름입니다. 여기에도 이로울 이利 자가 쓰였습니다. 고려 태조 왕건이 후백제 정벌을 위해 이천의 복하천을 건너려 할 때, 서목徐穆의 도움으로 강을 건넜습니다. 왕건은 '강을 건너는 것이 이로웠다'는 뜻의 이섭대천利涉大川이라는 말을 이 고을에 하사했고, 이로부터 앞과 끝 글자만을 따서 '이천利川'이라 불리게 되었습니다. 서목은 우리가 잘 아는 고려 시대의 외교전략가 서희徐熙의 당숙이었습니다.

'영리하다'는 말에도 이로울 이利가 쓰입니다. 『송남잡지』의 설명을 보겠습니다.

『자휘(字彙)』에서 "방언에 영리하고 지혜로운 것을 '영리(伶利)'라고 한다."라고 하였다. 지금은 총명한 사람을 '백영백리(百伶百利)'라 한다. - 방언류(方言類),『송남잡지』

금강산

『청량전(淸凉傳)』에서 말하였다. 어찌하여 금강(金剛)인가? 일척전사(一隻箭師)가 말하기를 "신라(新羅)를 지나 또 꿈에 오대산(五臺山) 금강굴(金剛窟)을 유람하다."라고 하였다. 대개 금강(金剛)은 부처의 이름인데, 팔면(八面) 전후를 한 번 보면 산의 모습이 그와 비슷한 듯하다. - 지리류(地理類),『송남잡지』

『택리지(擇里志)』에서 말하였다.『화엄경(華嚴經)』은 주(周)나라 소왕(昭王) 이후에 만들어졌는데 이때는 천축(天竺)이 중국과 교통하지 않았다. 하물며 중국 밖의 동이(東夷)에 있어서랴? 그러나 '동북쪽 바다 가운데 금강산(金剛山)'이라는 말이 이미 경문(經文)에 기록되어 있으니, 부처의 눈으로 멀리까지 내다보고 기록한 것이 아닐까? 예부터 호랑이와 뱀이 없으니 천하의 기이한 일로 나라 안의 첫째 가는 명산이 되는 것이 당연하다. 그러니 "고려에 태어나기를 바란다."라는 이야기가 어찌 빈말이겠는가? - 지리류(地理類),『송남잡지』

8세기 당나라의 승려 청량국사 징관澄觀이 『화엄경』을 풀이하면서 '해동의 금강산'을 우리나라 금강산으로 해석하면서 금강산이라는 이름이 널리 사용되었습니다. 금강산 '1만 2천 봉'이라는 표현도 '1만 2천 보살'에 비유한 대상의 인격화입니다.

속리산

『명산기(名山記)』에서 "속리산(俗離山)의 옛 이름은 미류(彌留)이다. 고려 공민왕이 속세를 떠났기 때문에 속리(俗離)라고 이름하였다. - 지리류(地理類), 『송남잡지』

그런데 저 '속리'라는 말이 순우리말 '수리'에서 왔다는 설명도 있습니다. 수리는 산봉우리를 뜻합니다. 이 수리를 한자로 표기한 것이 속리俗離입니다. 신라 때 속리악으로 부르다가 고려 때 속리산으로 불렸습니다. 고려 공민왕은 홍건적의 난을 피해 속리산으로 도망갔습니다. 『택리지』에도 속리산 일대는 '난리를 피할 수 있는 곳'으로 기록되어 있습니다. 독수리의 '수리'도 '높다', '으뜸'이라는 뜻을 가진 말입니다. 독은 대머리 독禿 자입니다. 서울 독산동禿山洞이라는 곳은 이 마을의 산봉우리에 나무가 없어 벌거숭이 산이라는 이야기에서 나왔습니다.

개롱

서울 송파구에 있는 개롱역은 개롱이라는 마을의 이름을 가져온 것입니다. '조선 인조 때 의주부윤인 임경업 장군이 송파 부근 갑박산에서 고리 궤짝을 주웠고, 지금의 가락동에서 이를 열어[開, 개]보았다.'라고 해서 마을 이름이 개롱[開籠]이 되었습니다. 이 고리 궤짝[籠, 농]에서 투구와 갑옷이 나왔다고 합니다. 군인의 상징인 투구와 갑옷을 임경업 장군에게 투사한 에피소드입니다. 『송남잡지』에 임경업은 청나라가 두려워한 장군으로 묘사되어 있습니다. 아래의 기록을 통해서 확인해 보겠습니다.

그림 12. 임경업 (출처: 조선명현초상화사진체)

병자호란 때, 청 태종이 의주로 길을 잡았으나, 임경업이 지뢰포를 매설하였기 때문에 피하여 창성(昌城)으로 내려왔다고 한다. - 무비류(武備類),『송남잡지』

그리고 한 가지 재미있는 사실이 있습니다. 우리나라 서해 지역 사람들은 임경업 장군을 신으로 모십니다. 연평도, 덕적도 등 서해 여러 지역에서 임경업은 신입니다. 그것도 '조기의 신'입니다. 생선 조기 맞습니다. 임경업 장군이 정묘호란 당시 승려로 변장하여 병사들을 이끌고 중국으로 출발하였는데, 가는 길에 연평도 근처에서 병사들이 배고픔을 호소하자 가시나무의 가지를 꺾어 바다에 던졌고 여기에 수많은 조기가 걸려 올라왔습니다. 이때부터 임경업 장군은 '조기의 신'으로 불리기 시작했습니다.

마이산

태종이 남쪽으로 거둥하여 제사를 지냈는데 산 모양이 말의 귀와 닮았기 때문에 '마이산(馬耳山)'이라는 이름을 하사하였다. 세상에 전하는 말에 "동봉(東峯)에는 작은 연못이 있으며, 서봉(西峯)에는 평탄하게 넓은 샘이 있어서 도적을 피할 만하다."라고 한다. 지금의 전주(全州)에 있다. - 지리류(地理類),『송남잡지』

마이산은 원래 서다산西多山이라고 불렸습니다. 신라시대 당시 수도였던 경주의 서쪽에서 가장 이로운 산이라고 해서 붙여진 이름이었습니다. 조선 태조 이성계가 전라도 운봉 황산 전투에서 왜구를 대파하고 돌아가는 길에 이 산을 보자 꿈에 신선에게서 금척金尺(황금으로 된 자)을 받던 곳과 너무도 똑같았다고 느꼈고, 그 모양도 금자로 산을 묶은 모습이어서 속금산束金山이라 불렀습니다. 나중에 태종 이방원은 이곳을 지나다가 산이 말의 귀를 닮았다고 해서 마이산馬耳山이라는 이름을 지었습니다. 이 산은 봄에는 돛대봉, 여름는 용각봉, 가을에는 마이봉, 겨울에는 문필봉으로 불립니다. 자연 대상을 계절마다 다른 이름으로 부르는 것도 시간의 흐름 속에서 상대의 모습을 정하는 한국인의 인격성을 잘 보여줍니다. 한국학에 정통한 소설가 김종록의 『금척』(2018)에 마이산 금척을 둘러싼 조선 독립군의 흥미로운 이야기가 펼쳐집니다.

그림 13. 마이산 (출처: 진안군)

개운포

신라 헌강왕(憲康王)이 학성(鶴城)에 유람을 가다가 바닷가에 이르자 구름과 안개가 자욱하고 어두워졌다. 바다의 신에게 기도를 하자 날이 개었기 때문에 개운포(開雲浦)라고 이름하였다. 지금의 울산(蔚山)이다. – 지리류(地理類), 『송남잡지』

날이 '개어서' 붙은 이름이 개운포입니다. 위의 기록에 나오는 저 바다의 신은 동해의 용입니다. 왕의 기도를 들은 동해의 용이 기뻐 일곱 아들을 거느리고 왕 앞에 나타나 춤추고 음악을 연주하며 덕을 찬양했습니다. 그리고 아들 한 명을 서라벌로 보내 임금을 돕게 했습니다. 그가 바로 처용處容입니다. 그런데 역신疫神(천연두의 신)이 처용의 아내를 범하는 일이 벌어졌고, 이를 목격한 처용이 노래를 부르고 춤을 추며 물러났습니다. 이 노래가 〈처용가〉입니다. 그러자 역신은 처용 앞에 무릎 꿇고 앞으로는 처용의 얼굴을 그린 문에는 들어가지 않겠다고 맹세하였습니다. 이때부터 사람들이 처용의 얼굴을 그려 문에 붙이고는 재앙을 물리치려고 했습니다. 〈케이팝 데몬 헌터스 K-Pop Demon Hunters〉(2025)의 모티브가 된 한국인의 무속성은 바로 이러한 이야기에 바탕을 두고 있습니다.

'기분이나 몸이 상쾌하고 가뜬하다'는 뜻을 나타내는 '개운하다'는 순

우리말 형용사로 개운포와는 아무 상관이 없습니다. 비슷한 말의 '시원하다'는 '훤하다'에서 왔습니다. 15세기에 '훤하다'는 '공간이나 마음, 앎에 막힘없이 탁 트이다'의 의미를 가졌고, '싀훤ᄒ다'는 '답답한 마음이 풀리어 흐뭇하고 후련하다'는 마음의 상태를 가리켰습니다. 그러므로 '싀훤ᄒ다'의 어원은 '훤ᄒ다'에서 찾을 수 있습니다.

그리고 울산蔚山은 '산이 울(울타리)처럼 둘러쌌다'는 의미의 우시산于尸山이 그 이름의 배경이 되었습니다. 우于는 어조사(실질적인 뜻은 없고 다른 글자를 보조하는 역할로만 쓰이는 말)고, 시尸는 죽음을 의미하는 한자입니다. 뜻으로는 그렇게 중요한 단어가 아닙니다. 그러나 두 낱말을 빨리 읽을 때 발음이 '우리'로 바뀌고 더 빨리 읽으면 '울'이 됩니다.

금난새

우리나라는 금(金)나라와 원(元)나라를 두려워하기 때문에 금(金)을 바로 부르지 못하고 '김'이라고 하니 원종(元從)의 '원(元)' 자를 '原(원)' 자로 고친 것과 같다. 그렇다면 유독 당(唐)나라와 송(宋)나라를 피휘하지 않은 이유는 무엇인가? 비록 지명에 김해(金海)나 김산(金山) 같은 경우는 진실로 그렇지만 금천(金川)이나 금구(金溝)의 경우, 똑바로 부르는 것은 어째서인가? - 성명류(姓名類), 『송남잡지』

지금 한국의 금씨 중에서 가장 유명한 사람은 지휘자 금난새입니다. 금난새의 아버지는 음악가 금수현, 동생은 지휘자 금노상입니다. '난새'는 '하늘을 나는 새'를 뜻하는 순우리말입니다. 성이 김녕金寧 김金씨인데 아버지 세대부터 '김'을 '금'으로 읽었고, 가족관계등록부상으로는 김난새로 되어 있습니다. 이 때문에 재산 상속 과정에서 문제가 발생했고, 가족관계등록부상의 성씨를 '금'으로 바꿀 수 없다고 한 가정법원을 상대로 2018년 소송을 하게 되었습니다. 1심과 2심에서는 금난새 측이 패소했으나 대법원의 판결은 달랐습니다. 대법원은 광복 직후부터 금수현, 금난새 집안이 한글 음을 그대로 쓰고자 성의 한자 독음을 '금'으로 사용해 왔고, 이를 사회적으로 사용해 왔기 때문에 가족관계등록부의 한자 독음을 '금'으로 바꿀 수 있다고 판결했습니다.

김천

1718년 여이명呂以鳴의 『금릉지金陵誌』에는 경상도 김천은 '금이 나는 샘'이 있어 금천金泉이라 했다고 기록되어 있습니다. 고려 시대 초에 현재의 남산동 김천초등학교 일대에 역을 설치하고 이 샘의 이름을 따서 역 이름을 금천역이라 했는데 마을이 생기고 인구가 늘어나자 역의 이름이었던 금천이 고을의 이름이 되었습니다. 금천이 김천이 된 이유는 병자호란 후 청나라의 옛 이름인 후금後金을 기피하는 경향이 조선에

퍼졌기 때문이었습니다.

> 우리나라는 금(金)나라와 원(元)나라를 두려워하기 때문에 금(金)을 바로 부르지 못하고 '김'이라고 하니. - 성명류(姓名類),『송남잡지』

여기서 우리가 즐겨 먹는 김의 어원에 관해 알려드리겠습니다. 김여익金汝翼이라는 사람이 전남 광양에 살았는데 조선 16대 임금 인조가 그가 바친 반찬을 먹고 이름을 물었으나 아무도 알지 못했다고 합니다. 한 신하가 광양 땅 김 아무개가 보낸 것이라고 하자, 인조가 김 아무개의 성을 따서 사람처럼 '김'으로 부르게 한 것이 지금의 김이 되었습니다.

18세기 중엽 광양 현감 허담許譚(또는 허심許深)이 김여익을 추모하는 비문을 짓고 비석을 세웠습니다. 김은 '색채素菜', '해의海衣', '자채紫菜', '파래'라고도 부릅니다. '해태海苔'라고 하는 것은 일본식 표기입니다. 김은 신라 때부터 먹은 것으로 복리福裏라 부르던 복 쌈을 먹던 풍습이 있었다고『삼국유사三國遺事』에 기록되어 있습니다. 김이나 참취나물 이파리를 넓게 펴서 한 입 가득 싸 먹으며 풍년이 들기를 기원하였습니다.

김의 친구 격인 미역의 어원도 알려드리겠습니다. 8세기 당나라의 백과사전『초학기初學記』에는 '고래가 새끼를 낳은 후 미역을 뜯어 먹는 것을 보고 고구려 사람들이 산모에게 미역을 먹인다'는 내용이 나와 있습니다. 고구려에서는 우리 말 '물'을 한자 '매買'라고 했는데 지금의 미역을 물속에 사는 '여뀌'라고 해서 '매여뀌'라고 불렀습니다. 여뀌는 식물 이름입니다. '매여뀌'가 '매역'이 되고 '매역'이 '미역'이 되었습니다. 1527년 최세진의 저술한 『훈몽자회訓蒙字會』에도 '메역'이라는 말이 기록되어 있습니다.

지지지지

지지지지? 한류 대표 걸그룹 소녀시대의 노래 제목〈Gee〉(2009)가 아닙니다. 『송남잡지』에는 다음과 같은 기록이 있습니다.

> 세상에 전하기를 이름에 '之(지)' 자를 쓰면 유명해지는 경우가 많다고 하니 바로 명필로는 왕희지(王羲之), 왕헌지(王獻之), 문장으로는 한퇴지(韓退之), 당순지(唐順之), 화가로는 고개지(顧愷之), 풍채로는 두목지(杜牧之)가 있다. - 성명류(姓名類), 『송남잡지』

지금 우리나라 인물 중 이름이 '지'로 끝나는 유명인에는 최수지崔秀知, 강수지姜修智, 배수지裵秀智, 이수지가 있습니다. 최수지는 드라마 〈사랑이 꽃피는 나무〉(1987~1991)와 드라마 〈토지〉(1987~1989)에서 열연했습니다. 〈사랑이 꽃피는 나무〉는 현대 한류의 시작을 알린 작품입니다.

강수지는 1990년 윤상이 작곡한 〈보랏빛 향기〉로 데뷔했습니다. 배수지는 '수지'라는 예명으로 영화 〈건축학 개론〉(2012), 에피톤 프로젝트의 뮤직 비디오 〈첫사랑〉(2018), 드라마 〈안나〉(2022), 〈이두나!〉(2023) 등에 출연했습니다. 이수지는 코미디언입니다. KBS 2TV 〈개그콘서트〉와 쿠팡플레이의 〈SNL 코리아〉 시리즈를 통해 탁월한 코미디 연기를 보였고, 지금은 대치동 고슴도치 엄마 패러디 영상인 〈휴먼다큐 자식이 좋다 제이미Jamie맘 이소담 씨의 별난 하루〉에서 열연하고 있습니다. 대치동 영어학원에 들어가기 위해 레벨 테스트를 준비하는 대한민국 유치원생들의 '7세 고시'를 다룬 드라마 〈라이딩 인생〉(2025)과 배우 한가인의 학원 라이딩 영상이 〈제이미 맘〉과 비슷한 때에 대중의 주목을 받았습니다.

이이

나는 다음과 같은 이야기를 들은 적이 있다. 율곡(栗谷) 이이(李珥)의 자는 숙헌(叔獻)인데, 현달(顯達)하지 못했을 때 숙헌이라 자를 쓰는 사람이 또 있었다. 그 사람의 꿈에 귀신이 나타나 "네가 감히 동방의 현인과 자를 함께 쓰느냐? 마땅히 고쳐야 할 것이다."라고 말하였다 그 사람이 끝내 고치지 않자, 다시 며칠 만에 귀신이 꿈에 나타나 "네가 자를 고치지 않으니, 내가 너를 죽여야겠다."라고 꾸짖었다.

그는 즉시 놀라 깨어나 자를 고쳤다고 하니, 대개 현인의 자는 귀신도 알고 기록해 두었다가 보통 사람이 같이 사용함을 허락하지 않은 듯하다. - 성명류(姓名類), 『송남잡지』

한국인의 이름에 대한 생각을 둘러싼 가상성을 여실히 보여주는 기록입니다. 율곡의 어릴 적 이름은 현룡見龍이었습니다. 신사임당의 태몽이 검은 용이었기 때문입니다. 율곡栗谷은 '밤나무골'이라는 뜻입니다. 이곳은 이이가 어린 시절을 보낸 경기도 파주 지역의 율곡栗谷리입니다. 율곡의 아버지 이원수의 꿈에 백발노인이 나타나 이이李珥라고 이름을 바꾸면 장차 큰 학자가 될 것이라고 해서 바꾸었는데, 한자 귀고리 이珥 자는 임금 왕王 자와 귀 이耳 자로 구성되어 있습니다. 그러므로 '장차 왕의 귀가 되어 백성의 소리를 잘 듣고, 왕의 말을 잘 들어 백성에게 잘 전하라'는 뜻으로 해석됩니다. 율곡은 과거 시험에 아홉 번을 계속 장원급제하여 구도장원공九度壯元公이 되었습니다.

율곡 이이와 관련해서 한 가지 짚고 넘어갈 문제가 하나 있습니다.

그림 14. 율곡 이이

이이가 주장했다는 십만양병설十萬養兵說입니다. 지금 우리는 율곡의 십만양병설이 왜적에 대항하기 위해 나온 주장으로 알고 있으나 사실은 여진족을 막기 위한 대비책이었을 가능성이 더 높습니다. 율곡이 병조판서로 있던 때는 1583년이었는데, 이때 조선 6진 회령 지방에서 여진족 니탕개尼湯介가 난을 일으켰습니다. 1583년 일본은 오다 노부나가織田信長가 죽고 누구도 일본을 장악하지 못했던 때였습니다. 언제부터 우리가 일본을 염두에 두고 율곡의 십만양병설을 배우게 된 건지는 모르겠습니다. 아마도 이는 우리 역사가 임진왜란은 기억해도 니탕개의 난은 기억하지 못하기 때문이겠지요. 임진왜란 때 탄금대에서 전사한 신립申砬만 기억하고 니탕개 난을 진압한 신립 장군을 기억하지 못하는 것처럼요. 혹자는 이이의 십만양병설이 아예 존재하지 않았다고 주장하기도 합니다. 십만양병설은 김장생金長生, 송시열宋時烈 등 율곡의 제자들이 율곡을 높이 세우기 위해서 창작했다는 것입니다.

남곤·심정

남곤(南袞)과 심정(沈貞)은 당시 어진 사람들의 미움을 받았기에 '감동젓(甘同醢, 감동해)'의 이름이 '곤쟁이젓'으로 되었다. - 방언류(方言類), 『송남잡지』

1924년에 출판된 『조선무쌍신식요리제법朝鮮無雙新式料理製法』에 곤쟁이젓과 관련된 이야기가 나옵니다. 여기서 곤쟁이젓이라는 이름에 관해서는 남곤南袞과 심정沈貞이 정암靜菴 조광조趙光祖를 죽인 이유로 남'곤', 심'정'을 소인배라 하기로 '곤정젓'이라고 하였다고 했습니다. 중종 14년(1519) 기묘사화를 일으켜 조광조를 제거한 남곤과 심정의 이름을 따서 만든 것이지요. 두 사람의 인격을 젓갈의 위치로 떨어뜨려버린 것입니다. 변절자 신숙주의 이름을 따서 '숙주나물'이라는 이름이 만들어진 사례와 비슷합니다. 대상에 인격을 부여하는 한국인의 정서를 보여줍니다.

뮤지컬 〈범옹泛翁〉(2022)은 조선 전기 대표 문인이었던 신숙주의 자호를 그대로 제목으로 가져온 작품입니다. 신숙주, 성삼문, 수양대군의 복잡한 관계가 그려집니다.

임꺽정

걱정은 우리나라 말로 근심거리를 의미한다. 조선 명종 때 양주(楊州) 백성 임꺽정(林巨正)은 서관(西關)의 극악한 도적이었기에, 선조들은 대부분 임꺽정을 걱정거리로 여겼다. 토포사(討捕使) 남치근(南致勤)이 그의 목을 베었다. – 방언류(方言類), 『송남잡지』

임꺽정과 더불어 도적으로 유명한 허균의 홍길동은 남궁두南宮斗라는 인물에게서 모티브를 얻었습니다. 남궁두는 조선 중기 단학파丹學派의 한 사람입니다. 1528년에 태어나 1555년에 진사과에 급제했습니다. 전라북도 옥구군의 임피에 살 때 애첩과 당질 간의 간통을 목격하고 이 둘을 살해한 후 중이 되었습니다. 1608년 허균이 부안에 살 때 남궁두를 만났고, 이때의 기억을 더듬어 자신의 문집 『성소부부고惺所覆瓿藁』에 「남궁선생전南宮先生傳」을 적었습니다. 「홍길동전洪吉童傳」과 함께 허균 소설의 쌍벽을 이루는 작품입니다. 신선술 연마와 관련된 남궁두의 설화는 『어유야담』, 『택리지』에도 기록되어 있습니다.

신문고

재미있는 것은 한국인은 이름을 하도 중히(?) 여겨서 자기의 이름을 전면에 내세우지 못하는데, 이것 또한 한국인의 정서라는 점입니다.

조선 태종 임오년(1402)에 신문고(申聞鼓)를 설치하여 원통한 일이 있는 사람이 그것을 쳐서 호소하게 하였는데, 나중에는 대궐 안에 옮겨 설치하였다. 지금은 이름을 감추고 국가를 욕하고 매도하는 까닭에 신문고 울리는 것을 금지하였고, 폐석(肺石)은 대부분 털끝만 한 원한이나 실낱같은 혐의를 썼기 때문에 폐지하였다. - 조시류(朝市

類),『송남잡지』

폐석은 관아의 문 옆에 있는 붉은 돌로서 적석赤石이라고도 합니다. 의지할 데 없는 사람이 폐석에 서 있으면 관원이 그 사람의 억울한 일을 해결해 주었습니다. 여기서 알 수 있는 한국인의 정서가 또 하나 있습니다. 한국인은 국가에 책임을 묻고 비판하기를 좋아합니다. 매우 정치적입니다. 또한 공론화하기를 좋아하고 고소告訴를 좋아합니다. 지금 인터넷 댓글에서 벌어지는 서로 간의 고소 사건들을 보면 위 인용문의 상황과 놀라우리만치 똑같습니다.

2장

한국인의 영토성

『송남잡지』를 보면 '옛날의 한반도의 영토와 지금의 영토가 조금 다른 게 아닌가?' 하는 생각을 하게 됩니다. 『송남잡지』의 내용에 따르면 현재의 우리나라 지형이 더 크게 바뀔 수도 있겠다는 마음이 생깁니다. 우리의 진짜 영토는 어디서 어디까지였을까요? 왜 이렇게 영토가 작을까요? 반도이면서 북쪽이 막힌 섬나라가 된 지금의 대한민국은 어떤 인식 속에서 분단국으로 만들어진 것일까요? 대한민국이라는 나라의 이름은 어디서 왔을까요?

삼한일통

『삼국유사(三國遺事)』에 "고구려 지역에 마읍산(馬邑山)이 있는 까닭에 마한(馬韓)이라 하였다."라고 하였고 "백제 땅에 변산(卞山)이 있는 까닭에 변한(卞韓)이라 하였다."라고 하였다. - 국호류(國號類), 『송남잡지』

『송남잡지』의 저자 송남 조재삼은 '고구려 지역에 마읍산이 있어서 이름을 마한이라고 했다.'라는 『삼국유사三國遺事』를 인용했습니다. 지금의 생각으로는 마한과 고구려 지역이 쉽게 연결되지는 않습니다. 마한이 한반도 저 북쪽의 고구려 지역과 하나였다는 설명이 낯설게 들립니다. 『삼국유사三國遺事』의 저자 일연은 최치원을 인용하여 삼한의 역사적 의미를 고구려, 백제, 신라와 연결하였고 마한은 고구려, 진한은 신라, 변한은 백제로 계승된다고 기록했습니다.

최치원의 말대로 마한이 고구려라면 고조선 해체 후 유민들이 진국을 거쳐 한韓으로 이어진 것입니다. 따라서 마한이 고구려의 무대였던 요동 지역에 있었다는 증거가 됩니다. 최치원은 "마한을 지금 사람들이 혹시 (익산 지역의) 금마산金馬山으로 인해 백제라고 한 것은 대개 잘못된 것이다. 고구려에 본래 마읍산馬邑山이 있었으므로 마한이라 이름 지은 것이다."라고 했습니다.

지금 육군사관학교의 이상훈의 주장에 따르면 마읍산의 입지 조건을 충족하는 곳은 평양에서 서남쪽으로 60리 떨어져 있고, 대동강 북안에서 교두보 역할을 할 수 있으며, 수륙 교통의 결절지가 되는 서학산 일대라고 할 수 있습니다. 서학산은 구룡산이라고도 하는데 지금의 북한 남포특별시 천리마 구역입니다.

『송남잡지』에 실린 위의 인용문대로라면 삼한을 한반도 중남부로 보는 관점은 다시 해석되어야 합니다. 따라서 조선 중·후기 이익李瀷, 한백겸韓百謙, 안정복安鼎福 이후부터 이어져 온 삼한의 한반도 중남부 설명은 잘못된 것일 수도 있겠습니다.

고구려를 세운 동명왕도 마한을 아우르며 새로운 왕조를 도약했습니다. 랴오둥遼東은 현재 중국 동북 지방의 랴오닝성遼寧省 동부에 해당합니다. 만주로 따지면 남만주南滿洲입니다. 고구려의 왕들은 요동 각지에 성곽을 쌓아 통치의 거점으로 삼았습니다.

신라는 삼국통일 전쟁 후 삼국 정통성 확보를 위해 '삼한일통三韓一統'이라는 개념을 사용했습니다. 고구려, 백제의 유민을 합치기 위해서 신라는 계속 노력했으나 워낙 귀족 계급이 확고했던 터라 이에 대한 반발로 고구려, 백제 부흥 운동이 일어났습니다. 고려 무신 정권기에도 이러한 부흥 운동이 일어났습니다.

그러나 여몽전쟁麗蒙戰爭 이후 삼한일통 개념이 더 강해져 민족 통합 이념으로 발전했고 고조선 계승 의식으로까지 진전했습니다. 고구려를 계승한 고려에 이르러 삼한의 정체성은 통일되었습니다. 이러한 생각이 한국인의 영토성을 만들었습니다. 고려를 이어받은 조선은 삼한을 계승했다는 자부심을 가졌고 이러한 점은 대한제국이라는 국명에도 나타났습니다. 대'한韓'제국이란 말은 조선이 삼'한'일통의 개념을 바탕으로 한다는 영토성에 기인한 것입니다.

『고종실록』1897년 10월 11일 기사에 다음과 같은 기록이 있습니다.

> 우리나라는 곧 삼한의 땅인데, 국초에 천명을 받고 통합해 하나가 되었으니, 지금 천하의 이름을 대한이라고 정하는 것이 불가한 것이 아니다. 또한 일찍이 각국의 문자를 볼 때마다 '조선'이라고 하지 않

고 '한'이라고 했으니, 이는 아마 미리 징험을 보이고 오늘날을 기다린 것이다. 천하는 모두 다 '대한'이라는 칭호를 알고 있다.

나온 김에 우리나라의 왕국과 관련한 이름이 『송남잡지』에 어떻게 소개되었는지 한 번 살펴보겠습니다.

고구려

『동사(東史)』에서 "주몽(朱蒙)의 본래 성은 해씨(解氏)인데, 스스로 고신씨(高辛氏)의 후예라고 하여 고씨(高氏)로 고쳤다. 요동(遼東) 구려산(句麗山) 아래에서 태어났는데, 성을 산 이름 앞에 두어 국호로 삼았다."라고 하였다. – 국호류(國號類), 『송남잡지』

이덕무(李德懋)가 말하였다. 고구려라는 호칭은 『한서, 지리지』에서 비롯되었다. 고구려의 선조는 금와(金蛙)이다. 우리나라 방언(方言)으로 蛙(와)를 개구리(皆句驪) 또는 왕마구리(王摩句驪)라 하니, 옛날 사람들이 질박하여 바로 임금의 이름으로 국호를 삼고, 성(姓)을 얹어 고구리(高句驪)라고 하였다. – 국호류(國號類), 『송남잡지』

위의 『송남잡지』 기록은 요동에 있는 구려산에서 태어난 사람이 고씨를 천명했다고 해서 국호를 고구려라고 했다는 설명입니다. 또 하나는 개구리의 구리라는 발음을 써서 국호로 정했다는 설명입니다. 정말 인격화의 한국인답습니다. 주몽의 이름은 아래와 같이 기록되어 있습니다.

> 고구려 역사에 "방언에 활을 잘 쏘는 사람을 몽(蒙)이라 한다."라고 하니, 방몽(逄蒙, 전국시대의 명궁수)과 같은 사람을 이른다. 동명왕편(東明王篇)의 주석에서 말하였다. 주몽(朱蒙)은 태어난 지 채 한 달이 안 되어서 똑똑하게 말을 할 줄 알았다. 모친에게 "파리가 눈을 깨물어 잠을 잘 수 없습니다."라고 말하였다. 모친이 갈대로 활과 화살을 만들어 주자, 물레 위의 파리를 쏘았는데, 쏘는 대로 모두 맞았다. - 무비류(武備類), 『송남잡지』

활 잘 쏘는 사람을 '몽蒙'이라고 했다고 하니, 주몽이란 활 잘 쏘는 사람을 가리키는 말이었습니다. 이는 지금의 사전적인 의미와는 전혀 달랐습니다. 사전에서 몽蒙 자는 '(세상 이치에) 어둡다' 혹은 '어리석다'는 뜻입니다. 드라마 〈주몽〉(2006)은 한류의 인기를 보여준 대표적인 작품입니다. 특히, 이란에서 〈주몽〉의 인기는 상상을 초월했습니다. 시청률이 85%를 넘었습니다.

백제

백제의 시조는 부여 온조왕(溫祚王)이다. 오간(烏干)과 마려(馬黎) 등 열 명의 신하가 보필했던 까닭에 처음에는 십제(十濟)라고 부르다가, 뒤에 '백성이 즐겨 따른다(百姓樂從, 백성낙종).'라는 뜻을 취한 까닭에 백제(百濟)라고 하였다. - 성명류(姓名類),『송남잡지』

위의 기록을 읽다 보니 의문이 하나 생깁니다. '백성'은 고려 때부터 사용했던 말입니다. 그러므로 백제에서 백성이라는 말을 사용했다는 주장은 설득력이 떨어집니다. 기록을 하나 더 보겠습니다.

살펴보건대, 백제왕 온조는 본래 주몽의 아들로 조상이 부여(夫餘)에서 나온 까닭에 성을 부여씨(夫餘氏)로 하였다. 살펴보건대『통감석의(通鑑釋義)』에 "부여왕 동명(東明)의 후손으로 구태(仇台)란 사람이 있는데, 인신(仁信)에 돈독하다. 대방(帶方)에 나라를 세우고 처음에 백가(百家)를 다스렸던(濟) 까닭에 국호로 삼았다."라고 하였다. - 성명류(姓名類),『송남잡지』

백제는 나라 이름에 '다스릴 제濟' 자를 쓴 것이었습니다. 그런데 제濟에는 또 다른 뜻도 있습니다. '건너다'는 뜻입니다. 요서 지역에 터를 잡은 대방 세력은 바다를 건너와 한반도 서남부지방을 점령했습니다.

백제라는 말은 백가제해百家濟海, 즉 100개의 집안[家, 가]이 바다를 건너왔다는 말에서 나왔다고도 볼 수 있습니다. 역사적으로 백제는 해상왕국으로 이해되는데 이는 백제요서경략설百濟遼西經略에서도 읽을 수 있습니다. 『송서宋書』「백제전百濟傳」에는 '고구려가 요동遼東을 점령하고, 백제는 요서遼西를 점령하고 진평군晉平郡 진평현에 통치기관을 설치하였다.'라는 기록이 있습니다. 『양서梁書』「백제전」에도 '진晉나라 때 백제가 고구려의 요동 지배에 대응해 요서·진평 두 군을 점령하고 그 땅에 백제군을 설치하였다.'라는 기록이 나옵니다. 이는 백제가 한반도 외에 다른 곳에도 있었다는 말로도 들립니다.

신라

신라의 역사에 "新(신)은 '날로 그 덕을 새롭게 한다(新其德, 신기덕)'라는 뜻을 취하고, 羅(라)는 '사방(四方)을 망라한다(網羅四方, 망라사방)'라는 뜻을 취하였다."라고 하였으니, 지증왕(智證王)으로부터 시작되었다. 처음 국호는 사로(斯盧)·서벌라(徐伐羅)·서야벌(徐耶伐)·서라벌(徐羅伐)이다. 탈해왕(脫解王) 때에 국호를 계림(鷄林)이라 하였는데, 숲에서 닭 소리가 나는 기이한 일에서 비롯되었다. - 국호류(國號類), 『송남잡지』

지금 한양대학교 정연식의 설명에 따르면 신라 국호는 徐耶伐(서야벌), 徐那伐(서나벌), 徐羅伐(서라벌), 新羅(신라), 薛羅(설라, 당나라에서 신라를 부르던 명칭), 斯盧(사로), 尸羅(시라) 등으로 모두 비슷한데, 이 말들의 뜻을 알기 위해서는 한자를 당시 신라가 교류했던 중국의 강동방음江東方音으로 읽을 수 있어야 합니다. 盧[ra], 邪·耶[la], 羅[la]는 땅을 뜻하는 고대국어 ra를 표현했습니다. 徐와 薛은 고대국어로는 'sa'와 'sar'입니다. 徐羅伐[sarapar]은 동쪽 땅, 동쪽 벌을 뜻한 말로 추정되는데, 고대국어에서 'sar'은 동쪽을 뜻합니다. 신라의 영토가 확장되면서 '伐'이 국호에 적합지 않자, 신라는 국호에서 '伐'을 떼어냈습니다.

새 국호로는 예전 음에 충실한 薛羅(설라)와 함께, '새 땅'을 표현한 新羅(신라)도 있었습니다. 'sarra'의 'sar'는 동東과 새[新, 신]의 뜻을 함께 지녔고, 新(신)은 뜻과 음이 모두 'sar'와 유사한 'sir'의 표현 수단이었습니다. 그 결과 新羅[sirra]는 예전의 동쪽 땅 'sarra'와 음이 비슷하면서, '새 땅'이라는 의미로 새로운 국호로 등장하여 널리 쓰였습니다. 신라에서는 한자를 강동방음江東方音으로 읽었으므로 '斯(사)'는 'si'로 읽히는데 斯盧(사로)·斯羅(사라)·尸羅(시라) 모두 'sira'로 읽혔습니다. 新羅(신라)도 당시에는 '시라'로 읽혔을 것으로 추정됩니다.

한편, 조선의 실학자 유득공柳得恭은 신라라는 국호가 '새 나라'라는 우리말 발음에서 나왔을 것이라고 주장했습니다.

가야국

가락국은 일명 가야국(伽倻國)이다. 가야국은 가락국(伽洛國)이라고도 하니 가야라는 소리가 바뀌어 가락이 된 것이다. 가야산(伽倻山)을 근거지로 나라를 세웠기 때문인 듯하다. - 국호류(國號類), 『송남잡지』

지금 서울의 가락동可樂洞은 '갓골'이 '가락골'로 바뀌면서 붙여진 고을 이름입니다. 가락국과는 상관이 없습니다. 참고로 '가락국수'는 '갈국수', '가닥 국수'로 불리다가 시간이 가면서 '칼국수'로 불리게 되었습니다. '가닭'은 '가닥'의 옛말로, 한군데에서 풀어지거나 갈라져서 나온 낱낱의 줄을 세는 단위입니다. '가닭'은 '가닥'과 '까닭'으로 분화되었는데, '가닥'은 원래의 의미를 계속 유지했고, '까닭'은 이유를 나타내는 말로 발전하였습니다. 음악에서 '가락'은 加樂(가락)입니다. 음音에 첨가하는 흐름이 있는 높낮이를 말합니다. 즉, 음의 고저가 각기 다른 것들이 불규칙적으로 조화 있게 진행되는 것을 가락이라고 합니다.

조선

『동사(東史)』에서 "나라가 천하의 동쪽에 있어서 해가 먼저 뜨기 때문에 조선(朝鮮)이라 이름하였다."라고 하니, 대개 아침 해(朝日)가 선명(鮮明)하다는 뜻이다. - 국호류(國號類), 『송남잡지』

육당 최남선崔南善이 집필한 『조선상식문답朝鮮常識問答』에는 조선은 우리 땅이 동방東方에 있어서 날이 샐 때 햇빛이 맨 먼저 쏘이는 곳으로, '첫'이란 말과 '새다'라는 말이 합쳐져 생긴 말로 한자로 소리와 뜻이 같은 아침 조朝, 밝을 선鮮 두 자를 빌어다가 쓴 것이라고 했습니다. 단재丹齋 신채호申采浩는 조선의 어원을 '숙신肅愼'이라고 주장했습니다. 『만주원류고滿洲源流考』에 따르면 숙신의 옛말인 주신珠申이 만주어로 경계라는 뜻인데 이것이 조선이라는 말의 연원이라는 설명입니다.

기원전 7세기경에 알타이산맥 근처 바이칼호 주변에 살던 유목민족은 중국으로 갔다가 한족에게 쫓겨 산동山東 지방으로 이동했고 만주, 몽골, 한반도로 흩어졌는데 한반도에 정주한 종족이 '코리'와 '쥬신'으로 불렸고 이것이 조금씩 변해 '코리', '고려', '주신', '조선'으로 불렸다고 설명했습니다. 우리나라의 영문명 코리아Korea가 여기서 온 것으로 보는 이도 있습니다. 코리아Korea가 '고려'라는 나라의 발음에서 나왔다는 설명도 다시 한 번 되짚어 볼 필요가 있습니다. 이 설명이 틀렸다는 게 아닙니다. 어떤 사안에 관한 여러 가지 가설을 모두 알려주어야 한다는 뜻입니다. 더군다나 이러한 가설을 뒷받침하는 사료가 버젓이 있으니 말입니다. 우리가 배우는 역사는 지금도 '그것은 이러하다.'라는 식의 정언 명제로 서술되어 온 게 많은데, 지금과 같은 데이터 기반의 탈중심화 사회에서는 '그것은 이러한 사료를 보고 판단해야 한다.'라는 식의 역사 교육으로 바뀌어야 합니다. 영국 성공회의 선교지 〈모닝캄The Morning Calm〉에는 코리아가 카올리Kao Li에서 온 것이라는 설명도 있습니다. 카올리는 '산山의 나라'라는 뜻입니다. 아침 조朝 자가 나온 김에 이와 관련한 재밌는 기록이 있습니다.

> 우리나라에서 아침 조(朝)를 '아침(衛站, 위참)'이라고 하는 것은 대개 아침에 관가의 역참을 열기 때문이다. 혹은 '아침(俄寢)'이라고도 하는데, '지금 깼다.'라는 말이다. 우리나라에서 저녁(夕, 석)을 '저녁(除曆, 제력)'이라고 하는데, 오늘의 달력을 제(除)한다는 말이다. - 방언류(方言類),『송남잡지』

아침俄寢은 俄 아까 아, 寢 잘 침입니다. 이는 곧 '아까 잤다'는 뜻인데 달리 표현하면 '지금은 깼다'는 말입니다. '지금 깨어 있으려면 아까는 잤어야 한다'는 재밌는 논리를 읽을 수 있습니다. 저녁은 '제력除曆'에서 나왔습니다. 제除는 '없애다'는 뜻입니다.

말갈

춘천(春川) 우두촌(牛頭村) 뒷산이 소양강(召陽江)과 닿아 있는 곳에 큰 무덤이 있으니, 세상에서 말갈 조상의 땅이라고 전해진다. 그곳에는 나무가 없고 방목을 금지한다. 간혹 나무꾼이 장난삼아 작대기로 무덤을 건드리면 즉사하고 소나 말이 혹 무덤을 밟으면 발굽이 패인 곳에 바로 흙이 나와 메워진다. - 상제류(喪祭類), 『송남잡지』

말갈靺鞨은 만주 지역을 대표하는 종족이었습니다. 조선 후기 백과전서식 학습서인 『송남잡지』에 말갈족의 무덤이 춘천 소양강 근처에 있다는 설명이 나오는 이유는 조선 후기까지만 해도 말갈이 우리 민족으로 이해되고 학습되었다는 사실을 말해줍니다. 위의 인용문에는 말갈족의 힘도 표현되어 있습니다. '말갈족의 무덤을 건드리면 죽는다.'라는 말은 말갈족의 위세가 얼마나 대단했는지 알 수 있는 대목입니다.

말갈은 고구려 한민족에 정복되어 오랜 시기 한민족에 동화되었다가 발해에도 포함되었고, 926년 발해 멸망 이후에는 여진으로 성장해서 제국으로 발전했습니다. 주목해야 할 점은 통일 신라 시기에 고구려와 백제 유민들을 회유할 목적으로 중앙군의 군사 편제를 9개의 서당, 즉 9서당으로 구성했을 때 9서당은 신라계 3개, 고구려계 3개, 백제계 2개, 말갈계 1개로 만들어졌다는 사실입니다. 이는 말갈이 신라, 고구려, 백제와 어깨를 나란히 하는 집단이었다는 의미인데, 어찌 보면 한반도는 삼국 시대가 아니라 사국四國 시대였을지도 모르는 일이었습니다.

발해

『운회(韻會)』에서 "동쪽을 발해라 한다."라고 하였다. 고왕(高王) 대조영(大祚榮)은 본래 말갈(靺鞨)의 추장으로 숙신(肅愼)의 땅에 살았는데, 말갈을 버리고 발해라고 부르니 지명을 취한 것이다. 또 '진국(震國)'이라고도 불렀는데, 『주역』에 "황제가 진(震)방(동쪽)에서 나온다(帝出震, 제출진)."라는 뜻을 취한 것이다. 또 진단(震旦)으로 바꾸었는데, 동방에 해 뜨는 뜻을 취한 것이다. – 국호류(國號類), 『송남잡지』

발해의 대조영도 말갈족이었습니다. 거란은 퉁구스Tungus 계통으로 고구려와 발해의 구성원이었던 말갈을 발해 멸망 후 여진족으로 불렀습니다. 아이신교로 누르하치愛新覺羅 努兒哈赤(애신각라 노아합적)는 1583년 남만주 건주建州 여진족 추장이 되고 1613년 울라烏拉(오랍)를 패망시킨 후 동쪽의 여진에 대한 통합을 계속 시도했습니다. 결국 만주 지역의 여진을 통합한 누르하치는 1616년 후금後金을 건국하였습니다. 1636년 후금은 국호를 청淸으로 바꾸었습니다. 이 여진족을 만주족이라고 합니다. 결국 지금 말하는 만주족, 여진족, 말갈족은 뿌리가 같습니다.

참고로 도이刀夷, 刀伊라는 말은 여진족을 낮잡아 부르던 말이었습니다. 18세기 이후에 '도이'가 '되'가 되는데, 이것이 '되놈'이 되었고 중국인에 대한 멸칭으로 쓰이기 시작했습니다.

김극수

김행은 태조 13년(930) 고려가 고창에서 후백제군을 무찌르는 데 가담하였고 이때 태조로부터 권씨 성을 하사받고, 대상(大相) 벼슬에 올랐다. 그의 아들 김극수(金克守)가 여진(女眞)으로 장가가서 고을태사(古乙太師)를 낳았다. 고을태사의 손자가 바로 금(金)의 태조다. 또 "평주(平州)의 중 금준(今俊)이 여진(女眞)에 들어갔으니 바로 그들의 선조이다."라고 하였다. 『고려사(高麗史)』에 인종(仁宗)이 금(金)에 보낸 글에 "하물며 저들의 근원이 우리에게서 시작되었음에랴."라고 한 말이 이것이다. - 성명류(姓名類), 『송남잡지』

금나라(1115~1234)와 한반도는 재미있는 관계입니다. 발해 멸망 후 그 지역은 여진으로 불렸으며 여진족은 금나라를 세웠습니다. 1900년대까지만 해도 『신단민사神檀民史』, 『배달조선정사倍達朝鮮正史』, 『민족정사民族正史』 등 우리 역사서에서 금나라를 다루었습니다. 또한 『금사金史』에는 '아골타가 여진과 발해는 본래 한 집안이라고 했다.'라는 기록이 있습니다. 『금사金史』의 「세기世紀」는 또한 '금 시조의 존함은 함보函普이며 고려에서 막 왔을 때 나이가 이미 60여 세였다.'라고 기록했습니다.

『흠정만주원류고欽定滿洲源流考』에도 같은 내용이 있습니다. 『금지金志』, 『대금국지大金國志』, 『삼조북맹회편三朝北盟會編』에는 초기 여진 추장이 신라인이라는 기록이 있습니다. 신라인인지 고려인인지 혼동되어 기록된 것은 함보가 이동한 때가 920년쯤인데 이는 918년 고려 건국 시기와 935년 신라가 망하는 시점이 오버랩되는 시기이기 때문입니다. 신라의 인칭 접미사 '보'가 쓰인 것으로 미루어 볼 때 신라인일 가능성이 더 높습니다.

고려사에 함보는 황해도 평주 사람이라고 하는데, 이곳은 고려에 정복된 지역이었으므로 함보는 신라계 고려인인 것입니다. 『송남잡지』에 나오는 금준今俊이 바로 함보입니다. 함보는 법명이고 김준金俊과 금준今俊은 같은 인물입니다. 김씨 성을 금씨 성으로 바꾸었고 이를 나라 이름으로 했다는 기록이 『만주원류고欽定滿洲源流考』에 있습니다. 2009년에 방영된 드라마 〈천추태후〉에 금준이 나옵니다.

조선 개화기의 유학자 박은식朴殷植이 금나라의 태조를 소재로 1911년에 저술한 몽유록夢遊錄계 소설 『몽배금태조夢拜金太祖』를 주목할 필요가 있습니다. 한국인 주인공이 금나라의 태조를 알현하여 한국이 처한 현실과 장래에 대해 답을 구하는 내용입니다. 지금 보면 "왜 금나라 이야기가 여기서 나와?", "왜 한국인 주인공이 아골타를 찾아가지?"라고 할지 모르나 사실은 우리의 선조를 찾아간 것입니다.

일제강점기에 약소국으로 전락한 나라의 한국인이 강력했던 선조의 나라인 금나라의 태조를 찾아가 답을 구했던 이야기입니다. 이는 곧 금나라 역사를 우리 민족사로 인식한 바를 보여줍니다. 1세기 전에 우리나라 사회는 분명히 금나라를 품에 안고 있던 정서가 있었습니다. 그러나 이런 주장을 비하하는 세력이 아직도 있습니다. 아래와 같은 사료 기록이 있는데도 말입니다.

> 청나라 초기의 명장 용골대(龍骨大) 그리고 마부대(馬夫大)는 모두 우리나라 비인(底人, 충청도 홍주에 있는 마을) 사람이라고 한다. - 과거류(科擧類), 『송남잡지』

우리의 역사를 큰 역사에서 작은 역사로 만든 사례를 단적으로 보여주었던 것이 현대 우리나라 교과서에 나온 고려 말 철령위鐵嶺衛의 위치에 관한 설명입니다. 철령위는 1387년 명明이 요동 지역에 설치한 군사 행정기구입니다. 위화도 회군의 원인이 되었던 곳입니다.

이 철령위鐵嶺衛의 위치는 어디였을까요? 얼마 전까지만 하더라도 한국의 중고교 교과서는 이곳을 강원도 철령인 것처럼 설명했습니다. 그리고 위화도의 위치를 압록강 하류로 설명했습니다. 모두 틀렸습니다. 철령위는 지금의 중국 랴오닝성遼寧省 철령시에서 동남쪽으로 5백리 떨어진 곳입니다. 그러니까 철령위는 요동에 있었습니다. 그리고 위화도는 지금의 중국 랴오닝성 관전현寬甸縣 서점자徐店子 지역입니다. 이는 지금까지 한국 교육계에 알려진 위화도에서 80여 킬로미터 북쪽입니다. 위화도와 철령이 지금까지 잘못 알려진 이유는 일제강점기에 조선총독부가 조선사를 왜곡했기 때문입니다.

조선 말 대일항쟁기에 일본학자들은 한국사를 반도사관으로 축소시키기 위해서 강원도와 함경남도 경계에 있던 철령을 찾아 여기를 철령

위의 위치로 비정했습니다. 이후 우리나라 역사학계가 이를 비판 없이 수용해서 한국은 역사적 대국이 소국으로 전락하게 되었습니다.

『송남잡지』 속 기록을 따라가다 보면 우리나라 사람들의 정서 속에 요동과 만주滿洲가 자리 잡고 있다는 것을 알게 됩니다. 여기에 지명의 혼동이 조금 생기는데, 요동은 좁은 의미로 요하의 동쪽을 가리키지만 넓은 의미에서는 오늘날의 만주를 가리키기도 합니다. 대개 우리가 만주라고 하면 요동을 뜻할 때가 많습니다. 중세까지 요동은 약간 추상적인 지역, 모두의 곳이 될 수 있는 이른바 회색 지역이었습니다.

> 명나라 장수 이여송(李如松)은 본래 이산(理山, 함경도 강계의 산 이름)의 독로강(秀老江, 함경도 강계의 강 이름) 사람이다. 그의 조부가 살인을 저지른 뒤에 아들 이성량(李成梁)을 데리고 철령위(鐵嶺衛)에 들어갔다. - 성명류(姓名類), 『송남잡지』

> 임진왜란 때 명나라 장수들이 공을 세웠지만 청나라가 중원을 침입하자 그 후손들이 우리나라로 피난하였으니 바로 마귀(麻貴), 이여송(李如松), 만세덕(萬世德), 천만리(千萬里)의 후손이다. 『명사(明史)』에 "이성량(李成梁)의 고조(高祖) 이영(李英)은 본래 조선인(朝鮮人)이다."라고 하였다. - 성명류(姓名類), 『송남잡지』

위의 인용문은 또 하나의 흥미로운 사실을 보여줍니다. 이성량은 고려의 전객부령이었던 이천년의 6대손이었습니다. 이천년은 '이화에 월백하고'라는 시조「다정가多情歌」를 쓴 이조년의 친형이었습니다. 이여송 집안은 평안도에서 명나라로 건너갔습니다. 5대조인 이영李英은 평안도 초산 사람이었는데 살인을 저질러 국경을 건넜습니다. 이후 요동遼東 일대에서 터전을 잡았는데, 이때 철령 이李씨가 시작되었습니다. 이여송의 아버지 이성량이 요동총관이 되고 나서 자식들이 모두 명나라의 변방을 지키는 장수가 되어 이가구호장李家九虎將으로 이름을 떨쳤습니다. 이여송이 임진왜란에 출정할 때 이성량으로부터 '조선은 바로 우리 선조의 고향이니, 너는 힘쓰라.'라는 명을 받았습니다.

이여송의 손자 이응인李應仁은 명청 교체기에 조선으로 피신해 망명했는데, 명나라와 청나라가 싸우는 이 시기에 자기 가문과 관련하여 중요한 사실을 알고 있었기 때문입니다. 이여송의 집안이 청나라 태조 누르하치와 철천지원수였다는 것입니다.

이성량이 요동총관으로 있을 때 누르하치의 할아버지 기오창가覺昌安(교창안)와 아버지 탁시塔克世(탑극세)가 명군을 도와 다른 부족을 치다가 명군에 의해서 오인 사살된 일이 있었습니다. 누르하치는 아버지와 할아버지를 잃고 이성량의 포로가 되어 노비로 살다가 이성량의 아내 덕분에 풀려나게 되었습니다.

이 때문에 누르하치가 명을 정복하겠다는 결심을 하게 됩니다. 이것이 누르하치가 1618년 명나라를 치는 전쟁의 명분으로 내세운 칠대한七大恨의 첫 번째 항목이었습니다. 이해응李海應이 1804년(순조 4년)에 쓴

『계산기정薊山紀程』에는 '명나라 때 장군 이성량이 광령廣寧에 거주했는데, 누르하치의 아비와 할아비를 죽이므로, 이로 인하여 오랑캐와 하늘 아래 함께 살 수 없는 원수 사이가 되었다. 일곱 가지 큰 원한을 하늘에 고한 맹서七大恨告天之誓(칠대한고천지서)가 실로 이에서 생긴 것이다.'라는 기록이 있습니다.

결론적으로 고려의 후예이자 조선인의 핏줄이었던 이성량 집안에 대한 복수심으로 신라계 고려인의 후예였던 누르하치가 중국의 명나라 왕조를 엎어버렸습니다. 더 반전은 누르하치의 아내가 바로 이성량의 딸이자 이여송의 누이라는 사실입니다. 그리고 또 하나의 반전은 누르하치가 죽은 후 첫째 아들 귀영개貴永介가 여덟째 아들 홍타이지洪太時(홍태시, 청나라 2대 황제 숭덕제)를 두려워해 왕좌를 양보하고 조선으로 망명했다는 사실입니다. 그러나 병자호란이 닥치자 귀영개는 남양 부사 윤계를 죽이고 청나라로 돌아갔습니다.

여기서 한 가지 짚고 넘어갈 점이 있습니다. 조선 후기 성대중成大中이 『청성잡기青城雜記』에 쓴 것처럼 아골타의 17대손이며 김함보의 25대손인 누르하치의 첫째 아들 귀영개를 제대로 대우했다면 병자호란이 일어났을까요?

금나라와 청나라가 모두 한국인 유전자의 명맥을 잇는 왕국이었다고 하면 누군가는 또 혀를 차며 그런 야사野史 같은 역사로 정사를 호도하지 말라고 할지 모릅니다. 무릇 사람은 한 번 정해진 것을 되짚어 생각하는 게 어렵습니다. 지금까지 우리가 학교에서 배운 역사가 야사보다 더 정확할까요? 불과 얼마 전까지만 해도 우리는 잘못된 철령위 위치를 진짜처럼 배웠습니다. 백제의 요서경략설遼西經略說도 다시 살펴봐야 합니다. 지금 이 책도 사료에 근거한 내용을 실었지만 대학 입시 교육만을 통해 한 번도 접해 본 적 없는 내용이 보이면 "진짜?" 혹은 "에이, 아닌 거 같은데?"라고 할 독자도 있을 겁니다.

한국인의 정서에는 자기 비하가 너무 심하게 입력되어 있습니다. 배우 유태오 주연의 영화 〈패스트 라이브즈〉(2023)에는 영화 속 주인공이 "한국 사람들은 노벨문학상 못 타."라고 말하는 장면이 나옵니다. 자기비하는 사실을 사실로 접하지 못할 때 나타납니다. 일제강점기, 한국전쟁이 없었다면 이미 우리는 더 많은 것을 배웠을 테고, 더 광활하게 생각을 했을 것이 분명합니다. 지금부터라도 사료 속 데이터를 직접 파헤치고 드러내고 배울 때입니다. 그래야만 우리의 역사관이 살아나고 한국이 커집니다. 남들은 오히려 우리를 높이 사는데 정작 우리가 우리를 낮게 취급하면 한국은 클 수 없습니다. 2024년 우리나라의 작가 한강이 노벨문학상을 탔을 때 한국과 한류가 재탄생한다는 느낌을 받은 이들이 많았습니다. 우리가 나서서 한국을 크게 생각하고 대단하게 여겨야 한국인의 정서가 바뀝니다. 참고로 1987년 노벨 화학상을 받은 찰스 J. 피더슨Charles John Pedersen도 한국에서 태어났기 때문에 한국으로 출생지가 기록된 노벨상 수상자는 지금까지 모두 세 명입니다.

2017년 개봉한 영화 〈남한산성〉에는 조선인이지만 청나라의 편에서 군사로 활약하는 정명수鄭命壽라는 역관이 나옵니다. 저 때의 만주라는 공간은 지리적으로도 심리적으로도 미약한 경계의 회색지대였습니다. 이곳을 통해 조선으로 넘어온 이들도 있었고 반대로 조선을 떠난 이들도 있었습니다. 영화에서 정명수(배우 조우진)는 조선 시대의 노비 출신 역관이었습니다. 청나라의 용골대와 마부대를 등에 업은 정명수는 조선으로 금의환향하여 온갖 비리와 부정을 저지르며 조선을 농락했습니다. 청나라식 이름은 굴마훈이었습니다. 조선에서의 벼슬이 영중추부사에 이르렀고 자신의 기생을 욕했다는 이유로 병조좌랑 변호길을 직접 폭행하기도 했습니다. 조선의 매국노라고 하면 이완용과 함께 항상 우선적으로 꼽히는 인물입니다. 2024년 tvN 드라마 〈세작, 매혹된 자들〉에도 정명수를 모티브로 한 장면이 나옵니다. 조선의 한윤韓潤이라는 인물도 인조반정 이후 아버지 한명련韓明璉과 집안이 역적으로 몰려 몰락한 것에 원한을 품고 정묘호란 때 후금으로 넘어가 조선을 공격

그림 15. 만주
(출처: 운현서재 김주헌)

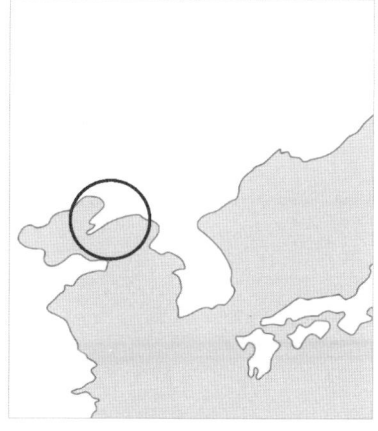

그림 16. 요동반도
(출처: 운현서재 김주헌)

하는 데에 가담했습니다.

대개 만주라고 하면 요동을 떠올립니다. 병자호란, 정묘호란에서 만주족인 후금의 전투로가 요동을 거쳐 조선으로 향했기 때문에 우리가 요동을 만주로 인식하는 바도 없지 않습니다. 1619년 명과 청이 치른 사르후 전투가 일어난 곳도 요동이기 때문에 '요동이 곧 만주'라고 하는 생각이 머릿속에 박혔을 수도 있습니다.

요동에는 고구려의 성城이 즐비합니다. 그래서 지금 우리나라 사람들 사이에서는 '고구려가 삼국을 통일했다면 어땠을까?'라는 질문이 자주 나오기도 합니다. 2005년에 개봉한 영화 〈천군〉은 임진왜란 시기로 돌아간 한국인들이 '한국의 역사를 바꿔버리겠다'는 한국인의 정서를 실현하려는 내용의 영화입니다. 이러한 정서는 막걸리만 마시면 '만주는 우리 땅!'이라고 외치는 한국인의 영토성과 같습니다. 고려대학교 학생들이 즐겨 부르는 〈막걸리 찬가〉에는 '만주 땅은 우리 땅! 태평양도 양보 못 한다!'라는 구절이 있습니다. 영화 〈하얼빈〉(2024)에도 '만주는 우리 땅'이라는 말이 나옵니다.

만주는 우리에게 친숙한 곳입니다. 한국에서는 만주를 배경으로 하는 '만주 웨스턴'이라는 1960~70년대 액션 영화 장르가 인기를 얻었는데, 미국의 서부극처럼 총격전과 추격전을 찍기 위해서 1920~30년대로 영화 속 시대를 설정하고 독립군, 일본군, 중국 군벌, 마적이 등장해 총격전과 기마 추격전을 하는 장면을 영화로 만들었습니다. 임권택 감독의 〈황야의 독수리〉(1969), 이만희 감독의 〈쇠사슬을 끊어라〉(1971), 영화 〈좋은 놈, 나쁜 놈, 이상한 놈〉(2008)이 대표적인 만주 웨스턴 장르입니다.

지금 한국인들이 만주라고 하면 황무지를 떠올리는 데에는 만주 웨스턴 영화에서 만주의 배경을 사막으로 설정한 게 큰 영향을 미쳤습니다. 만주에는 사막이 없습니다. 여전히 만주는 우리에게 회색지대인가 봅니다.

동두란

> 동두란(佟豆蘭)은 조선 태조를 쫓아 건국을 도와서 이씨 성을 하사받으니 이를 '동이(佟李)라 한다.'라고 하였다. – 성명류(姓名類),『송남잡지』

동두란佟豆蘭은 고려 말 조선 초의 무관이자 정치인인 이지란李之蘭의 본명입니다. 여진족 이지란의 본명은 퉁두란으로, 성씨는 퉁佟(동)이고, 이름은 쿠룬투란티무르古倫豆蘭帖木兒(고륜두란첩목아)인데 이를 줄인 것입니다. 고려 공민왕 때 고려에 귀화했으며, 이성계李成桂를 도와 조선 건국에 큰 공을 세웠습니다. 자신보다 네 살 어린 이성계와 의형제를 맺고 그를 형으로써 모시고 여러 싸움에서 함께 했습니다. 이성계, 심덕부沈德符와 함께 위화도 회군의 주인공입니다.

한국 역사에는 회군 명령이 두 번 더 나옵니다. 두 번째 회군 명령은

1979년 10월 26일 박정희 대통령을 시해한 중앙정보부장 김재규의 "어디로 갈까요?"라는 질문에 "남산으로 가, 아니야 유턴해서 육군본부로 가!"입니다. 세 번째 회군 명령은 12·12 군사반란 시 진압군인 9공수여단의 서울진입을 막기 위한 육군본부의 "9공수여단 복귀하라!"입니다. 이 회군 명령은 백윤식, 한석규 주연의 영화 〈그때 그 사람들〉(2005), 이성민, 이병헌 주연의 영화 〈남산의 부장들〉(2020), 황정민, 정우성 주연의 영화 〈서울의 봄〉(2023)의 모티브가 되었습니다.

한반도 분할

지금 한반도는 남과 북으로 분단되어 있습니다. 지금부터 이 분단이 왜 생겨났을지에 관한 이야기를 해보겠습니다. 한반도 분할에 대한 대중의 의식은 놀랍게도 임진왜란까지 거슬러 올라갑니다. 그리고 한반도 분할에 중요한 기점은 요동이었습니다.

1592년 9월, 명나라 군대와 일본 군대가 대동강 근처에서 대치하고 있을 때 일본의 고니시 유키나가小西行長는 명나라의 심유경沈惟敬과 협상을 시도했습니다. 대동강 동쪽은 일본이 점유하고, 서쪽은 조선의 땅으로 인정하겠다는 안을 제시했습니다. 이에 심유경은 고니시의 주장을 받아들여 평양의 서북쪽은 조선과 명나라 지역으로, 남동쪽은 일본 지역으로 분할하기로 물밑 협상을 벌였습니다. 그러나 실현되지는 않았습니다. 이후에도 일본은 몇 번에 걸쳐 한반도의 분할을 요구했습니다.

또 다른 한반도 분할은 19세기에 나타납니다. 1894년 7월 18일, 영국은 청나라와 일본의 한반도 분할 점령을 제안했습니다. 남쪽의 4개 도(경상, 전라, 강원, 충청)는 일본이 점령하고, 북쪽의 3개 도(황해, 평안, 함경)는 청나라가 점령하도록 하자는 계획이었습니다. 그리고 조선 국왕은 경기도만 다스리게 하자는 것이었습니다. 청나라는 이 제안을 받아들이려고 했으나 일본은 이를 거부하고 7월 25일과 29일에 청나라 군대를 기습했습니다.

그리고 1896년 5월 24일, 야마가타 아리토모山縣有朋는 일본의 특명전권대사로 러시아 니콜라이 2세의 대관식에 참석했는데 이때 한반도 분할을 러시아에 제안했습니다. 한반도의 분할선으로 북위 38도선이 이때부터 거론되었습니다. 남쪽은 일본이, 북쪽은 러시아가 지배하는 구도였습니다.

1903년에는 러시아가 일본에 한반도 분할을 제안했습니다. 이때 분할 기준선은 대동강 혹은 압록강 부근이었습니다. 러시아는 일본을 의식했고 극동 정책을 만주 지역에서 멈추고자 했습니다. 그러나 일본은 이를 거절했습니다.

마지막으로 1945년 한반도 분할 논의가 이뤄졌고, 1953년 한반도는 실제로 분할되었습니다. 지정학적 사정을 넘어서 심리학적으로도 한반도 주변 위정자들의 의식 속에 한반도는 분할되어야 하는 그런 땅으로 받아들여진 지가 오래입니다. 위에 언급한 역사 속 사건들이 한국인의 영토성에 크게 영향을 미쳤습니다. 분단 이후 대한민국이 섬이 된 지 어언 1세기가 되어갑니다. 이제는 섬의 답답함을 떨쳐 버리고 싶어 하는 한국인의 심정도 있으나 여전히 '분할'에 익숙해진 모습도 보입니다.

미국 국방부가 2010년 의회에 제출한 「국방정책 4개년 보고서(QDR) *Quadrennial Defense Review*」의 북한 붕괴 시나리오가 전격 공개되었는데, 이에 따르면 미국의 북한 붕괴 시나리오는 북한 지역을 미국, 러시아, 중국, 일본이 분할 통제하는 방안을 담고 있었습니다. 분단된 한반도를 한 번 더 분할하자는 내용입니다. 북한 붕괴 시 평양, 황해남·북도는 유엔이 점령, 미국과 일본은 강원도, 러시아가 함경북도, 중국이 함경남도, 평안남·북도, 자강도·양강도를 점령한다는 것입니다. 역사에서 나타난 한반도 분할이라는 개념이 한국인뿐만 아니라 한반도를 바라보는 이들의 영토 정서에 영향을 끼쳤음이 분명합니다.

다다량

대내전(大內殿)은 대대로 주방주(周方州)에 살았다. 본래 백제 온조왕(溫祚王)의 먼 후손으로 일본으로 들어와 다다량(多多良)에 정박했기 때문에 다다량(多多良)을 성으로 삼았다. 조상이 백제인이기 때문에 우리나라를 가장 친하게 여긴다고 한다. – 성명류(姓名類), 『송남잡지』

위의 기록에 나타나는 대내는 대내다다량大內多多良이라고 불렸는데, 조선의 문헌에 등장하는 다다량의홍多多良義弘과 대내 다다량의홍은 대내의홍大內義弘을 말합니다. 다다량多多良, たたら(타타라)이라고도 하는데 백제 성왕의 왕자인 임성태자琳聖太子를 시조로 한다고 합니다. 그러나 조선의 대학자 서거정徐居正은 이에 대해 회의적이었습니다.『태조실록』에 다다량의홍多多良義弘이 처음으로 등장하며『조선왕조실록』에서 대내전大內殿이라는 호칭으로 나옵니다. 한자로 대내전大內殿은 일본어로 오오우치おおうち 도노どの라고 합니다. 전殿(도노)은 존칭입니다.

대마도

『택리지(擇里志)』에서 말하였다. 실로 일본에 소속된 섬이 아니다.
- 지리류(地理類),『송남잡지』

성호(星湖) 이익(李瀷)이 말하였다. 대마도의 소추장(小酋長) 귤광연(橘光連)이란 사람은 강광(康光)이라고도 한다. 현소(玄蘇)와 함께 와서 빙문(聘問)하면서 은밀하게 우리나라 사람에게 "일본이 이미 조선을 칠 계략을 정하였습니다. 지금 온 몇 명의 추장의 목을 베어서 큰 재앙을 막으십시오."라고 청하였지만, 우리나라 사람들은 오히려 믿지 않았다. 임진년(1592)에 일본이 귤광연과 의지(義智)를 선봉장으로 삼았다. 귤광연이 "이번 전쟁은 무슨 명분인가? 조선과 좋은 이웃으로 2백 년간 우호 관계를 유지하여 조금도 틈이 없었는데, 어떻게 맹약을 저버리겠는가?"라고 하니, 풍신수길(豊臣秀吉)이 듣고 삼족(三族)을 주살(誅殺)하였다. 15년이 지난 병오년(1606)에 조정에서 그 일을 알고 부산에 귤사(橘祠)를 세워서 그를 기렸다. - 상제류(喪祭類), 『송남잡지』

위의 내용을 보면 일본과 대마도는 다른 나라였음을 알 수 있습니다. 대마도는 조선에 우호적이었고 처음에는 조선 침략에 가담하지도 않았습니다. 그리고 역사를 더 들여다보면 대마도는 우리의 영토였음을 알 수 있습니다.

1418년 이종무李從茂의 대마도 정벌 이후 대마도는 계속하여 경상도 동래부의 소속 도서로 편입되었습니다. 『세종실록』 1444년 4월 30일 기사를 보면 초무관 강선권은 '대마도에 대하여 일본 국왕의 명령이 미치지 못하는 섬'이라고 하여 일본의 본토와는 분명히 다른 지역이며 조선의 섬으로 보고하였습니다. 황희黃喜는 대마도가 예로부터 조선의 땅이라 했고, 이황李滉은 조선과 대마도의 관계를 부자 관계로 보았습니다. 이처럼 대마도는 조선에 속한다는 생각이 조선인 모두에게 당연히 받아들여져 있었습니다. 대마란 '마한馬韓과 마주 대한다'는 뜻입니다. 조선 영조 대의 〈해동지도海東地圖〉에는 '우리나라 지형은 북쪽이 높고 남쪽이 낮으며, 백두산이 머리가 되고 태백산맥이 척추가 되며, 영남의 대마도와 호남의 탐라를 양발로 삼는다.'라는 기록이 있습니다.

 1786년 일본인 하야시시헤이林子平가 만든 지도〈삼국접양지도三國接壤之圖〉에도 대마도는 조선 땅으로 표시되어 있습니다. 1861년 일본 정부는 이 지도를 국제적으로 공인받았고 국가 공식 지도로 사용했습니다. 이 지도에 대한해협이 대마도 남쪽으로 표시되어 있습니다. 대한해협 안에 대마도가 있었다는 사실이 매우 중요합니다. 그런데 1873년 일본은 대마도를 일본에 편입하기 시작했습니다. 1922년 조선사편찬위원회 일본학자들은 조선의 대마도 기록 문서를 재정리했고 이듬해 조선사편찬위원회의 구로이다 가쓰미黑板勝美는 대마도에 건너가 한국과 관련한 유적, 기록, 그림 등을 불태웠습니다. 1948년 8월 18일 이승만 대통령은 "대마도는 우리 땅이므로 일본은 속히 반환하라."라고 성명을 발표했습니다. 그리고 대마도는 대한민국의 속령屬領이라고 선포했습니다.

현해탄

현해탄은 일본의 서해에 있는 이키시마壱岐島와 후쿠오카福岡 사이의 바다입니다. 일본어로는 겐카이나다 げんかいなだ, 한자로는 玄海灘(현해탄) 혹은 玄界灘(현계탄)이라고 씁니다. 한동안 이 현해탄이 한국과 일본 사이의 바다로 인식되어 쓰였고, 더 이상 '현해탄'이라는 단어를 사용하

지 말자는 주장이 많이 일어났습니다. 동해를 놓고 어떻게 이런 영토성이 한국인에게 나타나게 된 것일까요?

1936년 3월 『중앙中央』에 임화林和의 시, 「현해탄玄海灘」이 발표되었습니다. 임화의 본명은 임인식林仁植입니다. 조선프롤레타리아예술가동맹(카프)에서 활동하였으나 카프 해체 이후 그는 시적 소재로 '바다'를 선택했습니다. 조선을 둘러싼 바다를 통해 조선으로 근대의 문명이 들어왔지만 이와 동시에 제국주의가 조선을 침범한 경로 또한 바다를 통해서였습니다. 임화는 계급 문학에서 멀어지면서 이런 역사성에 눈을 뜬 것이었습니다. 임화는 「현해탄」에서 바다와 청년의 이미지로 식민지 조선의 저항 의식을 표현했습니다. 이러한 역사성과 저항 의식이 시인의 내면에 커지면서 시인 임화는 한국 민중이 현해탄을 일본과 한국 사이의 경계로 이해하도록 했던 것은 아닐까요? 그렇게 함으로써 대마도를 한국 영토로 되찾아 오고 싶어하는 1930년대 당시 한국인의 영토성을 피력했던 것은 아닐까요? 이 시에서 임화는 현해탄을 건너가서 새로운 문명을 배우려는 청년의 의지를 보여주고 있습니다. 그리고 이 시에서 설정한 대마도의 위치는 1786년 일본인 하야시시헤이가 만든 지도 〈삼국접양지도〉에서 보이는 것처럼 한국령입니다. 이 시의 발표 이후 현해탄이 한국과 일본을 건너는 바다로 인식되기 시작했다고 본다면 대한해협을 현해탄으로 불러 마땅합니다. 현해탄이 대한해협일 때 대마도가 우리 땅일 수 있습니다.

3장

한국인의 가상성

한국인의 가상성은 현실에 없는 실재를 만들어냄으로써 상상력을 가시화했습니다. 흔히 말하는 '헛것'인데, 이것은 없다고도 할 수 없고 있다고도 할 수 없는 대상과 존재였습니다. 이러한 류類의 가상성에서 가장 대표적인 것이 귀신과 요괴입니다. 그리고 이승과 저승에 관한 생각이 모이고 모여 지금의 가상현실, 증강현실을 구현하는 사고로 이어졌습니다.

용

『산해경(山海經)』에서 "천부족(天不足) 서북쪽은 음양(陰陽) 소식(消息)이 없는데 용 한 마리가 불을 입에 물고 천문(天門)을 비추니 이것을 촉룡(燭龍)이라고 한다. 이는 곧 종산(鍾山)의 신이니 일명 '촉음(燭陰)'이라고도 한다. 눈을 뜨면 낮이 되고, 눈을 감으면 밤이 되며, 입김을 내불면 겨울이 되고, 입김을 들이마시면 여름이 된다. 몸의 길이는 천 리나 되고, 사람 얼굴에 뱀의 몸을 하고 있으며 붉은 색이다."라고 하였다. - 천문류(天文類), 『송남잡지』

지금도 강시, 드라큘라 등 외국 귀신이 우리에게 영향을 끼치는 것처럼 저 때도 중국 귀신, 조선 귀신이 모두 조선 사람들에게 익숙했습니다.

> 세상에 전하기를 구연성(九連城) 밖에 깊은 연못이 있는데 독한 용이 차지하고 산다. 해마다 나와 놀 때는 반드시 폭우와 커다란 우박이 내린다. 소 한 마리가 북두성을 끄는데 한 사람이 채찍질을 하니 옷과 두건은 중과 흡사하였다. 쭉 뻗어서 공중을 타고 가 버려 보이지 않으니 용인지는 모르겠다. 우박이 내리면 대체로 한 번 지나가는 곳의 넓이가 약 육·칠십 리이다. - 천문류(天文類),『송남잡지』

조선 시대 사람들은 자연현상의 변화를 설명하는 데에 요괴를 이용했습니다. 특히 용은 시간을 지배하는 존재였습니다. 단순히 재미로만 그렇게 생각한 것은 아닙니다. 당시 시간의 변화는 경험에만 의지해서는 설명할 수 없는 인간의 사고를 초월하는 너무도 광활한 우주적인 현상이었기 때문입니다. 시간이란 아침과 밤, 이승과 저승을 모두 포함하는 우주적이고도 초자연적인 무언가입니다. 이런 데서부터 요괴에 대한 묘사가 만들어지고 일종의 가상성이 나타나기 시작했습니다. 참고로 위 인용문에서는 '한 사람이 채찍질을 하니'라고 나와 있는데 우리나라에서는 이영간이라는 고려 때 문신이 용을 채찍질한 첫 번째 인물로 묘사되었습니다. 이 책 5장 '어벤져스 한국인'에서 자세하게 설명해드리겠습니다.

요괴

『풍속통의(風俗通義)』에서 "비렴(飛廉)은 신령스런 새인데, 바람을 일으킬 수 있다."라고 하였다. 그 주석에 "비렴은 사슴의 몸에 머리는 참새와 비슷한데 뿔이 있고 뱀 꼬리에 표범 무늬가 있다."라고 하였다. - 천문류(天文類), 『송남잡지』

곽박(郭璞)의 찬(贊)에 "신허(神嘘)는 다리가 머리에 붙었고, 사람 얼굴에 손은 없다. 그것을 '허(嘘)'라 부른다. 중(重)과 려(黎)가 거처하는 곳이다."라고 하였다. - 천문류(天文類), 『송남잡지』

『장자(莊子)』에서 "동북방 담 아래에 배아(陪阿, 귀신 이름)와 해롱(鮭蠪, 귀신 이름)이 활개치고"라고 하였는데, 그 주석에서 "배아는 형상이 어린아이 같은데 키는 한 자 네 치이고 검은 옷을 입고 붉은 머리 수건을 매고 큰 갓을 썼으며 칼을 차고 창을 잡고 있다."라고 하였다. 또『장자』본문에서 "서북방 담 아래에는 일양(泆陽)이 산다."라고 하였다. 또 『회남자(淮南子)』에서 "천아(天阿)는 여러 신의 대궐이다."라고 하였다. - 구기류(拘忌類), 『송남잡지』

『산해경(山海經)』에서 "서해 물가에 신(神)이 있으니 사람의 얼굴에 새의 몸을 하고 있다. 귀에는 두 마리의 푸른 뱀을 걸었고 두 마리의 붉은 뱀을 신고 다니니 '엄자(弇玆)'라 한다."라고 하였고, 또 "북해 물가에 신이 있으니 사람의 얼굴에 새의 몸을 하고 있는데 우강(禺强)이라고 한다."라고 하였다. - 구기류(拘忌類),『송남잡지』

「오제본기(五帝本紀)」의 주석에서 "이매(螭魅)는 사람의 얼굴, 동물의 몸에 다리가 네 개이고 사람 홀리기를 좋아한다."라고 하였다.『옥편(玉篇)』에서 "망량(魍魎)은 수신(水神)으로 세 살배기 어린아이만 하며 적흑색이다."라고 하였다. 민간에서는 '독각귀(獨脚鬼)'라고 한다. 또『산해경(山海經)』에서는 "강산(剛山)에 신치(神魅)가 많으니 그것의 모양은 사람의 얼굴에 동물의 몸으로 발과 손이 하나씩이다."라고 하였다. - 구기류(拘忌類),『송남잡지』

위에 나온 기록에 보이는 이 요괴의 이름이 지금 한국의 사극 판타지 웹툰 〈이매망량〉(2022)의 제목이 되었습니다. 중세 이전에 도깨비를 지칭하는 한자어 '독각귀獨脚鬼'는 도깨비의 기원으로 보이는 요괴입니다. 비상한 힘과 재주가 있어 사람을 홀리기도 하고 심술궂은 짓을 많이 합니다. 중국과 일본에도 독각귀가 있습니다. 그러나 중국과 일본의 독각귀와 달리 한국의 도깨비는 사람에게 친근한 모습을 하고 있습니다. 가끔은 개구쟁이 같아 보입니다.

반면에 일본의 오니鬼는 사람을 학살하는 살인귀로 묘사됩니다. 한국의 도깨비는 피를 무서워합니다. 한국의 도깨비는 유독 인간과 친하고 조금은 모자라 보입니다. 도깨비는 유머스러움, 친근함, 해학 등의 한국인 정서가 감성적으로 반영된 가상의 존재입니다. 그리고 재밌는 사실 하나가 있습니다. 도깨비 감투는 한국에만 있습니다. 여기서도 한국인의 가상성의 독특한 특징이 엿보입니다. 도깨비의 '도'는 환영幻影을 가리키고 '깨비(가비)'는 귀신입니다. '도깨비'의 옛말인 '돗가비'는 15세기 문헌에서부터 나타나는데, '돗가비'가 '독갑이'로 '독갑이'가 '도깨비'로 변화합니다. 배우 공유와 이동욱이 열연한 드라마 〈도깨비〉(2016)는 콘텐츠와 구현 방식에서 한국인의 가상성을 잘 보여주는 작품입니다.

참고로 드라마 〈도깨비〉에서 배우 공유가 연기한 주인공 김신은 역사상 실존 인물인 김신金信, 윤관尹瓘, 척준경拓俊京, 경대승慶大升, 김경손金慶孫을 모티브로 해서 만들어졌습니다. 역시 한국인은 역사와 지식을 좋아하는 민족입니다. 그런데 〈도깨비〉의 김은숙 작가에 따르면 김은숙 작가의 또 다른 드라마에서 배우 고故 박용하가 연기한 인물이 김신이기 때문에 그를 추억하기 위해 〈도깨비〉에서 한 번 더 썼다고 합니다.

> 『산해경(山海經)』에서 "옥법산(獄法山)에 짐승이 사는데, 그 모습은 개와 같으며 사람 얼굴에 던지기를 잘한다. 사람을 보면 웃는데, 그 이름은 산휘(山𤡔)이다. 이놈은 바람처럼 달린다. 그래서 이놈이 나타나면 세상에 큰 바람이 분다."라고 하였다. - 천문류(天文類), 『송남잡지』

『산해경(山海經)』에서 "궤산(几山)에 짐승이 사는데, 모습은 돼지와 같으며 누런 몸에 흰머리와 흰 꼬리를 하고 있으니 문린이라고 한다. 이놈이 나타나면 큰바람이 분다."라고 하였다. - 천문류(天文類), 『송남잡지』

요괴를 묘사할 때 사람의 얼굴에 몸은 새, 돼지, 물고기인 생명체가 자주 나옵니다. 한국인의 인격화, 의인화 정서는 이런 요괴 묘사를 접하면서 발달하기도 했을 법합니다. 옛날 사람들에게는 바람도 신령한 현상이었습니다. 끔찍한 형상을 한 요괴들은 세상의 바람을 주관했는데 단순히 자연현상이 아니라 사회현상을 설명하는 장본인이기도 했습니다. 아래『송남잡지』의 기록을 한번 보겠습니다.

『설문해자』에서 "독(獨)은 원숭이와 비슷하지만, 그보다는 더 크며, 원숭이를 잡아먹는다. 원숭이는 무리를 짓는 습성이 있는데 독(獨)은 홀로 다니는 습성이 있다. 원숭이는 세 번 울고, 독은 한 번 운다."라고 하였다. 『비아(埤雅)』에서 "독이 한 번 울부짖으면 원숭이들이 흩어지고, 악어가 한 번 울면 거북이가 엎드린다. 또 악어는 밤에 울고, 독은 새벽에 운다."라고 하였다. 우리나라의 전설에 "독은 언제나 있는 짐승이 아니다. 세상이 뒤바뀔 때 반드시 출현하는데, 고려 말 포은(圃隱) 정몽주(鄭夢周)가 그 짐승을 알았다."고 한다. - 충수류(蟲獸類),『송남잡지』

정몽주의 죽음에 요괴가 관련되어 있다는 이 인용문은 요괴라는 가상의 존재가 사회 변혁이라는 테마 속에서 주요 기제로 역할하고 있다는 사실을 보여줍니다. 요괴와 정령은 사람의 삶에 영향을 끼치지 않는 존재로는 설명되지 않았습니다. 사람과 소통을 하기도 했고, 사람의 행동거지를 관찰하게 하여 사회 현상, 문화 현상에 깊숙이 개입했습니다. 아래의 인용문에는 귀신을 사람의 카운터파트counterpart로 삼고 있습니다.

> 소옹(邵雍)은 출행을 할 때 날을 가리지 않았다. 어떤 사람이 "이롭지 못하다."라고 그에게 말을 하면 그치면서 말하였다. "사람이 말을 하지 않으면 모르는데 이미 말을 하였으니 알고 있다. 알고 있으면서도 굳이 간다면 귀신과 대적하는 것이다." 지금 '사람이 말을 하지 않으면 귀신은 알지 못한다.'는 말이 이것이다. 또 오늘 바람이 불려는지 내일 비가 오려는지 어떻게 알겠는가? 오로지 '순리대로 인도해 가면 길하고, 역리를 따르면 흉함'을 알 일이니 이것을 법으로 삼을 만하다. - 구기류(拘忌類), 『송남잡지』

다음과 같은 전설이 있다. 보우(普愚)가 제주로 귀양을 갔을 때 이런 말을 하였다.
"내가 죽으면 나라의 말이 되어 올 것이다. 그러니 특별히 은제(銀製) 구유를 만들어 죽을 담고 여러 말들을 향해 '보우(普愚)'라고 부르면 나와서 죽을 먹을 것이다." 훗날 과연 그의 말대로 하였더니 어떤 흰 말이 은 구유로 가서 먹는 것이었다. 마침내 왕의 말로 삼았는데 대단한 명마인 데다가 사람의 뜻을 잘 알았기에 매우 아꼈다. 그런데 갑자기 병이 나서 거의 죽게 되자 왕이 말하였다.

"이 말이 죽는다고 말하는 자는 죽는다."

하루는 말 의원이 진언하였다. "말의 병이 심해져서 사흘간 죽도 못 먹고 사흘간 누워 일어나지 못합니다." 왕이 말하였다. "죽겠구나!"

말 의원이 말하였다.

"전하께서 이미 죽을 것이라고 말씀하셨으니, 신의 소견으로도 죽을 것 같습니다."

- 선불류(仙佛類), 『송남잡지』

위의 내용으로 보아 우리나라 귀신과 사람은 서로 말이 통하는 관계로 설정되었습니다. 그리고 사람의 의도를 알아채는 능력이 귀신에게 있다는 것을 사람도 알고 있었습니다. 이것이 현실 세계에 두 존재가 병존하는 가상성입니다. 또 다른 기록을 하나 보겠습니다.

책벌레가 '신선(神仙)'이란 글자를 세 번 갉아 먹으면 신선으로 변한다. 밤에 그것을 들고 하늘을 향해 그 구멍을 통해 별을 바라보면 단약(丹藥)을 구해 먹고 신선이 될 수 있다. - 충수류(蟲獸類), 『송남잡지』

여러분도 한 번 해보세요. 책을 많이 읽다 보면 신선이 될지도 모릅니다. 책에도 그렇고 거문고에도 신이 있었습니다. 이렇듯 요괴와 정령은 인간의 상상으로 그들만의 세상을 인간의 세상 속에 만들어 놓고 있었던 것입니다. 이러한 현상을 현실 세계에 포개진 가상 세계로 볼 수 있습니다.

국통(鞠通)은 거문고 신의 이름이다. - 충수류(蟲獸類), 『송남잡지』

과거 한반도에 살던 호모사피엔스에게 신이 없는 자연 대상은 거의 없었습니다. 거문고는 선비들이 늘 곁에 두었던 악기였습니다. 옛날에 금서琴書라고 하면 거문고琴와 책書을 뜻했습니다. 지식인인 선비들이 거문고를 아꼈다는 사실은 지금 전해지는 악보 대부분이 거문고 악보인 점을 통해서도 알 수 있습니다. 〈금합자보琴合字譜〉, 〈삼죽금보三竹琴譜〉, 〈신작금보新作琴譜〉, 〈학포금보學圃琴譜〉 등이 있습니다. 1620년 이득윤李得胤은 거문고와 관련된 시와 글, 거문고 악보, 연주법 등 거문고 관련 기록을 모두 모아 『현금동문유기玄琴東文類記』를 저술했습니다.

『본초강목(本草綱目)』의 주석에서 말하였다. 길정(吉丁)은 껍질이 있는 벌레다. 등은 푸른색이고, 날개는 껍질 아래에 있다. 영남(嶺南)에서 나는데, 그것을 잡아서 몸에 지니면 다른 사람으로 하여금 자신을 좋아하고 사랑하게 만든다. - 충수류(蟲獸類), 『송남잡지』

세상에, 우리나라에 이런 벌레가 있다니 신통방통합니다. 이름은 길정입니다. 우리나라 사람들, 큐피드cupid는 아는데 이 길정이는 모릅니다. 영남 지방에서 등이 푸른색인 곤충을 보시거든 꼭 잡아서 간직하고 계세요. 옛날 우리나라 사람들은 곤충의 세계도 가상 세계로 인식했습니다. 우리나라에서는 거미도 좋은 벌레로 여겼습니다. 아래의 기록을 보겠습니다.

『서경잡기(西京雜記)』에서 육가(陸賈)가 "거미가 모이면 온갖 일이 기쁘다."라고 말하였다. 황정견(黃庭堅)의 시에 "갈거미 기쁜 소식 알려 주니 모든 일이 괜찮으리(蟰蛸報喜太多可, 소소보희태다가)."라고 한 말이 이것이다. - 충수류(蟲獸類), 『송남잡지』

『경전석문(經典釋文)』에서 "과라는 가는허리벌(細腰蜂, 세요봉)이다."라고 하였다. 『본초강목(本草綱目)』에서 "비록 이름은 땅벌이지만 땅에 굴을 파지 않고 흙을 져다가 방을 만들 뿐이다. 가는허리벌은 암컷이 없기에 모두 푸른 벌레를 잡아다가 주문을 걸어서 바꾸어 자기 새끼로 만든다. 일찍이 벌집을 갈라 보니 알은 크기가 좁쌀 반 톨만 하고, 업어 온 벌레는 그 아래 있었다. 지금은 '나나니벌(蘿蘿蜂, 나나봉)'이라 부른다."라고 하였다. - 충수류(蟲獸類), 『송남잡지』

벌이 주문을 외우는군요. 이런 식의 생각이 당시에는 당연했던 것이고 사람들의 가상성을 만들었습니다. 이런 생각이 모여 초능력, 자동화, 디지털에 대한 염원으로 발달한 것일지도 모릅니다. 변신에 대한 염원이랄까요? 텔레포트teleport, 텔레파시telepathy 등 지금 우리가 생각하는 자동화가 알고 보면 옛사람들의 이런 주문 행위에서 나온 것으로도 볼 수 있지 않을까요? 주문 외우기를 조금 현대화된 행위로 본다면 초현실 자동화 인공지능의 기능과 같습니다.

> 세상에 전하는 말로는 "세조가 이 속리산에 거둥하여 오르다가 칡넝쿨에 걸려 넘어졌다. 중이 서서 주문을 외우자 즉시 칡넝쿨이 없어졌는데 지금까지도 없다."라고 한다. - 지리류(地理類), 『송남잡지』

> 수나라 역사에 독고타(獨孤陀)가 좌도(左道, 정통적이지 않고 금기시되는 방식)를 좋아하여 고양이 귀신에게 제사를 지냈는데, 사람을 죽일 때마다 그 집의 재물을 고양이 귀신에게 제사 지내는 집에 옮겨두었다. 주석에 "그 방법은 젓가락으로 소반을 두드리며 '고마(蠱麽), 고마(蠱麽)!'라고 말하면 원하는 재물이 저절로 이르니 한나라 무고(巫蠱)의 종류이다."라고 하였다. 지금 서양학(西洋學)에도 이러한 술법이 있다고 한다. - 기술류(技術類), 『송남잡지』

주문, 법술. 이 모두가 초능력, 혹은 자동화에 대한 염원에서 나왔습니다. 이런 이야기를 듣고 살다 보면 내 힘으로 하지 않아도 되는 어떤 것을 바라게 되지 않을까요? 여기서 한국인의 가상성, 자동화에 대한 정서를 읽을 수 있습니다.

> 『진서(晉書)』에서 "우저기(牛渚磯)에 괴물이 많았는데, 온교(溫嶠)가 무소뿔을 태워 비추어 보았다."라고 하였다. 한유(韓愈)의 글에서 "천지의 끝, 큰 강가에는 괴물이 있다."라고 하였다. 지금 '괴물(怪物)'이라는 말은 여기에서 유래하였다. - 방언류(方言類), 『송남잡지』

아, '괴물'이라는 말이 어디서 나왔는지 이제야 알겠습니다. 조선 중종 시대에 괴물 소동이 일어났습니다. 중종 6년(1511) 5월 9일에 괴수가 궁 안에 있는 것을 발견하고 이를 쫓았으나 서쪽 담을 타고 넘어갔다는 실록 기록이 있습니다. 중종 25년(1530) 7월 16일 기록에는 괴수의 출몰로 대비전이 경복궁으로 이어移御(임금이 거처하는 곳을 옮김)하기도 했습니다. 중종이 죽은 다음 날인 인종 1년(1545) 7월 2일에도 나타났습니다. 이러한 사건을 바탕으로 2018년 김명민 주연의 〈물괴〉가 제작되었습니다.

> 세상에 다음과 같은 이야기가 전한다. 고려 말에 쇠를 모조리 먹어 치우는 괴물이 있었는데, 죽이려 해도 할 수 없었기 때문에 '불가사리(不可殺, 불가살)'라고 불렀다. 이놈을 불에 던지니 온몸이 불덩이가 되어 인가(人家)로 날아가 집도 모두 태워 버렸다고 한다. 지금 '죽일

수도 있고 살릴 수도 있다(可殺不可殺, 가살불가살).'라는 말은 여기서 나왔다. 그러나 『맹자(孟子)』의 "나라 사람들이 '모두 죽일 만하다.'라고 한대(韓人皆曰可殺, 한인개왈가살)'라는 말에서 근본한 듯하지만, '불가사리'라는 말은 괴물의 이름이다. - 방언류(方言類), 『송남잡지』

불가사리는 민간에서 화재를 예방해 주는 존재로 여겨 병풍이나 굴뚝에 그려 넣기도 하였습니다. 이 요괴와 관련한 이야기는 이렇습니다.

그림 17. 불가사리 (출처: 한국민화협회)

어느 날 나라에서 중들을 모두 잡아들이기 시작해서 중들이 도망 다니게 되었습니다. 하루는 어떤 중이 자신의 여동생 집으로 피신했는데 여동생은 중을 숨겨 주는 척 벽장에 가둔 뒤 관아에 일러바치고 현상금을 받으려고 했습니다. 이를 알게 된 여동생의 남편이 아내를 죽이고 중을 풀어 주었습니다. 벽장 속에서 중은 밥풀로 요괴 모양을 만들어 바늘을 먹였는데, 이 요괴가 점점 커지더니 집 안에 먹을 게 없자 집 밖으로 나가 쇠붙이를 보이는 대로 먹어 치웠습니다. 이 괴물을 잡기 위해 사람들은 활을 쏘기도 하고 칼로 내리치기도 하였으나 잡을 수 없었습니다. 마지막으로 불로 녹여 없애려 하였으나 불덩어리가 된 괴물이 온 마을을 불바다로 만들고 말았습니다.

『동사(東史)』에서 "환웅(桓雄)이 곰과 교접하여 단군을 낳았고 견훤(甄萱)의 어머니가 지렁이와 교접하여 견훤을 낳았다."라고 하였다. 전설에 의하면 최치원의 아버지가 호주군(濠州郡)을 다스리는데 어머니가 금돼지와 교합하여 최치원을 낳았다고 한다. 또 이마두(利瑪竇)는 류(類)가 낳았다고 한다. - 상이류(祥異類), 『송남잡지』

『산해경』에서 "단원산(亶爰山)에 어떤 짐승이 있으니, 그 모양이 삵과 같은데 갈기가 있다. 그 이름을 '유(類)'라고 하는데, 혼자서 암놈과 수놈의 생식기를 갖추고 교미를 한다. 이놈을 먹은 사람은 시기하지 않는다."라고 하였다. 전설에 이마두(利瑪竇)는 바로 유(類)의 소생이라고 한다. - 충수류(蟲獸類), 『송남잡지』

요괴를 잡아먹으면 시기하지 않게 된다니 이 요괴가 좋은 건지 나쁜

건지 모르겠습니다. 그리고 이마두利瑪竇는 마테오 리치Matteo Ricci인데, 그가 괴물의 소생이라고요? 이마두에 관한 시대의 평가가 여기서 나타납니다. 이 서양인에 대한 한국인의 당시 정서는 좋았을까요? 두려움의 대상이었을까요?

> 『산해경』에서 "태산(泰山)에 어떤 짐승이 있으니, 모양은 돼지와 비슷하며 구슬을 품고 있다. 그 울음소리는 스스로 자기 이름을 불러 '통통(狪狪)'이라고 한다."라고 하였다. - 충수류(蟲獸類), 『송남잡지』

여기서 돼지같이 '통통하다'는 표현이 나온 게 아닐까요? 앞서 나온 '나나니벌'도 그렇고, 아래의 기록에도 '구여구여'라는 울음소리로 요괴의 이름을 붙였습니다. 역시 우리말은 의성어가 발달했습니다.

> 『산해경(山海經)』에서 말하였다. 여아산(餘莪山)에 구여(仇猶)라는 짐승이 있다. 그 모양은 토끼 같은데 새 부리에 올빼미 눈과 뱀 꼬리가 달려 있다. 사람을 보면 잠든 척한다. 울음소리는 '구여구여'라고 자신을 부르는 것과 같고 이놈이 나타나면 메뚜기와 황충의 피해가 있다. - 세시류(歲時類), 『송남잡지』

한국인의 가상성이 생활화된 모습은 아래의 기록에서도 찾을 수 있습니다. 한국인은 제사 지내기를 좋아하는 민족으로 묘사되어 있고,

'고수레'를 부르는 습관에서 한국인의 현실 세계는 가상성을 띄고 있음을 알 수 있습니다.

> 『후한서(後漢書)』「고구려전(高句麗傳)」에서 "귀신(鬼神), 사직(社稷), 영성(靈星, 농사를 주관하는 별)에 제사 지내기를 좋아한다."라고 하였다.
> – 구기류(拘忌類), 『송남잡지』

> 전설에 도선(導詵)이 중이 되자 그의 어머니 최씨는 제사를 받들 사람이 없기에 큰 들 밭에 장사를 지냈다. 훗날 거지가 묘 곁의 밭을 빌어 농사를 짓다가 우연히 점심 들밥으로 제사를 지냈더니 현달한 사람이 되었다. 그래서 민간의 천한 사람들이 밥을 먹을 때에는 반드시 음식을 조금 던지면서 '고씨(高氏: 고수레)'라고 부르는 것은 바로 최씨의 와전이다. – 구기류(拘忌類), 『송남잡지』

가상성의 또 다른 발현은 꿈을 통해서도 나타납니다. 꿈은 어떤 디지털 테크놀로지도 없이 현실 세계에 가상성을 부여하고 이를 증명합니다.

> 살펴보건대 다음과 같은 이야기가 있다. 영양위(寧陽尉) 해주(海州) 정씨 정종(鄭悰)의 집에서는 몇 대 동안 단종(端宗)에게 제사를 지냈는데 5대손 정효준(鄭孝俊)에 이르러서 가난하고 의지할 곳이 없는 데

다가 상처(喪妻)까지 하였다. 단종이 꿈에 한호군(韓護軍)의 집에 나타나 이야기를 하고 중매를 서서 아들 다섯을 두었는데 모두 급제하여 부귀하게 되었다고 하니 역시 세상에 드문 일이다. - 구기류(拘忌類), 『송남잡지』

누군가에게 제사를 지내주면 복을 받는 것이 당시 사회의 이치였나 봅니다. 아래의 에피소드에는 이항복李恒福이 이승에 관해 귀신 하륜河崙에게 묻는 장면이 나옵니다. 이는 현실과 가상을 구분하는 세계관을 보여줍니다. 귀신과 이야기를 하고 있다는 설정 자체가 가상세계의 성격을 나타냅니다.

다음과 같은 전설이 있다. 오성(鰲城) 이항복(李恒福)이 진주목사로 있을 때의 어느 날 밤이었다.
"정승 납신다."라고 전하여 외치는 소리가 들렸다. 등불이 휘황찬란하고 하인들이 굉장하였다. 깜짝 놀라 일어나 영접을 하니
"나는 옛 정승 하륜일세! 몹시 시장하군."
술과 고기를 차려 대접하니 대단히 즐거웠다. 그의 말에는 나라를 경영할 계책이 많았기에 들을 만하였다.
이항복이 물었다.
"사람의 영혼이 이승에 얼마나 있습니까?"
"성인은 천 년 이상이고 나는 삼백 년이지."

다시 물었다.

"저는 몇 년이나 됩니까?"

"불과 이백 년일세."

그 뒤로 매일 밤 반드시 왔기에 이항복은 퍽 고달팠는데 어떤 객이 이런 말을 해주었다.

"오직 소주와 복숭아는 귀신이 싫어한답니다."

그래서 그것들을 차려 놓았더니 하륜이 말하였다.

"나는 이것들을 먹을 수 있지만 다른 귀신들은 싫어하지."

하륜은 소주를 마시고 복숭아를 먹고 말하였다.

"우리 귀신이 싫어하는 물건을 차려 놓았으니 이는 나를 싫어하는 것이구나. 오늘로 작별 인사를 해야겠군. 그렇지만 그대가 이 세상에서 더불어 말할 만하기 때문에 왔다네. 바로 왜란이 터질 걸세. 하고 싶은 말은 많지만 이젠 그만이로다. 모름지기 힘써서 해보게나."

이항복이 사죄하고 굳게 만류하였지만 듣지 않았다. 그 뒤로 다시는 오지 않았다. 하륜은 진주 사람이다. - 구기류(拘忌類),『송남잡지』

꿈은 예언이기도 했고, 평소 생각하던 것이 가상으로 나타나는 배경이기도 했습니다. 꿈이라는 가상 세계를 사고파는 일도 일어났습니다. 마치 지금의 확장현실(XR) 데이터를 매매하는 것과 같습니다.

김유신의 누이 보희(寶姬)가 꿈에 서형산(西兄山, 지금 경주 서악)에 올라가 앉아 오줌을 누니 나라 안에 가득 찼다. 깨어나 그 아우에게 말하니, 아우가 비단 치마를 주고는 "언니의 꿈을 사고 싶습니다."라고 말하였다. 하루는 왕이 김유신과 공을 찼는데 김유신이 고의로 왕의 옷고름을 떨어지게 하고는 보희를 불러 꿰매게 하였다. 그러나 보희는 사양하였고 아우가 갑작스레 들어가서 꿰매게 되었다. 문희는 아름다웠기에 왕이 마침내 혼인을 하니 문명왕후(文明王后)이다. 지금 꿈을 사는 일은 여기서 유래하였다. - 가취류(嫁娶類),『송남잡지』

    1814년 2월 말, 대구에 살고 있던 박기상朴基相은 청룡과 황룡이 웅장한 자태를 뽐내며 하늘로 올라가는 꿈을 꾸었습니다. 박기상은 사흘 뒤인 3월 3일에 과거를 보기 위해 한양으로 떠나는 친척 박용혁朴龍赫을 떠올렸고, 그에게 꿈을 팔았습니다. 두 사람은 1천 냥에 꿈을 매매하기로 합의하고 박용혁은 과거 급제 뒤 관직에 오르면 대금을 지급하기로 했습니다. 지금 돈으로 하면 약 7,000만 원입니다. 18세기 조선 시대에 머슴의 한 달 월급이 7냥이었습니다.
    꿈을 둘러싼 해몽의 역사는 우리나라 정서의 한 축을 이루고 있습니다. 국민 모두가 태몽을 꾸는 나라는 아마 한국이 유일하지 않을까 싶습니다. 태몽 하나만으로도 한국인의 가상성은 설명됩니다.

우물

도망간 사람의 옷을 가져가 우물 속에 드리우면 스스로 돌아온다. 시루를 묶는 삼끈을 실로 만들어 노비 옷의 등판을 왼쪽으로 한 자 여섯 치 단단히 꿰매면 도망갈 마음이 없어진다.『본초강목(本草綱目)』에서 "도망간 사람의 머리털을 가져다 물레 위에서 거꾸로 돌리면 그 사람이 어지러워 갈 곳을 모르게 된다."라고 하였다. 종이에 도망간 사람의 이름을 써서 대들보 위에 붙인다. - 구기류(拘忌類), 『송남잡지』

위의 기록을 살펴보면 사람을 찾을 때 혹은 사람을 돌아오게 할 때 이를 이루게 해주는 곳이 다름 아닌 우물이라는 가상 세계였습니다. 지금부터 우물과 물에 관한 기록을 찾아보겠습니다.

우리나라는 물로 유명했습니다. 어떤 곳에 갔을 때 '여기 물 좋다.'라고 하면 분위기가 좋다는 뜻입니다. 한편 '물수능', '물 건너갔다', '물 먹다', '물 먹이다', '물로 보다' 등의 표현은 부정적입니다. 이렇듯 한국의 물 정서에는 긍정과 부정이 모두 있습니다. 물은 약한 존재, 불은 강한 존재라고 인식하는 경향이 있습니다. 물은 끓이지 않는 이상 조심할 필요가 없지만 불은 존재 자체가 위험할 수 있으니 그렇습니다. '불맛', '불벼락', '불수능' 등의 단어에서도 불의 비유적인 표현을 볼 수 있습니다.

우선『송남잡지』에 물에 관한 기록을 살펴보겠습니다.

『운부군옥(韻府群玉)』에서 "거란(契丹) 사람들은 '강(河, 하)'을 '몰리(沒里)'라 한다."라고 하였는데, 우리나라에서 '물'이라 하는 것과 발음이 또한 비슷하다. - 방언류(方言類), 『송남잡지』

오랑캐 말로 '물(水)'을 '용'이라 한다. 노룡현(盧龍縣)의 주석에서 "노(盧)는 검다는 뜻이다."라고 하였으니 곧, 검은색 화살(盧矢, 노시)의 '검다(盧, 노)'라는 의미와 같다. 흑룡강(黑龍江)의 용(龍)은 대개 흑수말갈(黑水靺鞨)의 수(水)와 의미가 같은 것이 그 예이다. 지금 사람들이 술에 물이 많은 것을 '용다(龍多)'라고 하니, 여기에서 유래하였다. 영남 지역에서는 '용(龍)'을 '수리(水離)'라고 훈석한다. - 방언류(方言類), 『송남잡지』

'용'이라는 말이 물을 뜻하기도 했습니다. 이런 걸 보면 용은 참 용합니다. '용케도 해냈구나.'라고 할 때 용하다는 말은 재주가 참 좋다는 뜻으로 '용(龍)이 무언가를 하니 영(靈, 신령 영)하다.'라는 의미입니다. 비슷한 말인 '기특하다'는 한자어입니다. 奇特(기특)이라고 씁니다. 아래의 기록에서 물과 관련한 옛날 발음을 한번 보시기 바랍니다.

『계림유사(鷄林類事)』에서 말하였다. 고려에서는 '수(水)'를 '물(沒,

몰)'이라 하고 '정(井)'을 '우물(烏沒, 오몰)'이라 하며, '열수(熟水)'를 '익은 물(泥根沒, 니근몰)'이라고 하며 '냉수(冷水)'는 '식은 물(時根沒, 시근몰)'이라고 한다. - 방언류(方言類), 『송남잡지』

『송남잡지』에 나온 기록에서 우물로 유명한 곳 두 곳은 동래의 금정산과 서울의 의동입니다. 먼저 경상도 동래의 금정산에 관한 기록을 보겠습니다.

금정산의 우물은 동래(東萊) 북쪽 산 정상에 바위가 있는데 높이가 세 길이다. 그 위에 우물이 있는데 너비는 십여 자이고 깊이는 일곱 치쯤이다. 물이 항상 가득 차 있고 가뭄에도 마르지 않으며 물빛은 황금 같다. 세상에 전하는 말로는 "금빛 물고기 한 마리가 오색구름을 타고 하늘에서 내려와 그 안에서 노닐었기 때문에 이렇게 산 이름을 지었다."라고 전해진다. - 지리류(地理類), 『송남잡지』

『신증동국여지승람新增東國輿地勝覽』에서는 '동래현 북쪽 20리에 있는 산으로, 산꼭대기에 세 길 정도 높이의 돌이 있는데, 그 위에 우물이 있고 둘레는 10여 척에 깊이는 일곱 치 정도가 되고 물은 마르지 않고 빛은 황금색이다.' 이렇게 금정산을 설명합니다. 이곳은 용출 샘이 아닙니다. 빗물이 고여 마르지 않는 샘입니다. 부산 금정구金井區도 여기서 나온 고을 이름입니다. 다음은 서울의 의동義洞 우물에 관한 기록입니다.

> 서울 안 물맛은 의동(義洞)의 의성위(宜城尉) 댁 우물이 제일이다. 성종(成宗)이 그 우물을 봉(封)하였고 물을 길어 진상토록 하였기에 '어정(御井)'이라고 하였다. 후에 의성위(宜城尉)에게 하사한 까닭으로 '사정(賜井)'이라는 두 글자를 우물 벽돌 위에 새겼다. 지금까지 남아 있다. 임진왜란 때 명나라 장군 양호(楊鎬)와 형개(邢玠)가 모두 이 우물을 최고라고 하여 길어다 마셨다. - 지리류(地理類), 『송남잡지』

여기서 '서울'이라는 말의 뿌리를 살펴보겠습니다. 아울러 '시골'이라는 말은 어디서 나왔는지도 보겠습니다.

> 살펴보건대 서울을 서울로 부르는 이유는 서쪽에 많이 있는 까닭에 우리나라에서 '경(京)'을 훈석하여 "서올(西上)"이라고 발음하고, '향(鄕)'을 훈석하여 "시골(柴谷, 시골)"이라고 발음하니, 시골에 땔감이 많다는 의미이다. 어떤 이는 "경주(慶州)의 옛 이름이 서울(徐鬱)인데, 신라가 그곳에 도읍하였기 때문에 지금까지도 오히려 그렇게 칭한다."라고 한다. - 방언류(方言類), 『송남잡지』

柴谷(시골)의 柴(섶 시)는 땔나무를 통칭하는 말입니다. 그러므로 땔나무가 많은 골짜기라는 뜻입니다. 우리말이라고 생각하는 '시골'이라는 말이 원래 한자어였습니다.

> 속담에서 '사람이 자식을 낳으면 서울(徐鬱)로 보내고 짐승이 새끼를 낳으면 시골로 보내라.'라고 하였다. - 방언류(方言類), 『송남잡지』

사람을 낳으면 서울로 보내라는 말은 지금도 많이 씁니다. 태백산, 소백산도 서울 못지않게 명당이었습니다.

> 백두산 한 줄기가 영남에 이르러 큰 것은 태백산(太白山)이 되고 작은 것은 소백산(小白山)이 되니, '백(白)'이라는 명칭은 조산(祖山)을 돌아본다는 의미이다. 태백산은 예부터 삼재(三災)가 들지 않는다.'라고 하여 국가에서 사고(史庫)를 설치하였으며 안동(安東), 순흥(順興) 등의 읍이 그 남쪽을 둘러싸고 있으니 신령스럽고도 복된 땅이다. 대체로 태백산, 소백산은 모두 냇물과 바위가 있는 골짜기지만 산허리 위로는 돌이 없으니, 비록 웅대해도 살기는 없다. 봉우리가 우뚝 솟아나진 않았지만 하늘까지 닿아 북쪽을 막고 있으며 때로 붉고 흰 구름이 산 위에 있다. 옛날 방술가(方術家) 남사고(南師古)가 그것을 보고 말에서 내려 절하며 "이곳은 사람을 살리는 산이다."라고 했으니, 병란을 피할 수 있다는 말이다. 세상에 전하는 말로는 "사람을 구하려면 태백산, 소백산에. 곡식을 심고 곡식을 구하려면 삼풍에 곡식을 심어라."라고 하니, 진실로 여기에서 비롯되었다고 한다.

- 지리류(地理類), 『송남잡지』

배우 조승우와 지성이 주연을 맡은 영화 〈명당〉(2018)이 한국인의 풍수, 즉 가상세계성을 표현한 작품입니다. 충남 예산군 덕산면에 있는 고종의 할아버지 남연군南延君 이구李球의 묫자리에 관한 일화를 바탕으로 한 작품입니다.

다시 우물 이야기입니다. 우물 물은 병 치료, 출산, 관상과 관련되어 기록된 것이 많습니다.

> 충북 괴산 군자산 정상에 원효굴과 금수굴 두 개의 동굴이 있다. 물빛이 황금색과 같아 금수굴(金水窟)이라고 이름하였다. 이 물을 마시고 효험을 본 병자가 많다고 한다. - 지리류(地理類), 『송남잡지』

> 강물과 바닷물이 서로 섞이는 곳의 반담수(半淡水)는 풍토병 치료에 가장 좋다. 오직 강경(江景)은 큰 강이 조수와 통하고 맛이 매우 짜지 않다. 그 마을에는 우물이 없어서 항아리를 묻어두고 강물을 길어다 붓는다. 며칠 묵히면 혼탁한 찌꺼기가 가라앉아 그 맛이 시원하고 상쾌해진다. 비록 며칠이 지나더라도 변하지 않고 오래될수록 더욱 차가워진다. 한 번 이 물을 마시면 바로 병의 뿌리를 없앨 수 있다고 한다. - 지리류(地理類), 『송남잡지』

지봉 이수광이 "한성(漢城) 동부(東部)의 천달방(泉達坊)에 물맛이 매우 좋은 우물이 있는데, 그 지역에 장수하는 사람이 많아서 마을의 이름이 이렇게 지어졌다."라고 하였다. 대개 샘물은 사람들이 마시는 것이니 그것을 마시면 성질 또한 바뀐다. 광주(光州)의 탐천(貪泉), 일남(日南)의 음천(淫泉), 광국(狂國)의 광천(狂泉)이 그러하다. 또 백주(白州)의 녹주정(綠珠井) 물을 마시면 예쁜 여자아이를 낳는 일이 많았다. - 지리류(地理類), 『송남잡지』

『박물지(博物志)』에서 말하였다. 부인이 임신하여 석 달이 안 되었을 때 남편의 의관을 하고 새벽에 우물을 세 바퀴 돌고 우물에 비친 그림자를 본 후 돌아보지 않으면 반드시 아들을 낳는다. 진성(陳成)은 딸만 열 명을 낳았는데 그의 아내가 우물을 세 바퀴 돌고 주문을 외워 '여자는 음이고 남자는 양이니 여자가 많으면 재앙이고 남자가 많으면 상서롭다.'라고 하였다. 우물을 돌고 3일 동안 물을 걷지 않더니 해산하는 기일에 미쳐서 과연 아들을 낳았다. - 지리류(地理類), 『송남잡지』

위의 기록에서 우물 물은 사람의 병도 낫게 하고, 체질도 바꿔놓습니다. 그리고 아들과 딸을 정하기도 합니다. 인간의 운명이 우물에서 갈리게 되는 것입니다. 그런데 여기서 한 가지 더 눈여겨 볼 점이 있습니다. 신라인들과 고려인들은 우물 물이 사람의 외모까지 바꿔놓을 수 있다고 믿었습니다. 신라 탈해왕 때 경주 김씨의 시조인 알지가 자기의 얼굴이 닭과 비슷함을 한탄하다가 속리산에 좋은 약수가 있다고 듣고는 물을 마셔 아름답게 변하였으므로 이곳을 '탈골암'이라 하였습니다.

> 고려 공민왕이 원나라에 간 3년 만에 종기가 나서 거의 죽게 되었다. 우리나라에 돌아와 속리산에 들어가 샘물에 목욕하자 즉시 환골탈태(換骨脫胎)하고 나았던 까닭으로 그 샘을 '탈골(脫骨)'이라고 한다. - 지리류(地理類), 『송남잡지』

외모에 대한 한국인의 정서는 영화 〈관상〉(2013)에 잘 나타납니다. 영화 〈관상〉에서는 실제 조선의 역사적 사건들을 바탕으로 배우 김혜수, 송강호, 이정재, 조정석 등이 몰입감 넘치는 연기를 보였습니다. 드라마 〈내 아이디는 강남미인〉(2018)에는 얼굴 등급 매기기 장면이 나오는데, 여기에는 외모에 대한 관심과 등급제에 익숙한 한국인의 정서가 반영되었다고 할 수 있습니다.

드라마 〈선재 업고 튀어〉(2024)에서는 여주인공 솔이가 승려 복장을 하고 선재의 운명을 바꾸기 위해 예언을 하던 우물이 등장합니다. 이 우물은 조선 시대 양반들의 중심 거주지였던 북촌 한옥마을에 있습니다. 또 다른 드라마 〈호텔 델루나〉(2019)에서도 우물이 나옵니다. 호텔을 짓는 터의 우물을 지키는 신령이 등장하는 장면입니다. 지금의 드라마에도 우물이 나올 정도면 한국인의 정서에 우물의 가상성이 얼마나 깊이 자리를 잡았는지 알 수 있습니다.

그리고 두 드라마에서는 모두 우물을 매개로 주인공의 러브스토리가 형성됩니다. 우물과 러브스토리의 시작은 고려 태조 왕건과 장화왕후 오吳씨, 조선 태조 이성계와 신덕왕후 강康씨의 러브스토리입니다. 두 커플 모두 우물가에서 한 바가지의 물로 인연을 맺습니다. 흥미롭게도 이렇게 우물은 우리의 중요한 역사적 장면에 어김없이 등장합니다.

옛날 사람들에게 우물은 신령한 곳이었습니다. 정화수井華水는 신앙의 대상이 되는 우물물입니다. '정안수'라고도 합니다. 물도 물이지만 우물은 생명의 기원입니다. 정화수와 헷갈리는 단어로 '정한수'가 있습니다. 승려가 지니고 다니는 물병으로 군지軍持라는 것이 있습니다. 범어 쿤디카Kundika의 음역입니다. 정병淨瓶이라고도 합니다. 여기에 깨끗한 물을 넣고 다니면서 손을 닦는 것이 정한수입니다.

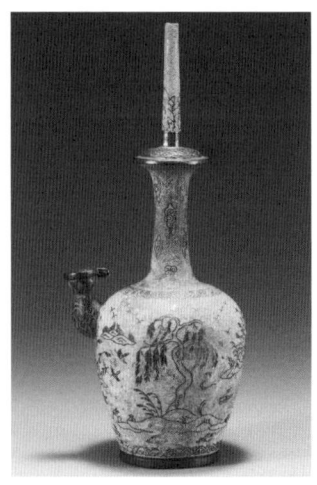

그림 18. 청동 은입사 포류수금문 정병 (출처: 국립중앙박물관)

범어(梵語)에서 '군지(軍持)'라고 한 것이 이 물건이니, 병에 항상 물을 담아서 손을 깨끗이 씻는다. 지금의 '정한수(淨寒手)'가 이것이다. - 방언류(方言類),『송남잡지』

평양에는 옛날에 우물이 없었다. 신묘년(1591)에 권징(權徵)이 감사(監司)가 되어 우물을 팠는데 몇 길을 파내려 가도 물은 솟지 않고 반석이 나왔다. 반석을 뚫어보니 샘물이 솟고 그 속에 붕어와 연밥이 있었다. 점술가가 말하기를 "평양성은 옆으로 누운 배의 모양이니 우물을 파면 재앙이 있을 것입니다."라고 하였다. 이듬해 왜구가 쳐들어왔고 우물 맛 또한 써졌다. - 지리류(地理類),『송남잡지』

우물은 사람의 마음을 꿰뚫어 보는 영적인 공간이었고 나라의 운명을 점칠 수 있는 곳이기도 했습니다. 인간-자연 감응의 대표적인 정서가 나타나는 장소였습니다. 한국의 우물이라고 하면 요동의 고려정을 빼놓을 수 없습니다. 요동의 고려정은 한국인의 정서 중에서 대상의 인격화, 영토성, 가상성을 가장 극명하게 보여주는 사례입니다.

연암 박지원이 말하였다. 요동 못 미쳐 왕상령(王祥嶺)이 있고 이곳을 십여 리 넘어가면 냉정(冷井)이 있는데 우리나라 사신이 갈 때 천막을 설치하여 아침밥을 먹는 곳이다. 벽돌로 쌓은 우물이 아니고 길 옆의 샘물이 구덩이를 채운 것이지만 맛이 아주 달고 차다. 겨울에는 따뜻하고 여름에는 차가우며 우리나라 사신이 갈 때마다 우물이 퐁퐁 솟아나고 떠나면 바로 물이 말라 버린다. 대개 요동은 본래 조선의 땅인 까닭으로 기(氣)가 비슷해서 서로 감응하여 그런 것이라고 한다. - 지리류(地理類), 『송남잡지』

지봉 이수광도 "비록 가물어도 반드시 넘쳐나는 까닭에 고려정(高麗井)이라고 한다."라고 하였다. - 지리류(地理類), 『송남잡지』

고려정은 항상 물이 가득 차 있었나 봅니다. 위의 고려정 이야기는 한국인이 요동 땅에 들어서면 땅이 알아서 감응하여 요동 땅과 한국인 서로의 기운이 마주친다는 가상성의 특징, 즉 공명에 대한 에피소드입니다. 또한, 요동을 대하는 한국인의 영토성이 묻어나는 대목입니다. 『송남잡지』에는 '감응한다'는 표현이 참 많이 나타납니다. 자연에 대한 공명과 감응은 한국인 가상성의 또 다른 특징입니다. 아래의 인용문에서 확인해 볼 수 있습니다.

무등산(無等山)은 광주(光州)의 진산(鎭山)이다. 또 무진악(武珍岳)이라고 부르기도 하고 서석산(瑞石山)이라고 부르기도 하는데, 높이가 백 척가량 되는 바위 기둥 수십 개가 늘어서 있기 때문에 그런 이름이 붙었다. 가뭄이 들었다가 비가 오려 하고 장마가 들었다가 개려 하면 산이 우는데 우는 소리가 수십 리까지 들린다. - 지리류(地理類),

『송남잡지』

　인격체로 인식된 산은 울기도 했습니다. 무생물인 땅도 인간과 감정이 교류되는 대상으로 인격체화되어 있습니다. 한국인의 중요한 정서입니다. 천도교의 삼경사상三敬思想이 이런 정서에서 연유했을지도 모릅니다. 천도교 이론가인 최시형崔時亨이 사람이 공경해야 할 세 가지로 하늘, 사람, 만물(물건)을 제시했습니다. 그는 우주가 '한 기운 덩어리, 또는 한 기운 울타리'임을 깨달았습니다. 이러한 깨달음에 따라 '하늘은 하늘로써 먹는다.'라는 이천식천以天食天으로 생명의 공생과 순환의 이치를 설명하고, 이어 하늘 공경, 사람 공경, 만물(물건) 공경이라는 '삼경사상三敬思想'으로 생명의 본질과 근원이 동일한 존재임을 인식하게 됩니다. 인간과 자연과의 감응, 공명에 대한 옛날 사람들의 생각은 『송남잡지』에 다음과 같이 기록되어 있습니다.

　　『공자가어(孔子家語)』에서 "굳은 땅에 사는 사람은 강하고 약한 땅에 사는 사람은 부드럽다."라고 하였다. 『회남자(淮南子)』에서 "토지는 각기 유형별로 사람을 낳는다. 맑은 물은 소리가 작고 흐린 물은 소리가 크다. 급한 물살의 시냇가 사람은 경박하고, 느린 물이 흐르는 곳의 사람은 진중하다."라고 하였다. 『삼국지(三國志)』에 남만(南蠻)에 오각계(烏脚溪)가 있는데 사람이 그곳을 건너면 다리가 검어진다는 기록이 있으니, 물도 또한 사람을 물들인다. 조착(晁錯)이 "호맥(胡

貊) 지역의 사람은 추위를 잘 견디고 양월(揚粵) 지역의 사람은 더위를 잘 견딘다."라고 하였다. 지금 산골짜기와 평야, 남쪽과 북쪽 사람들이 기질이 다르다는 말은 대개 여기에서 나왔으니 사람 또한 땅의 산물이다. – 인사류(人事類),『송남잡지』

옛날 사람들은 땅의 견고함 정도, 물살의 급함의 정도, 추위의 정도에 따라서 사람이 변한다고 생각하고 있었습니다. '사람 또한 땅의 산물이다.'라는『송남잡지』저자 조재삼의 생각은 한국인의 영토성이 단순히 땅의 경계를 나타내는 것이 아니라는 의미를 내포하고 있습니다. 한국인에게 영토는 기운의 원천이기도 했습니다. 우주라는 자연과 통하는 통로로 땅을 인식했고, 이는 한국인의 인식 형태에 한 축을 이루게 됩니다.

참고로 위 인용문에 나온 '진중'이라는 말의 어원도『송남잡지』에 나와 있습니다.

> 불서(佛勳)에서 말하였다. 당나라의 승려인 백장항화상(百丈恒和尙)이 게송(偈頌)에서
> '나에게 세 가지 비결이 있으니 百丈有三決 (백장유삼결)
> 차나 마시고, 진중(珍重)하고, 쉬고 喫茶珍重歇 (끽차진중헐)
> 바로 가르침을 받는다면 直下便承當 (직하편승당)

감히 그대를 보호해 그치지 않으리? 敢保君未徹 (감보군미철)'라고 하
였다.
지금 '진중(珍重)'이라는 말이 여기에서 나왔다. 또, '정중(鄭重)'과 '진
중(鎭重)'이라는 말도 여기에서 나온 듯하다. - 방언류(方言類), 『송남
잡지』

진중珍重은 '진귀珍貴하고 소중所重한' 것을 의미합니다. 발음이 같은
또 다른 진중鎭重은 '무게가 있고 점잖음'을 가리킵니다. 그리고 정중鄭
重은 '태도가 점잖고 엄숙할' 때 쓰는 말입니다.

『담선(談選)』에 "산기운은 남자를 많이 낳게 하고, 못 기운은 여자를
많이 낳게 한다. 더운 기운에는 요절하는 사람이, 많고 찬 기운에는
장수하는 사람이 많다."라고 하였다. 더우면 기(氣)가 허하면서 흩어
지는 까닭에 요절하고, 추우면 기가 강하면서 응결되는 까닭에 장수
한다."라고 생각한다. 살펴보건대 옛말에 "산골짜기에는 장수하는
사람이 많다."라고 하였으니, 물욕에 접하지 않아서 정기(精氣)가 그
때문에 온전한 듯하다. - 인사류(人事類), 『송남잡지』

옛 사회에는 물욕物慾을 접하지 않으면 장수한다는 생각이 퍼져 있
었습니다. 그래서 그렇게 산골짜기의 삶을 동경했고, 산수화도 그래서
인기가 많았나 봅니다. 땅이 인간의 수명을 정하고, 인간의 성별도 정

한다는 생각이 당시로서는 보편적이었습니다. 지금까지도 이러한 생각은 이어져 우리 한국인은 살 곳에서도 명당을 정하고 죽어 묻힐 곳에서도 명당을 찾습니다. 땅의 신령스러운 기운을 좇는 일이 한국인에게는 너무도 자연스럽습니다. 이러한 신령함은 가상성의 다른 표현입니다. 이를 더 직접적으로 나타내는 가상성은 무속성입니다.

> 어떤 이는 "사또가 되어 입지에서 죽으면 혼이 고향으로 돌아가지 못하고 고을의 귀신이 되기 때문에 부군(府君)이라고 한다."라고 말하였다. 어떤 이는 "객사하여 그곳의 귀신이 되는 경우가 있다."라고 말하였다. 지봉 이수광이 말하였다. 요즘 풍속에 관청의 문 앞에 기도하는 곳이 있으니 '부군당(府君堂)'이라고 한다. 새로 관직에 임명되면 제사하여 복을 빈다. - 구기류(拘忌類),『송남잡지』

당시 민간에서는 토지신을 '부군府君'이라고 통칭했습니다. 부군당은 민간의 신을 모셔 놓은 신당입니다. 그리고 조선 전기부터 한양의 각 관아의 수호신을 모신 사당이기도 합니다. 한국인에게는 이렇게 신이라는 가상성이 삶의 가까이에 있었습니다. 가상성으로 분류되는 무속성 역시 한국인의 특징입니다. 이러한 가상성은 지금의 드라마 〈견우와 선녀〉(2025) 같은 귀신과 무당이 등장하는 콘텐츠로 이어졌습니다. 지금 한국의 무속을 경험하기 위해서 한국을 찾는 외국인도 많아지고 있습니다. 영화 〈케이팝 데몬 헌터스〉(2025)는 이런 한국인의 가상성이 음악성에 성공적으로 공명한 작품으로 해외에서도 큰 인기를 얻었습니다.

가장 기본적인 철학의 명제, '너 자신을 알라!'는 소크라테스의 말입니다. 사람은 누구나 자기를 알고 싶어합니다. 한국에서는 무속도 지식의 바탕이 되며 지식의 근원이 됩니다. 그러나 이러한 점보기의 바탕은 철학적인 앎이나 이지적理智的인 지식이라기보다는 자기에 관한 궁금함의 해소, 즉 과거 회귀와 미래 예측에 가깝습니다. 사주四柱를 통계에 기반한 데이터 과학으로 보기도 합니다. 관상을 보는 것도 이런 류의 지식 얻기의 한 표현입니다. 자기의 힘으로 자기를 알아내는 것이 너무 어려울 때 이를 풀어나가려는 무속적 지식 추구에 대한 의지로 점을 보기도 합니다.

참고로 이 '자기'라는 말이 '당신'이라는 호칭이기도 한데 '자가自家', '쟈갸'에서 나왔습니다. 이는 조선 왕조에서만 쓰였던 존칭으로 왕의 가족에게 붙였습니다. 왕의 가족을 '왕자 자가', '공주 자가'라고 해야 합니다. '마마'라고 불러서는 안 됩니다. 지금 서로를 '자기야'라고 부르는 호칭이 여기서 나온 말입니다.

떡

떡은 무속에서 많이 사용하는데, 굿이나 고사를 할 때 반드시 필요합니다. 특히 시루떡은 의례 음식으로 활용되었습니다. 자연과 신에게 기원을 바라는 고사 음식, 돌아가신 조상을 모실 때 쓰는 제사음식, 귀신의 접근을 막는 벽사 음식으로서 떡은 단순히 음식의 개념을 넘어 가상성을 가장 실천적으로 담고 있는 대상입니다. 떡이라는 말은 '찌다'가 '찌기'가 되고, '찌기'가 '떼기'로 바뀌고, 다시 '떠기'로 불리게 되고, '떠기'가 '떡'이 된 것입니다.

시루떡은 붉은 팥시루떡을 쪄서 집안의 여러 신에게 올릴 때 쓰는 '치성 시루', 혼인 때 신부집에서 준비하는 '봉치 시루', 그리고 '백설기' 등 종류도 여러 가지입니다. 이처럼 떡은 현실 세계에서 가상 세계를 열어주는 열쇠와도 같은 역할을 합니다.

떡 중에서 가래떡은 장수를 의미합니다. '가래'란 말은 순우리말로 엿 따위를 둥글고 길게 늘여서 만든 토막이라는 뜻입니다. 그리고 농기구에 쓰이는 가래 줄처럼 떡을 길게 손으로 비벼 만들었다고 해서 가래라고 했다는 설도 있습니다. 설날에 가래떡으로 떡국을 끓여 먹는 것도 장수를 바라는 마음입니다. 이러한 바람은 곧 대상의 메타포, 즉 가상성을 의미합니다.

정월대보름에 화해를 위해 만들었던 해원병解怨餠은 인절미引切米를 말합니다. 한 덩어리를 올려놓고 함께 먹는 사람끼리 잡아끌어 떼어서 먹는 화해의 떡입니다. 중들이 이 해원병 단자를 이웃에게 전해주고 그 대가로 받는 곡식이나 돈이 지금 흔히 말하는 '떡값'입니다.

쉽고 단순해서 '막부치'라고 불리던 녹두 빈대떡은 원래 황해도 지역의 전통음식으로 집에서 부쳐 먹는 음식이었습니다. 과거 빈대떡은 단맛이 나는 간식이었습니다. 사대문 안 양반들이 빈자貧者(가난한 이)를 위해 적선한 떡이 적선병積善餅이 되고, 이게 다시 빈자떡이 되고, 이것이 빈대떡이 되었는 이야기는 많이 알려졌습니다.

오색떡은 떡에 다섯 가지 색깔(황, 청, 백, 적, 흑)로 가상성을 입혀 만물의 조화를 이루는 대상입니다. 오색떡은 오행五行(금, 목, 수, 화, 토), 오덕五德(인, 의, 예, 지, 신), 오미五味(단, 쓴, 맵, 신, 짠)에서 모든 것을 균형 있게 맞추려는 의도를 갖습니다. 알록달록한 오색떡은 오색 색동저고리와 마찬가지로 음양오행 사상에 따른 조화와 화합을 목적으로 합니다. 오색떡은 색깔이 알록달록한 게 먹음직합니다. 이 '알록'이라는 말도 어원이 재밌습니다.

> 『시경(詩經)』에서 "다섯 군데를 묶은 굽은 끌채로다(五楘梁輈, 오목양주)."라고 하였는데, 그 주석에서 "목(楘)은 역녹(歷錄)하다는 뜻이니, 수레의 끌채 위 다섯 곳을 가죽으로 묶어서 문장(文章)이 역녹연(歷錄然)함을 말한다."라고 하였다. 그러나 지금 잡다한 무늬와 장식을 '알록(訐錄)'이라고 하니 바로 역록(歷錄)의 와전이다. - 방언류(方言類), 『송남잡지』

'알록'이 역록歷錄이라는 한자어에서 나온 말이라는 게 신기합니다. 드라마 〈더 글로리〉(2022)에는 "넌 모르잖아, 알록달록한 세상"이라는 대사가 나오는데 패러디나 밈으로 많이 쓰입니다. 〈더 글로리〉에서 주인공 문동은(배우 송혜교)은 학창 시절 친구들에게 학교 폭력을 당하는 피해자로 나옵니다. 학교 폭력 가해자로 나오는 인물이 색약을 갖고 있었는데 이를 지적한 말입니다.

조금 다른 이야기이지만 '알록'이라는 말을 들으면 발음이 비슷해서 그런지 저는 안록산이 생각납니다.

> 다음과 같은 이야기가 전해온다. 양귀비(楊貴妃)가 안록산(安祿山)이 오가는 모습을 보고 싶었으나 궁궐 담이 너무 높아 널뛰기 놀이를 만들었다. 널 위에서 발을 굴러 몸을 솟구치게 하여 담 밖을 넘겨보았다. 지금 세시(歲時)에 아녀자들이 고운 옷을 입고 널뛰기를 하는 것은 여기에서 유래하였다고 한다. – 기술류(技術類),『송남잡지』

널뛰기와 안록산이라는 데이터를 연결할 수 있는 사람이 지금 몇 명이나 될까요? 이런 데이터 네트워킹 속에서 지력知力이 발달하고 뇌가 활성화됩니다. 널뛰기와 비슷한 것 중에 '시소Seesaw'가 있습니다. 마치 나무를 자르는 톱saw의 움직임과 비슷하게 반복적으로 위아래로 움직이는 모습에서 그 이름이 나왔습니다.

놀이

나온 김에 우리나라 놀이에 관한 이야기를 해보겠습니다. 놀이와 비슷한 '장난'이라는 말의 어원은 한자어 작난作亂입니다. 우선, 돈치기라는 놀이가 있었습니다.

> 『개원천보유사(開元天寶遺事)』에서 "당 현종이 양귀비(楊貴妃)와 금전(金錢)을 땅에 던져 내기를 하였더니 민간에서 그것을 흉내 내고 탁친(卓親)이라고 하였다."라고 말하였다. 지금의 돈치기(錢親, 전친)라고 부르는 돈을 치는 놀이가 그것이다. - 기술류(技術類), 『송남잡지』

공기놀이는 아주 인기가 많았습니다. 잘 믿기지는 않지만 군대의 싸움을 멈추게 할 정도의 인기였답니다.

> 『장자(莊子)』에서 "시남(市南) 웅의료(熊宜僚)가 방울 놀이를 하니 두 나라의 전쟁이 중지되었다."라고 하였다. 그 주석에 "방울 여덟 개는 공중에 있고 한 개는 손안에 있다. 군대 앞에서 그 놀이를 하니 온 군대가 싸움을 멈추었다."라고 하였다. 지금 어린이들의 공기놀이가 그것이다. 『북사(北史)』에서 "백제 사람들은 구슬 놀이를 좋아한다."라고 하였다. - 기술류(技術類), 『송남잡지』

〈오징어게임〉 시즌 2(2024)의 4화 '여섯 개의 다리'에는 딱지치기·비석치기·공기놀이·팽이치기·제기차기 등 한국의 민속놀이가 5종 세트로 등장했습니다. 여기서 공기놀이가 지금 사람들 사이에서 최고 인기입니다. 술 마시기 게임인 '아파트'도 〈APT.〉(2025)라는 노래로 로제 ROSÉ와 브루노 마스Bruno Mars가 함께 불러 큰 인기를 얻었습니다.

18세기 초 학자 이규경李圭景이 집필한 『오주연문장전산고五洲衍文長箋散稿』에 '공중에 돌을 던져 손바닥으로 받는다'는 설명과 함께 '들어 올린다'는 뜻의 공拱과 '바둑돌'을 뜻하는 기棋를 합쳐 '공기'라고 소개했습니다. 무라야마 지준村山智順이 1941년 출간한 『조선의 향토오락朝鮮の鄕土娛樂』에는 '석유石遊'라는 말로 나옵니다. 부산과 울산에서는 '살구'라고 부르기도 합니다. 공기가 얼마나 재미있는 놀이인지 공기놀이를 많이 해서 손등이 휘거나 손톱에서 피가 나는 일도 있었다고 합니다.

다음 그림은 윤두서尹斗緖의 아들 낙서駱西 윤덕희尹德熙가 그린 〈공기놀이〉입니다. 그림 속에 바람개비도 보입니다. 윤두서는 고산孤山 윤선도尹斗緖의 증손자이자 정약용의 외증조입니다. 이 그림을 보면서 '저 바람개비를 만들어준 조선의 누군가는 물리, 에너지 법칙을 아이에게 가르쳐주지 않았을까?' 하는 생각을 해봤습니다. 혹시 윤덕희가 만들어준 것은 아니었을까요? 윤선도, 윤두서로 이어지는 해남 윤씨 가풍이 상당히 실학적이었다는 사실을 알고 있다면 이런 질문도 얼마든지 가능해 보입니다.

그림 19. 공기놀이 (출처: 국립중앙박물관)

그림 20. 윤두서 (출처: 국가유산포털)

『훈몽자회(訓蒙字會)』에서 "탄희(攤戲)는 바로 저포이니 우리나라에서는 정월 초하루에 네 조각으로 나눈 나무를 던져서 승부를 결정하는 놀이를 사희(柶戲)라 한다."라고 하였다. 우리나라 말로 '윷(柶)'이라고 하는 것인데, 싸리나무(杻木)로 만든다. - 기술류(技術類), 『송남잡지』

윷놀이를 왜 윷놀이라고 했을까요? 윷의 재료인 싸리나무를 한자로 뉴杻라고 쓰기 때문에 놀이 이름이 윷놀이가 된 것이었습니다. 우리나라에는 답교踏橋라는 다리 밟기 놀이도 있었습니다.

아마도 고려 때부터 다리 밟기 놀이가 시작된 듯한데 다리 밟기 놀이를 하면 한 해 동안 다리에 병이 없다고 한다. 이날 밤 통금을 해제하니 이를 '방야(放夜)'라고 한다. 남자와 여자들이 길을 가득 메운다. 더욱이 부인들은 가마를 타고 다리 밟는 것을 좋은 놀이로 여겼다. 심지어 아내를 잃어버리는 사람도 있어서 관아에서 금하였으나 그만두지 않았다. 임진왜란 이후에야 이 풍속이 없어졌다고 한다.
- 세시류(歲時類), 『송남잡지』

여기서 발견할 수 있는 한국인의 정서가 또 하나 있습니다. 놀이에 너무 진심입니다. 놀이마저 승부가 되었습니다. 위의 기록에서는 놀이에 빠져서 아내를 잃어버리기도 했답니다. 나라가 놀이를 금지할 정도였습니다. 투전鬪牋은 조선 영조 시대 초기부터 크게 퍼졌습니다. 아무리 단속을 해도 소용이 없었습니다. 노름꾼들은 상가喪家에 대한 경계가 소홀한 것을 악용하여 모르는 사람의 초상집에 들어가 투전판을 벌이기도 했습니다.

한국인 놀이의 끝판왕은 석전石戰이었습니다. 즉, 돌싸움입니다. 개화기 당시 돌싸움에는 수백 명의 장정이 참여했습니다. 머리를 정통으로 맞아 죽는 경우도 많았습니다. 석전은 서울 만리재 고개를 사이에 두고 벌어지는 것이 가장 유명했습니다. 참여하는 인원만 9천여 명이었습니다. 『동국세시기東國歲時記』에 따르면 석전은 서울의 홍인문·돈의문·숭례문 삼문三門 밖에 거주하는 사람들과 애오개 일대에 거주하는 사람들이 했는데, 삼문 밖에 거주하는 사람들이 이기면 경기도에 풍년이 들고, 애오개에 거주하는 사람들이 이기면 다른 지방에 풍년이 든다는 속설이 있었습니다. 애오개 사람들을 이기게 하려고 용산과 마포 등 이웃 동네 사람들이 합세하기도 했습니다.

시장

앞서 말한 석전을 한 곳은 서울의 유명한 시장 부근이었습니다. 『송남잡지』에 우리나라의 시장이 어떻게 시작했는가에 대한 기록이 있습니다.

> 우리나라는 신라 소지왕(炤知王)이 처음 설치하였으니 지금 지방에서는 '장'이라고 한다. 성호(星湖) 이익(李瀷)이 말하였다. 시골 읍의 빈터에 시장이 점점 더 늘어나서 사방 수십 리 안에 장이 서지 않는 날이 없으니, 이는 모두 놀고먹는 자들의 이익이다. 온 나라 안의 시장을 반드시 같은 날에 서게 한다면 급하지 않은 장은 절로 없어질 것이다. 이것도 백성을 편하게 하는 한 가지의 계책이다. - 조시류(朝市類), 『송남잡지』

조선 후기 박제가朴齊家는 「한양성시전도가漢陽城市全圖歌」에서 '이현梨峴, 종루鐘樓, 칠패七牌가 도성의 3대 시장이다.'라고 했습니다. 이현시장은 배오개시장입니다. 지금의 광장시장입니다. 원래, 광교廣橋(너른 다리)와 장교長橋(긴 다리) 사이를 복개하여 만들려고 했기 때문에 두 글자의 첫머리를 따서 '광장廣長시장'이라 이름을 지었는데, 큰비를 견디지 못하여 배오개로 터를 다시 잡았고 이후에는 한글 발음은 그대로 둔 채 '널리 모아 간직한다'는 뜻을 담아 현재의 '광장廣藏시장'이 되었습니다.

이 이름은 1905년 이현시장 일대에서 을사늑약 체결 후 일본의 경제 침략에 맞서 국권을 회복하려는 취지의 움직임이 일어나 김종한 외 33인의 발기인들이 토지와 현금 십만 원으로 광장주식회사를 발족한 데에서 유래했습니다. 여기는 자유당 시절 정치깡패 이정재가 당시 경무대 경호실장이었던 곽영주의 권세를 배경으로 장악한 곳이기도 합니다.

종루 시장은 경복궁 뒤쪽에 산이 있었기 때문에 부득이하게 경복궁 앞쪽에 조성되었습니다. 이때 조성된 시전은 무려 800칸으로 혜정교惠政橋에서 창덕궁 동쪽까지였습니다. 혜정교는 지금 광화문 우체국 건너편 교보문고 앞에 있었고, 창덕궁 동쪽은 대략 종로3가 사거리 근처입니다. 이렇게 조성된 시장은 한양에 거주하는 사람들과 궁궐에 필요한 생필품들을 공급했습니다. 이곳은 사람들이 '구름처럼 많이 몰려온다'고 해서 운종가雲從街라고도 불렸습니다.

조선 후기 실학자 유득공柳得恭이 당시 문물제도와 세시歲時에 관해 기록한 『경도잡지京都雜志』에서는 '서울에서 소비되는 것으로 동부 시장에서는 채소가, 그리고 칠패七牌시장에서는 생선이 가장 많이 팔린다.'라고 했습니다. 칠패시장은 서소문과 남대문 사이에 번성한 시장이었습니다. 이곳은 서울의 관문인 경강京江 지역과 가까웠기 때문에 서해산

어물과 미곡이 주로 판매되었습니다. 조선 시대에 한양 도성은 훈련도감·어영청·금위영 군부가 분담해 방어했는데, 조선 시대 5군영은 군영마다 8패牌로 나누어 구역을 순찰했습니다. 지금의 봉래동 일대는 5군영 중에서 어영청 소속의 7패 순청巡廳이 있는 이유로 칠패시장이라고 불렸습니다. 이후 남대문시장으로 발전했습니다. 지금 남대문 부근 염천교에 있는 길을 칠패로라고 합니다. 여기서 '패'라는 말이 들어간 마패와 호패에 관한 기록을 보겠습니다.

> 지금 쇠로 된 마패(馬牌)는 우리나라 신라의 소지왕(炤智王) 때에 처음 만들었다. - 무비류(武備類),『송남잡지』

> 조선 태종(太宗) 계사년(1413)에 처음으로 호패(號牌)를 만들었다. 지금은 적경(賊警, 도적이 일어날 기미)이 있으면 도성문에서 호패를 검사하고 출입시키니, 대개 옛날 관문과 저자에서 복장이 다른 사람을 기찰하던 것과 같다. - 무비류(武備類),『송남잡지』

옛날 우리나라의 번호를 매기는 단위는 '패'였습니다. 그래서 사람들은 호패號牌를 차고 다녔습니다. 이 '패'는 현재는 같이 어울려 다니는 사람의 무리를 뜻하는데, '패거리', '깡패' 등에 쓰입니다.

지금 시장에서 채소를 조금 덤으로 주는 일은 예전부터 있었습니다.

아래의 기록에도 나와 있습니다.

> 엄광(嚴光)이 구두로 내용을 불러 주었는데 사신이 적다고 불평하였다. 그러자 엄광이 말하였다. "채소를 사느냐? 더 달라고 하다니." 지금 채소를 살 때 더 올려 주는 것 역시 오래전부터 있던 일이다. - 조시류(朝市類), 『송남잡지』

> 우리나라는 왜관(倭館)에서 쌀을 줄 때, 매번 넘치거나 모자란다고 서로 다투었는데 박문수(朴文秀)가 어사가 되어 구리 말(銅斗, 동두)을 만들었다. 살펴보건대, 『한서(漢書)』「율력지(律歷志)」에서 말하였다. 율·도·량(律度量) 등 측정 기구의 재료로 구리(銅, 동)를 사용하는 이유는 '동(銅)'과 '동(同)'의 소리가 같기 때문이다. 이는 천하를 동일(同一)하게 만들고 만물을 가지런하게 만들고자 하는 의도가 있다. 그리고 구리의 특성이 매우 정치(精緻, 정교하고 치밀함)하여 건조하거나 습하거나 춥거나 더워도 성질이 변하지 않고 이슬과 서리, 비바람에도 형태가 바뀌지 않기 때문이다. - 조시류(朝市類), 『송남잡지』

시장에서 값을 매길 때 동銅(구리)으로 만든 도량 기구가 필요했습니다. 그런데 진짜 기발한 것이 '동'이라는 발음이 갖는 이중성을 여기에 투영했다는 점입니다. '동이 동하게 한다.' 즉, '구리銅(동)로 만든 것이 무게를 같게同(동) 잰다'라는 생각을 어떻게 했을까요?

지봉(芝峯) 이수광(李睟光)이 "번우(番愚)에 귀시(鬼市)가 있으니, 한밤에 모였다가 닭이 울면 흩어진다. 사람들이 그곳에 가서 기이한 물건을 많이 사 온다고 한다. 나는 황성(皇城)에서 야시(夜市)를 보았다."라고 하였다. - 조시류(朝市類), 『송남잡지』

여기서 번우는 진晉나라의 지방 이름입니다. 지금의 중국 광동성廣東省의 속현屬縣입니다. 귀시鬼市는 다른 말로 야시夜市입니다. 밤 오경(새벽 3시에서 5시 사이) 무렵에 서는 장입니다. 시장에서 파는 음식은 왠지 맛있습니다. 평소에 먹지 못하던 음식인데도 시장에서 먹으면 음식 투정을 하지 않게 됩니다. '음식 투정'이라는 말도 한자어입니다.

강희자전(康熙字典)에서 "지금 문장을 인습(因襲)하여 겹겹으로 늘어놓는 것을 '두정(餖飣)'이라고 한다."라고 하였다. 우리나라 말로 '음식투정(飮食飯訂)'이라고 하는 것은 여기에서 나왔다. - 방언류(方言類), 『송남잡지』

우리나라에서 '증(蒸)'을 '찜(朕, 짐)'이라 훈석한 것은 오래되었다. 『위서(魏書)』에서 황제가 자신을 '짐(朕)'이라 호칭하자 고징(高澄)이 "짐(朕)! 짐(朕)! 개다리 찜(朕)"이라며 욕한 말이 이것이다. 돼지와 개를 찐 것을 찜(朕)'이라고 하는 말은 여기에서 유래하였다. - 방언류(方言類), 『송남잡지』

황제를 칭하는 '짐朕'을 '쩜'으로 욕한 것에서부터 '찜'이라는 말이 시작되었다는 설명입니다. 지금은 '찜하다'가 물건이나 사람을 자기의 것이라고 주장하는 행위를 말하기도 합니다. 조선 사옹원司饔院의 영역별 담당자 중에 찜 요리 전문가 탕수증색湯水蒸色이 있었습니다. 고기 요리를 담당한 별사옹別司饔, 채소요리 전문가 채증색菜蒸色, 굽는 요리 전문가 적색炙色, 밥 짓는 반공飯工, 술을 담그는 주색酒色, 물 긷는 수공水工, 물 끓이는 탕수탁반湯水托飯, 쌀을 고르는 미모米母, 상차림 전문가 상배색床排色 등도 있었습니다.

우리나라 사람들은 정말 먹는 것에 진심입니다. 지금 베스트셀러 콘텐츠 〈식객 허영만의 백반기행〉(2019~)과 〈한국인의 밥상〉(2011~)의 인기나 유튜브에 올라오는 먹방 콘텐츠를 보면 알 수 있습니다. 일을 할 때도 일이란 '어차피 다 먹고 살자고' 하는 것이라고 당당히 말합니다. '한국인은 밥심!'이라는 말도 자주 합니다.

우리나라 시장에서는 머리에 물건을 이고 가는 모습을 많이 볼 수 있는데 서커스 저리 가라고 할만큼 균형을 잘 잡습니다. 옛날에도 이게 아주 진풍경이었나 봅니다. 지금도 외국인들은 이 모습을 아주 신기해합니다.

지봉 이수광이 말하였다. 중국은 부인들 또한 어깨에 짐을 지는데 우리나라는 머리에 인다. 그래서 동월(董越)의 부(賦)에 "머리에 물동이를 이고도 손으로 붙잡지 않는 자가 있는가 하면 쌀 열 말을 이고도 걷고 또 뛰는 사람이 있다."라고 하니, 대개 그 기이함을 기록한 것이다. 지금 그릇 장사들은 여자라도 등에 짊어지고 먼 길을 가고 상점의 일꾼들은 남자라도 머리에 이고 가서 물을 걷는 경우가 있는데 우리나라에서는 도리어 이상하게 생각하고 웃는다. - 인사류(人事類),『송남잡지』

『한서(漢書)』에서 말하였다. 조타(趙佗)가 "풍문(風聞)에 저의 부모님의 묘소가 이미 무너졌다는 것을 들었습니다."라고 하였다. 심약(沈約)의 「탄문(彈文)」에서 '풍문(風聞)'이라고 하였고 『국어(國語)』에서 "시장에서 떠도는 말을 채집하여 듣는다."라고 하였는데, 그 주석에서 "풍(風)은 채집(采)'의 뜻이니, 장사치와 나그네의 말을 채집하여 듣는 것이다."라고 하였다. - 방언류(方言類),『송남잡지』

위의 기록을 보니 '풍문'은 시장에서 들리는 말이었습니다. 우리나라 노래 〈풍문으로 들었소〉(1980)는 함중아와 양키스가 부른 노래입니다. 장기하와 얼굴들이 이를 커버해 영화 〈범죄와의 전쟁: 나쁜놈들 전성시대〉(2012)에서 사용하기도 했습니다. 2015년에는 배우 유준상과 고아성이 연기한 드라마 〈풍문으로 들었소〉가 방영되었습니다. 한편, '나그네'라는 말은 '나간-'과 사람을 뜻하는 접미사 '-네'가 합쳐진 말입니다. 즉, '나간 사람'이라는 뜻입니다.

4장

한국인의 스타성

한국인은 다재다능한 팔방미인을 숭상합니다. 그리고 대중의 스포트라이트 받는 것을 아주 좋아합니다. 이러한 한국인의 스타성은 분명 개인과 사회의 발전 동력입니다. 그래서 지금 외국인들 사이에서는 '한국에서 살면 예뻐진다', '한국에 가면 사람이 업그레이드된다'는 말이 번지고 있을 정도입니다. 한국인의 스타성은 비단 외모에만 국한되지 않습니다. 지적 능력, 예능감, 세계관 등을 모두 포함합니다. 간혹 이러한 스타성은 사회적 압력으로 작용하기도 하고 시대에 역행하는 요소가 되기도 합니다. 이러한 스타성의 역사도 오래되었습니다.

최치원

한국인의 정서에 큰 영향을 끼친 스타가 있습니다. 바로 고운孤雲 최치원崔致遠입니다. 최치원은 지금의 알파맨alpha man, alpha male입니다. 『최치원 설화崔致遠 說話』에 나오는 최치원을 살펴 보겠습니다.

최치원이 12세에 당나라에 들어가 과거에 급제한 뒤 율수현(溧水縣)의 현위(縣尉)가 되었는데, 항상 고을 남쪽의 초현관(招賢館)에 가서 놀았다. 초현관 앞에는 쌍녀분(雙女墳)이라는 오래된 무덤이 있었는데, 예로부터 많은 명현들이 노는 곳이었다.

어느 날 최치원이 쌍녀분에 관한 시를 지어 읊었더니, 홀연히 취금(翠襟)이라는 시녀가 나타나 쌍녀분의 주인공인 팔낭자(八娘子)와 구낭자(九娘子)가 최치원의 시에 대해 화답한 시를 가져다주었다. 시를 읽고 감동한 최치원이 다시 두 여인을 만나고자 하는 시를 지어 보내고 초조히 기다리노라니, 얼마 뒤 이상한 향기가 진동하면서 아름다운 두 여인이 나타났다.

서로 인사를 나눈 뒤에 최치원이 두 여인의 사연을 듣고자 하였다. 원래 그들은 율수현의 부자 장씨(張氏)의 딸들로, 언니가 18세, 동생이 16세 되던 해에 그녀들의 아버지가 시집보내고자 언니는 소금 장수에게, 동생은 차(茶) 장수에게 정혼하였다. 그러나 그녀들의 뜻은 달랐기에 아버지의 뜻을 따를 수 없었고, 그 때문에 고민하다가 마침내 죽게 되었다. 그리하여 두 여인을 함께 묻고 쌍녀분이라 이름하게 되었다고 한다. 이렇게 한을 품고 죽은 그녀들은 마음을 알아줄 사람을 찾았으나 만나지 못하다가, 마침 최치원 같은 수재를 만나 회포를 풀게 되어 기쁘다고 말하였다.

세 사람은 곧 술자리를 베풀고 시로써 화답하여 즐기다가 흥취가 절정에 이르자, 최치원이 서로 인연을 맺자고 청하니 두 여인 또한 좋다고 하였다. 이렇게 즐기다가 달이 지고 닭이 울자, 두 여인은 이제 작별할 시간이 되었다면서 시를 지어 바치고는 사라져 버렸다. 최치원은 다음날 지난밤 일을 회상하며 쌍녀분에 이르러 그 주위를 배회하면서 장가(長歌)를 지어 부른다. 그 뒤 최치원은 신라에 돌아와 여러 명승지를 유람하고 최후로 가야산 해인사에 숨어 버린다.

그림 21. 고운 최치원 (출처: 조선명현초상화)

최치원은 12세에 당나라로 유학을 떠났습니다. 6두품 출신의 최치원은 어린 나이에 유학을 떠나 외국에서 과거 급제를 하고 권력의 울타리로 진입했습니다. 최치원의 일대기는 천재에 자수성가한 인물이 등장하는 매력적인 스토리입니다. 그래서인지 당나라인들의 질투를 한 몸에 받고 고생고생하다 스물넷 나이에 고변高駢의 종사관이 되고 나서야 「토황소격문討黃巢檄文」을 쓰고 문명을 떨쳤으나 이내 신라로 귀국했습니다.

여기까지만 봐도 상당한 경력입니다. 최치원은 당나라에서 독살을 당할 뻔하기도 했고 유배도 보내졌습니다. 대필가 노릇도 한 모양입니다. 그러나 천재적인 문장력으로 당대 최고 선진국인 당나라에서 이름을 날렸으니, 사람들의 존경과 부러움을 살 만합니다. 그러나 신라로 귀국하여 헌강왕과 진성여왕 시대를 거치면서 최치원은 신라에 대해 환멸을 느끼고 898년 관직에서 물러났습니다.

이 비운의 천재는 고려 때부터 본격적으로 우상화되기 시작했습니다. 이는 신라대를 거쳐 고려대에도 최치원의 경력이 그만큼 매력적이었음을 보여줍니다. 조선 시기에 들어와 퇴계 이황과 율곡 이이가 이런 우상화에 제동을 걸었습니다. 숭유억불 정책을 펴는 조선 정부가 유·불·선의 융합을 주장했던 최치원을 가만히 둘 수 없었기 때문입니다. 그러나 제2의 최치원이 되기를 꿈꾸던 사람들의 마음에서까지 그를 제거할 수는 없었습니다.

문文을 숭상하던 시대는 최치원의 수재다움과 문사文士적 능력을 높이 평가했습니다. 앞서 나온 『최치원 설화』에서 여인들이 최치원에게 반하는 것도 이 때문이었습니다. 최치원은 정말 다양한 주제로 여러 글을 썼습니다. 일례로 그의 문집 『계원필경桂苑筆耕』의 「헌생일물장獻生日物狀」은 인삼에 관한 글입니다. 이규보와 이색은 역사의 명문장가로 최치원을 꼽았고, 조선 중종 대의 심의沈義가 쓴 한문 소설 『대관재몽유록大觀齊夢遊錄』에는 당대를 대표하는 인물이 세상을 다스리는 이야기가 펼쳐지는데, 천자는 최치원崔致遠, 수상은 을지문덕乙支文德, 좌우상左右相은 이규보李奎報와 이제현李齊賢, 관각館閣의 요직은 김극기金克己·

이인로李仁老·권근權近·이색李穡·정몽주鄭夢周·이숭인李崇仁·유방선柳方善·강희맹姜希孟·김종직金宗直이며, 이색이 대제학으로서 문형文衡을 맡는다는 내용입니다. 이는 한반도를 살던 호모사피엔스에게 최치원의 위치가 어느 정도인지 잘 말해주고 있습니다.

중국에서 평가하는 최치원도 주목해 볼 만합니다. KBS는 〈KBS 역사스페셜-중국인은 왜 최치원을 기억하는가?〉(2012)를 기획했습니다. 시진핑習近平 중국 국가주석은 최치원을 자주 언급했습니다. 2013년 6월 한중 정상회담에서 최치원의 시詩「범해泛海」를 인용했고, 2014년 7월 서울대 특강에서도 최치원을 언급했습니다. '2015 중국 방문의 해' 개막식 행사에서도 최치원의 「호중별천壺中別天」을 직접 인용했습니다. 중국 장쑤성 양저우에는 최치원 기념관이 있습니다. 이런 이유로 어떤 이들은 최치원을 최초의 한류인으로 정의하기도 합니다.

> 『택리지(擇里志)』에서 말하였다. 쌍계사(雙溪寺)에 최치원(崔致遠)의 화상(畫像)이 있는데 계곡가의 석벽(石壁)에 최치원이 쓴 글자가 많이 새겨져 있다. 전설에 최치원이 득도하여 가야산과 지리산 사이를 왕래하였다고 한다. 대개 최치원이 김가기(金可紀), 최승우(崔承祐)와 상선(商船)을 타고 당나라로 들어가 종남산(終南山) 절에서 신천사(申天師)를 만나『내단비결(內丹秘訣)』을 얻은 뒤 귀국하여 신선술을 연마하였다고 한다. - 선불류(仙佛類),『송남잡지』

최치원은 은퇴 후 전국을 유람했는데, 지리산 쌍계사, 경주의 남산, 부산 해운대, 창원의 월영대 등에서 최치원의 흔적을 찾을 수 있습니다. 부산의 해운대는 그의 호 해운海雲에서 비롯했습니다. 금강산 외금강 구룡폭포 근처에는 '千丈白練 萬斛眞珠(천장백련 만곡진주, 천 길의 흰 비단 폭은 만섬의 진주알이다)'라는 글씨가 새겨져 있는데 고려 시대부터 조선 시대까지 약 1천 년 동안 이걸 보겠다고 그 많은 문사가 금강산을 순례했습니다.

시대를 넘어 인기를 끌었던 금강산 순례의 시작이 최치원 때문이었습니다. 조선 시대 문사들의 영수인 김종직, 남효온, 이황, 김창협이 앞장서 최치원의 흔적을 따라다니며 시를 남겼습니다. 게다가 최치원을 따라 경치 좋은 곳의 바위에 문장을 새기는 것도 유행했습니다. 최치원이 어느 정도로 한반도 호모사피엔스들에게 영향을 끼쳤는지 이제 감이 오시나요?

최치원의 정신은 고려의 최언위崔彦撝, 최승로崔承老(최치원의 손자)로 이어졌고 한국 유학 사상의 도통道統의 위상을 갖게 되었습니다. 그리고 한국 도교에서 최치원은 비조鼻祖(어떤 학문을 맨 처음으로 연 사람)로 일컬어집니다.

남주(南趎)는 곡성(谷城) 사람으로 손수 쓴 편지를 하인에게 주면서 말하였다. "지리산 청학동에서 도인과 노승(老僧)이 바둑을 두고 있었을 것이다." 하인이 편지를 올리자 도인(道人)이 웃으며 "내 이미 네가 올 줄 알고 있었다."라고 말하고 편지 한 통과 옥바둑돌을 주었다. 하인이 갈 때는 9월이었는데 돌아올 때는 2월이었다. 남주는 급제하여 전적(典籍) 벼슬을 하였다. 그가 죽은 뒤로는 바둑돌이 어디에 있는지 모른다. 도인은 바로 고운 최치원이고 중은 바로 검단선사(黔丹禪師)라고 한다. - 선불류(仙佛類), 『송남잡지』

한반도 호모사피엔스 최고의 스타 최치원은 인간을 넘어 신선이 되었습니다. 신라의 화랑이 영리하고 호방한 무인적 기질을 지닌 국내파 알파맨이라면 최치원은 섬세한 문인적 신비로움을 갖춘 유학파 알파맨이었습니다. 이 두 부류는 지금의 한국인 정서에 지대한 영향을 끼쳤습니다.

화랑

진덕왕(眞德王) 때 용모가 단정한 남자아이를 선발하여 '풍월주(風月主)'라 불렀는데, 훌륭한 선비를 구하여 무리를 만들고 효제(孝悌), 충신(忠信)을 권려(勸勵)하였다. 또 화랑(花郎)은 '시험한다'는 의미이니 옛날에 평민 가운데 준수한 사람을 뽑던 의미이다. - 과거류(科擧類), 『송남잡지』

신라의 역사에 진성왕(眞聖王)이 미남자를 선발하여 화장하고 꾸미게 하였다. 도의(道義)를 서로 연마하기도 하고 노래하고 서로 즐기기도 하니 낭도(郎徒)라고 한다. 그래서 김유신(金庾信)이 화랑(花郞)이 되었다. 혹은 국선(國仙)이라고 하니 영랑(永郞)과 같은 이가 이것이다. 지금 남자 무당을 화랑이라고 하는 것은 잘못이다. - 기술류(技術類), 『송남잡지』

속초의 영랑호永郎湖는 1530년대에 편찬된 『신증동국여지승람新增東國輿地勝覽』에 나옵니다. 영랑永郎이라는 화랑이 이 호수를 보고 감동하여 이 일대를 즐겨 찾았다고 기록되어 있습니다. 조선 시대에는 남자 무당을 화랑이라고 부르기도 했습니다. 그리고 과거를 보고 나서 3등을 하면 탐화랑이라고 불렀습니다. 1등은 장원壯元, 2등은 아원亞元 혹은 방안榜眼입니다.

『세시기(歲時記)』에서 말하였다. 진사(進士)가 살구꽃 동산에 처음 모이는 것을 '탐화연(探花宴)'이라고 하는데, 젊고 준수한 두 사람을 탐화사(探花使)로 삼는다. 만약 다른 사람이 먼저 이름난 꽃을 꺾어 가면 두 탐화사는 벌을 받는다. 지금 과거 합격자 중 삼등을 '탐화랑(探花郞)'이라고 하는 것은 여기에서 유래하였다. - 과거류(科擧類), 『송남잡지』

화랑의 전신은 소녀들로 구성한 원화源花입니다. 귀족의 아름다운 딸들로 무리를 만들어 산천 제사를 주관하도록 했습니다. 그러나 원화 남모南毛와 준정俊貞의 시기로 살해 사건이 일어나 소년들로 대체되었습니다. 화랑은 서라벌 여인들의 선망의 대상이었습니다. 김유신과 천관녀의 사랑, 미모의 왕녀를 둘러싼 설원랑, 사다함 등의 화랑 러브스토리도 많았습니다. 그중에서 김유신의 아버지인 가야 왕족 김서현金舒玄과 어머니인 신라 왕족 만명萬明의 러브스토리가 단연 최고입니다. 왕궁에서 두 사람의 결혼을 반대하자 김서현이 집을 부수고 만명을 데리고 나와 만노군萬弩郡(지금의 충북 진천)에서 김유신을 낳았습니다.

한국인의 정서 속에서 화랑은 개념 아이돌이며 영웅입니다. '화랑은 잘생기고 능력이 있다.' 게다가 '자기 신념이 뚜렷하다.'라는 점이 사람들의 마음에 어필했습니다. 화랑을 둘러싸고는 누구나 부러워할 만한 이야기가 넘쳐납니다. 우리나라 사람들이 화랑을 얼마나 좋아했던지 담배 브랜드에도 '화랑'이라고 있었습니다.

우리나라 사람들이 갖고 있는 젊고 준수한 외모에 대한 동경심이 한국인의 스타성을 만들었습니다. 한국인의 외모는 개화기에 한국을 방문했던 외국인들의 눈에도 띄었습니다. 이사벨라 버드 비숍Isabella Bird Bishop은 '한국인은 참신한 인상을 주었다. 그들은 중국인과도 일본인 두 민족보다 훨씬 잘 생겼다.'라는 기록을 『한국과 그 이웃 나라들Korea and Her Neighbours』(1898)에 남겼습니다. '전체적으로 볼 때 한국인은 잘생긴 민족이다.'라는 기록은 『한국 혹은 조선, 고요한 아침의 나라Corea or Cho-sen, The Land of the Morning Calm』에 아놀드 새비지 랜도어Arnold Henry Savage Landor가 남긴 말입니다.

스웨덴 기자 아손 그렙스트W. A:SON GREBST는 1912년 스웨덴어로 출간한 『한국에서: '고요한 아침의 나라'에 대한 기억과 연구I KOREA, MINNEN OCH STUDIER FRÅN "MORGONSTILLHETENS LAND"』에 한국인의 외모와 인상을 다음과 같이 기록했습니다.

> 전형적인 몽골 인상의 한국인들은 온화하고 무관심한 얼굴 표정이었다. 피부색은 연노랑에서 검붉은 구리색까지 다양했다. 한마디로 말해서 그들은 사람 좋다는 인상을 주었고, 신체가 잘 발달되었고 균형 잡혀 있었다. 태도는 자연스럽고 여유가 있었다. 똑바로 치켜 올린 얼굴은 거침없이 당당했다. 걸음걸이는 힘차 보였으며 의식적으로 점잔을 빼는 듯했다.

화랑은 '잘남'의 한국인 스타성을 가장 잘 말해줍니다. 실제로 지금도 많은 이들에게 화랑은 인생의 목표입니다. 화랑처럼 출중한 외모, 예능 역량, 건장한 체격, 그리고 가문 배경까지 갖추고 싶어 합니다. 무엇보다도 한국인의 스타성은 지식에 근거합니다. 다시 말해 지적 능력입니다. 그리고 이 지식 추구형 한국인 상은 무엇보다도 과거제도를 통해 폭발적으로 발현되기 시작했습니다. 이런 점에서 우리는 아직도 조선에 살고 있는 것인지 모릅니다. 한편 대한민국 육군사관학교의 별칭이 1957년 3월 16일 '화랑대'로 제정되었습니다. 화랑도의 정신을 계승한 군인정신의 면모를 보여주자는 취지였습니다.

과거

『고려사(高麗史)』에서 "광종(光宗)이 주(周)나라 사람 쌍기(雙冀)의 건의를 써서 시(詩)·부(賦)·송(頌)·시무책(時務策)으로 진사(進士)를 뽑고 명경과(明經科)로 생원(生員)을 뽑고 의약(醫藥)·복서(卜筮) 등의 분야에 시험을 보게 하였는데, 최섬(崔暹)이 급제하였다."라고 하였다. - 과거류(科擧類), 『송남잡지』

과거科擧란 시험 종류인 '과'목科目에 따라 '거'용擧用한다는 뜻입니다. 우리나라 최초의 과거급제자는 최섬崔暹이었습니다. 그리고 최초의 과거 시험에서 진사에 급제한 사람이 한 명 더 있었습니다. 후에 진긍이라는 사람으로 밝혀졌습니다.

우리나라 최초의 인재선발 시험 제도는 통일 신라 788년(원성왕 4)에 실시된 독서삼품과讀書三品科입니다. 그러나 시험을 통해서 인재를 선발하여 관료화하는 독서삼품과는 골품제라는 신분제 하에서 실시되었으므로 한계가 있었습니다. 그리고 고려의 과거제가 956년(광종 9)에 처음으로 실시되었습니다. 과거제도 도입과 시행의 목적은 권력 구조의 재편에 있었습니다. 그러므로 과거제도는 권력 쟁취를 위한 또 다른 길이었습니다. 서양이나 일본 등 다른 문화권에서 찾아볼 수 없는 공정한 인사 평가 시스템이었을지는 모르겠지만 어쨌든 과거는 시험을 위한 공부의 승부처로 전락했습니다. 시행 초기의 건전함과 신선함이 퇴색하여 과거제는 1894년(고종 31) 갑오개혁으로 폐지되었습니다.

승부에 관해서도 우리는 할 말이 많습니다. 어떤 것으로든 승부 걸기를 좋아하는 민족이 한국인입니다. 역사적으로 대표적인 승부처가 바둑이었습니다. 바둑은 나라의 운명을 바꾸기도 했습니다. 역사에 기록하기를 백제의 21대 왕 개로왕이 바둑을 좋아했는데, 결국 바둑 때문에 죽었습니다. 『삼국사기三國史記』를 보면 고구려 장수왕의 스파이였던 도림道琳이 개로왕을 바둑으로 유인했고, 이를 틈 타 고구려는 백제로 총공격을 해 개로왕을 살해했다고 나옵니다. 바둑에서 유래한 말들도 많습니다.

> "진준(陳遵, 한나라 사람)의 조부 진수(陳遂)가 선제(宣帝)와 바둑을 둬서 자주 졌기 때문에 재물을 올렸다."라고 하였는데, 그 주석에서 "진(進)은 진수(陳遂)가 져서 진상한 재물이다."라고 하였다. 지금도 '지다(進)'라고 한다. – 방언류(方言類), 『송남잡지』

'지다'라는 말이 이렇게 나온 것이었습니다. 영화 〈승부〉(2025)에 이런 말이 나옵니다. "지더라도 기세氣勢는 잃지 마라." 기세를 갖고 있으면 다음을 준비할 수 있습니다. 이 영화에서 조훈현(배우 이병헌)은 "실전에서는 기세가 8할이야. 설령 승부에서 지더라도, 기세에서는 밀리면 안 돼."라고 말합니다. 영화 〈기생충〉(2019)에도 같은 말이 나옵니다. 여기서 주인공 김기우(배우 최우식)는 "실전은 기세야."라고 합니다. 참고로 '8할이…'라는 표현은 시인 미당 서정주의 시「자화상」에 나오는 구절 '나를 키운 건 8할이 바람이었다'에서 비롯되었습니다.

호구虎口라는 말은 주변이 적 돌로 둘러싸여 있고 한쪽만 트인 상태입니다. 바둑에서 매우 약하고 위태로운 처지입니다. 요새는 이용해 먹기 좋은 사람을 말하기도 합니다. 이런 사람에게는 '호갱님'이라는 말도 많이 쓰입니다. 호구와 고객님을 합친 단어입니다. 국면局面은 바둑판局의 모양面을 말합니다. 정치와 경제를 논할 때 자주 쓰는 단어입니다. 포석布石은 바둑에서 처음 돌을 벌려 놓는 일입니다. 초반에 돌을 적절한 곳에 배치하는 일을 말합니다.

대마불사大馬不死란 '바둑에서는 덩치 큰 대마는 쉽게 죽지 않는다'는 뜻입니다. 어떻게든 살 길이 열린다는 말입니다. 복기復棋는 대국 내용을 처음부터 순서대로 놓아보는 것을 말합니다. 패착敗着을 찾아내어 다음 대국에서 같은 실수를 되풀이하지 않기 위함입니다.

드라마 〈미생〉(2014)에는 이런 말이 나옵니다. "이왕 들어왔으니 어떻게든 버텨봐라. 회사는 버티는 것이 이기는 곳이야. 버틴다는 건 완생으로 나아간다는 것이다. 미생, 완생. 우린 아직 다 미생이야." 바둑에서는 두 집을 만들어야 완생完生이 되고 그전에는 모두가 미생입니다. 사석死石, 즉 죽은 돌이 되지 않고 완생이 되기 위해서는 부지런히 노력하는 수밖에 없다는 말입니다.

지금 이런 바둑 용어를 일상에서 거리낌없이 사용한다는 것은 그만큼 우리가 승부를 위한 삶을 살고 있다는 뜻입니다. 요새 '신의 한 수'라는 말도 많이 쓰는데, 이는 일본어로 '神の一手かみのいって(카미노잇테)'입니다. 일본 만화 〈히카루의 바둑ヒカルの碁〉(1999)에서 유래된 신조어입니다.

> 『진서(晉書)』에서 "사안(謝安)은 사현(謝玄)보다 바둑 실력이 모자랐다. 그런데 산음(山陰)의 별서(別墅)를 내기로 걸자 적수(敵手)가 되었다."라고 하였다. 지금의 '서로 적수가 된다(相敵, 상적)'는 말이 여기에서 나왔으니, 바로 『춘추좌전(春秋左傳)』의 '필적(匹敵)'이라는 말이다. – 방언류(方言類), 『송남잡지』

위의 인용문을 보니 '비슷하거나 견줄 만하다.'라는 뜻의 '필적하다'도 바둑과 관련이 있었습니다. '비슷하다'는 원래 한쪽으로 기울어져 있다는 뜻으로 '어슷하다'와 같습니다. 여기서 '닮았다'의 뜻으로 바뀌었습니다. '어슷썰기'를 해보신 분이라면 비슷하게 써는 게 어떤 것인지 잘 아실 겁니다. '닮다'는 '달'에서 나왔습니다. 고대 한국어에서는 얼굴을 '달'이라고 했고, 얼굴을 기준으로 '닮다'와 '다르다'를 가늠했습니다. '닮다'와 '다르다'는 어원이 같습니다. 가면을 뜻하는 '탈'도 '달'에서 나왔습니다.

참고로 한국의 유명 바둑기사 이세돌의 이름은 '이세계 돌'이라는 의미가 있습니다. 이창호 기사는 표정이 석불 같아서 도대체 무슨 생각을 하는 건지 알 수가 없습니다. 이런 것을 '꿍심'이라고 하는데 '꿍꿍이셈'의 다른 말입니다. 남에게 드러내 보이지 아니하고 속으로만 어떤 일을 꾸며 우물쭈물하는 속셈을 가리킵니다.

다시 과거 시험으로 돌아가 보겠습니다. 시험이란 문제가 어려울수록 합격자가 돋보이는 법입니다. 과거 시험에는 상당한 시간과 노력이 필요했습니다. 과거 합격을 위한 방대한 준비 과정, 오랜 시간은 합격자의 존재감을 증폭하고 철학적, 지적 중량감을 부여합니다. 문과의 대과大科 시험을 거쳐 문관이 되기까지 적어도 15년에서 20년까지의 수학이 필요했습니다.

과거는 대개 3년에 한 번씩 개최하며, 최종 33명을 선발하기 때문에 매우 어렵고 힘든 과정이었습니다. 극소수의 합격자에게만 주어지는 세간의 스포트라이트는 신분 상승과 가문의 영광을 보증했습니다. 그래서 지금도 저 스포트라이트만을 바라보고 학력의 늪에서 빠져나오지 못하는 이들이 많습니다.

『요산당기(堯山堂記)』에서 말하였다. 구양수(歐陽脩)가 과거를 주관할 때 붉은 옷을 입은 사람이 뒤에 서서 머리를 끄덕이고 있으면 합격이 되었다. 그래서 "그저 바라건대 붉은 옷의 사람이 한 번만 머리를 끄덕이게 해주소서."라는 말이 있게 된 것이다. 지금 세상에서 "과거(科擧)의 신이 뒤로 따라와 몰래 도왔다."라고 하는 말이 바로 그것이다. - 과거류(科擧類), 『송남잡지』

이를 보면 지금 시험 날 속옷으로 빨간 내복을 입고 간다거나 시험 전에 빨간 내복을 입고 동네를 돌아다니면 합격한다는 말이 어쩌면 근거가 없는 게 아닐 수도 있겠습니다. 과거 공부를 하는 이들에게는 통금도 해제했습니다. 한국의 정서는 배움에 관대합니다.

"스승의 집에서 공부하고 돌아오는데 날이 저문 것을 깨닫지 못했습니다."라고 대답하였는데, 왕승이 "열심히 공부하려는 사람을 매질하는 것은 바로잡아 교화하는 근본이 아니다."라고 하였다. 지금 과거 공부하는 유생은 문과나 무과를 막론하고 모두 통행금지에서 면해주니, 정조 때부터 시작되었다. - 과거류(科擧類), 『송남잡지』

배움에 관대한 우리는 교육 앞에서는 만인이 평등해집니다. 시험문제와 답을 알면 누구나 가르치는 이가 될 수도 있습니다. 조선 시대 인기 강사 중에 노비도 있었습니다. '신분 사회였던 조선 시대에 어떻게 이런 일이?' 쉽게 이해되지 않는 대목입니다. 그의 이름은 정학수鄭學洙입니다. 성균관 노비 정학수가 가르치는 곳이었지만 그의 서당은 언제나 문

전성시를 이루었습니다.

바로 이 모습이 한국의 정서입니다. 양반이라고 해도 자식의 입시 성공을 위해서라면 노비에게 배우는 일도 수용했습니다. 엄격한 계급 사회에서도 입시 교육은 다른 잣대가 적용되는 영역이었습니다. 노비 정학수도 입시 교육을 통해 신분을 넘어 양반가 자제들을 제자로 받아들일 수 있었습니다. 우리나라에서 입시 교육은 '치외법권 지대', '체면의 블랙홀' 공간입니다. 정학수가 열었던 송동宋洞 서당 자리에는 1925년에 보성고등학교가 들어섰고, 지금은 서울과학고등학교가 있습니다.

고려 시대의 교육열도 대단했습니다. 이규보의 시를 보면 진 수재晉秀才(진씨 성의 생원)가 학생들을 가르쳤는데 그를 찾아온 학생들의 숫자가 대단했다고 나옵니다. 사실 이규보도 족집게 과외를 해본 적이 있었습니다. 결과는 안 좋았지만요. 이규보는 자기 아들에게도 족집게 과외를 붙였습니다. 신 씨라는 이 과외 강사는 하급 관리였는데 80세가 넘도록 학생들을 가르친 전문 강사이기도 했습니다. 역시 입시 교육에는 사회 계급이나 정년이 무의미하다는 것을 또 한 번 증명해 줍니다.

강경룡이라는 강사는 1305년 실시된 국자감시에 제자 10명을 모두 합격시켰고, 충렬왕은 강경룡에게 상을 내려 칭찬했습니다. 교육에는 공·사가 없다는 말은 이렇게 역사적으로도 사실입니다. 조선에서는 강경룡을 롤모델로 사교육을 권장하기도 했습니다. 유생 유사덕劉思德과 경상도 용궁龍宮 사람 전 감무監務 박호생朴好生이 사재로 학생들을 가르치고 있었는데 교육에 관대한 우리나라의 정서는 이때도 통했습니다.

과거제도가 불고 지나간 고려와 조선의 세월은 한반도 호모사피엔스의 유전자에 시험이라는 요소를 입력했습니다. 지금도 은연중 5급 공무원 선발을 위한 고등고시를 과거에 슬쩍 빗대기도 하고 합격자 플래카드를 걸어 온 동네에 합격자를 알립니다. 이는 고려와 조선 과거제가 남긴 시험의 습관입니다. 시험은 등급을 남깁니다. 한국의 정서로 빼놓을 수 없는 게 바로 이 등급입니다.

조선 시대에 유행했던 종정도從政圖라는 놀이에서도 이러한 등급의 정서가 나타납니다. 종정도에서는 아예 말판이 관직 계급도입니다. 한국의 고질적인 문제로 언급되는 획일화의 정서는 시험 제도도 한몫을 크게 했습니다. 내신 등급에 공무원 등급. 거기서 더 나아가 아파트 평수로 등급 나누기, 상·중·하급지 동네 등급 등등. 별의별 등급을 다 매겨 집단도 개인도 등급별로 분류하기를 좋아하는 지금 사람들의 버릇이 다 이런 것에서 시작하지 않았을까요? 금·은·동 수저 이야기는 『송남잡지』 기록에서도 보입니다. 이게 요새 들어서 난데없이 튀어나온 말이 아닙니다. 민족과 사회의 정서는 역사를 타고 흐릅니다.

『당서(唐書)』에서 말하였다. 최소(崔紹)가 갑자기 죽었다가 다시 살아나서는 말하였다. 저승에 방(榜)이 줄지어 서 있는 것은 보았는데 사람이 살아 있을 때의 성명이 쓰여있었다. 장군, 재상은 금방(金榜)이고, 다음은 은방(銀榜)이며 주현(州縣)의 말단 관리는 철방(鐵榜)이었다. 나는 "'이 세상의 방(榜)'은 부자가 되는 기술에 부지런하면 부자, 과거 공부에 부지런하면 과거 급제, 도덕에 부지런하면 도덕군자(道德君子)"라고 생각한다. - 기술류(技術類), 『송남잡지』

등급을 나누는 것을 좋아했던 우리나라와 중국 사람들의 놀이 중에 구전鬪牋이라고도 있었습니다. 이 놀이의 특징 또한 등급 나누기였습니다. 원칙적으로 사람들 모두에게 과거 응시의 기회가 있다 보니 모두가 과거 등급과 벼슬 등급에 익숙해졌습니다. 지금이나 저 때나 입시를 통해 보이는 사회 시스템을 위주로 세상을 바라보고 있었던 것입니다.

『아희원람(兒戲原覽)』에서 말하였다. 바로 '마조(馬弔)'라고 하였으니 우리나라에서는 구전(鬪牋)이라고 한다. 중국에서는 고금의 인물을 등급으로 나누어서 모두 일백이십 장의 종이 조각을 만든다. 또 '지패(紙牌)'라고도 하니 원나라 때 시작되었다. 우리나라는 역관 장현(張炫)이 이 기술을 만들었다. 대체로 중국의 놀이 규칙을 모방하되 조금 변형시켰다. 인(人)·어(魚)·조(鳥)·치(雉, 꿩)·성(星)·마(馬)·장(獐, 노루)·토(兎, 토끼) 등 여든 장으로 노소(老少)를 만들고 승부를 겨룬다. 원인손(元仁孫)이 최고수라고 한다. '두전(頭錢)'은 바로 격전(格錢)이다. 근래의 갑자골(甲子骨)·가귀(可貴)·동동(同同)은 잡기의 종류로 모두 구전(鬪牋)에서 나왔다. 그 명칭도 매우 많다. 나라에서 금지할 지경이나 막을 도리가 없다. - 기술류(技術類), 『송남잡지』

한국에서 등급을 논할 때 빼놓을 수 없는게 지금의 '나이 순서順序 문화'입니다. 아래의 『송남잡지』 기록은 나이가 순서의 기준이 되는 문화가 조선에서 시작했음을 보여줍니다.

> 식당에서의 서열에 대한 구례(舊例)는 합격의 순위를 기준으로 하였기에 비록 덕이 높고 나이가 많은 유학자라도 후학(後學)이나 나이 어린 사람의 뒤에 놓였는데 모당(慕堂) 홍이상(洪履祥)이 나이를 따지는 의리로 처음 차례를 정하니. - 이기설(理氣說), 『송남잡지』

'나이순'이 여기서 나왔습니다. 모당 홍이상이 1549년에 태어나 1615년까지 살았으니 우리나라의 '나이순' 역사는 기록상으로만 볼 때는 16세기에 시작한 셈입니다. 한국인의 나이 따지기 문화는 단연코 세계 최고입니다. 이력서에도 나이를 쓰라고 합니다. 나이를 따질 때 한국에만 있는 '빠른'이라는 말도 있는데, 한국은 학교의 첫 학기가 3월에 시작하다 보니 2월 출생자까지는 이전 연도 출생자들과 연도는 달라도 같은 나이 그룹, 즉 학교 진학 그룹으로 묶이게 됩니다. 이것이 1월, 2월생 출생자를 '빠른'이라고 부르는 이유입니다.

한국인들의 논쟁에서 "너 몇 살이야?"라는 말이 나오면 이는 곧 '전쟁을 하자'는 의미입니다. "왜 반말이야?"라는 말도 마찬가지입니다. 배우 진선규, 성유빈이 주연한 영화 〈카운트〉(2023)에서는 교장 선생님(배우 고창석)이 전화기 너머로 반말을 따지는 장면이 나옵니다. 반말은 '말을 반‡만 한다'고 해서 생긴 말입니다. 말이 짧아지는 게 반말이고 길게 돌려서 말하는 게 존댓말입니다.

   한국에서 나이가 권력인 이유를 혹자는 논농사 문화로 설명하기도 합니다. 나이가 갖는 경험으로 농사를 지어야 하기 때문에 나이가 높은 사람이 권력을 쥔다는 말입니다. 지금은 나이가 전보다 더 민감한 문제로 떠오르고 있습니다. 나이에 따라 출입이 허락되고 금지되는 경우가 많이 보입니다. 2025년 6월 12일, '5060 한국 남성의 출입을 금지한다.'라는 울산의 한 호프집의 공지 사항에 관해 인터넷에서 의견이 분분합니다. 나이가 단순히 순서를 정하는 권력 기제가 아닌 배타적 그룹화의 기준이 되었습니다. 노키즈존 No Kids Zone이 생긴 지는 한참 되었습니다.

   '급'이 맞아야 하는 일이 하나 더 있습니다. 바로 혼인입니다. 예나 지금이나 혼인은 가문 간의 일이니 '격'을 맞추어야 한다는 생각을 합니다. 따지고 보면 이런 혼인의 격, 혼인의 급도 한국인의 스타성에서 기인합니다. 스타성이 개인이 아닌 가정이라는 공동체로 확산된 양상을 보여줍니다.

혼인

지금 인터넷에 이런 말이 돕니다. 한 청년이 1년 넘게 만난 연인과 결혼 준비를 하고 있었는데 여자 집안 할아버지가 남자의 본관을 물었고, 경주 김씨라는 대답을 듣자 버럭 화를 내면서 "우리는 서경西京 정씨鄭氏라서 너희 두 사람은 혼인할 수 없다."라고 선언한 사연입니다. 이는 바로 정지상과 김부식 집안의 악연 때문입니다. 두 집안의 극단적인 대립은 『송남잡지』에도 나옵니다. 모두 다 승부에서 비롯한 이야기입니다.

고려 때에 서울의 김부식(金富軾)과 평양의 정지상(鄭知常)은 문장으로 이름을 다투었는데 정지상이 조금 나았다. 그때 과거에 정지상이 들어가지 않았다면 김부식이 의당 장원을 했을 것이다. 그래서 김부식이 허위로 정지상의 부고(訃告)를 전하고 과거장에 다음과 같은 시를 썼다. - 구기류(拘忌類), 『송남잡지』

초 다 타니 동이 트려 하고 爆盡天將曉 (폭진천장효)
문장 완성하니 계수 향기롭다 章成桂已香 (장성계사향)
뜰에 가득한 사림들 하늘하늘 滿廷人嫋嫋 (만정인뇨뇨)
장원은 누구지 誰是壯元郎 (수시장원랑)

정지상이 그 시에 다음과 같이 다시 두 글자씩 더하였다.

세 자루 초 다 타니 동이 트려 하고 三丁燭盡天將曉 (삼정촉진천장효)
팔각 문장 완성하니 계수 향기롭다 八角章成桂已香 (팔각장성계이향)
달 진 뜰에 가득한 사람들 하늘하늘 落月滿廷人嫋嫋 (낙월만정인뇨뇨)

누가 장원인지 모르겠네 不知誰是壯元郞 (부지수시장원랑)

다음날 정지상이 과연 장원을 하였다. 김부식이 묘청(妙淸)의 난을 토벌하였는데 정지상이 난에 참여하여 주살되었다. 그 뒤 김부식이 평양에 안찰사로 갔을 때의 일이다. 그때가 마침 늦봄이었는데 정지상이 밤에 살아 있을 적과 같은 모습으로 와서 말하였다. "너는 평생 네 시가 나보다 낫다고 스스로 말해왔다. 내가 지금 시를 지어 내가 한 글자도 고칠 수 없다면 네가 과연 이기는 것이다. 만약 그렇지 않다면 내가 너를 죽이겠다." 김부식이 어쩔 수 없어서 한 구를 지었다.

버들가지 천 가닥 푸르고 柳枝千絲綠 (류지천사록)
복사꽃 만 점이 붉다 桃花萬點紅 (도화만점홍)

정지상이 말하였다. "네가 어떻게 버들가지 수가 천 가닥인지 만 가닥인지, 복사꽃이 만 점인지 천 점인지 알 수 있는가? 의당 '버드나무는 가지마다 푸르고, 복숭아 꽃 점점마다 붉도다(柳包絲綴, 桃花點點紅, 류포사철 도화점점홍)'라고 고쳐야 할 것이다. 벌써 한 글자를 고쳤으니 너는 죽어 마땅하다."라고 하고는 드디어 목을 베고 가버렸다.
– 구기류(拘忌類), 『송남잡지』

끝까지 승부를 보기 위한 두 한국인의 스타성이 서로 간의 견제와 시기에서 발단해 비극적인 끝을 보고 말았다는 이야기입니다. 조선 시대에 너무도 잘난 스타 집안끼리의 싸움은 원수지간으로 발전하기도 했습니다.

또 하나의 원수지간 가문은 광산光山 이씨李氏와 연일延日 정씨鄭氏입니다. 1589년 조선 선조 때 정여립鄭汝立이 모반을 일으키려 한다는 상소가 조정에 올라왔고, 대사간 이발李潑이 이 사건에 휘말려 문초를 받다 죽게 되었습니다. 사실 이발은 이발을 마음에 들어하지 않던 선조가 죽인 것이나 다름이 없었습니다. 그렇다고 일개 가문이 왕과 척隻을 질 수는 없는 노릇이니 광산 이씨 문중의 분노는 정철을 향했습니다.

이때부터 광산 이씨와 연일 정씨 가문은 원수가 되었습니다. 광산 이씨 가문에서는 제사상에 올릴 고기를 다질 때 칼 소리에 맞춰 원수의 살을 저민다는 의미로 "정철정철…"이라면서 고기를 썰었다고 합니다.

여흥驪興 민씨閔氏는 인동仁同 장씨張氏와 앙숙입니다. 인현왕후와 장희빈의 갈등 때문입니다.

> 박현석(朴玄石)의 『숭효록(崇孝錄)』에서 말하였다 심온(沈溫)이 죽을 때 "내 자손은 내 비록 박은(朴訔)과 절교까지는 하지 않더라도 혼인은 하지 마라."라고 유언하였다. 그가 죽게 된 데에는 평도공(平度公)이 결정적인 역할을 했기 때문이다. 평도공은 바로 박은이다. 그 뒤로 서로 혼인하면 좋지 않았다. - 가취류(嫁娶類), 『송남잡지』

이 이야기는 『연려실기술燃藜室記述』, 『기재잡기寄齋雜記』에도 나옵니다. 박은은 충녕대군이 세자로 책봉될 무렵부터 심온과 대립했습니다. 개국공신 박은이 세종의 장인인 심온을 시기해 상왕 태종으로 하여금 사약을 내리게 만들었다고 하는데, 심온이 태종이 상왕으로 물러나고도 병권을 내놓지 않는다는 것을 비판했다는 이유로 벌어진 이 사건은 훗날 박은의 무고로 밝혀졌습니다.

이 사건의 배후는 태종이었을 가능성이 높습니다. 강력한 왕권을 위해선 외척 세력을 제거해야 한다고 생각했던 태종은 자신의 처가인 여흥 민씨 집안을 몰락시키기도 했습니다. 조선 시대 외척 집안의 몰락에 왕이 개입한 사례는 더러 나옵니다.

원수 관계에 있는 집안을 기록한 것이 『세혐보世嫌譜』입니다. 오랜 세월 척진 집안을 혐가嫌家, 수가讐家 등으로 표현했습니다. 세혐보는 조선 후기로 갈수록 성행했습니다. 여기서 조선 시대 원수 집안을 한 번 더 보겠습니다. 공교롭게도 모두 묫자리, 묘지명과 관련이 있습니다.

1614년 영의정 심지원沈之源이 고려 시대 윤관尹瓘 장군의 묘 근처에 부친의 묘를 만들고 주변을 집안 묘역으로 조성한 것이 문제가 됐습니다. 윤관 장군이 죽고 500년이 지난 이때는 묘비가 사라지고 무덤도 분간하기 어려운 상황이었다고 합니다. 뒤늦게 윤관의 후손들이 조상 묫자리를 찾겠다며 심지원 부친의 묘 주변을 파헤쳤고, 이를 본 청송靑松 심씨沈氏 측이 반발하면서 400년이 넘는 싸움이 시작되었습니다. 영조도 중재에 나섰다가 실패했고, 파평坡平 윤씨尹氏 인사가 영조의 중재를 거부했다가 태형으로 사망하기도 했습니다. 심지원은 청송 심씨입니다.

청송 심씨와 묏자리를 다툰 파평 윤씨는 은진恩津 송씨宋氏와도 갈등이 있었습니다. 윤증尹拯이 아버지 윤선거의 묘지명을 우암尤庵 송시열宋時烈에게 부탁했는데 윤선거는 과거 송시열과 다투던 남인 윤휴尹鑴를 두둔했었습니다. 이를 마음에 품고 있던 송시열은 윤선거의 묘지명에 병자호란 당시의 행적을 비난했고, 윤증은 분노했습니다. 이때부터 두 집안은 원수지간이 되었습니다.

한편 조선 시대에 묏자리 문제는 상당히 복잡하고 큰 이슈였습니다. 이에 대한 해결책을 제시한 약천 남구만, 오리 이원익 집안을 보면 시대를 뛰어넘은 혜안을 볼 수 있습니다. 『송남잡지』에는 이들의 행적이 기록되어 있습니다.

> 약천(藥泉) 남구만(南九萬)이 자손들에게 "내가 산릉도감(山陵都監)에 있을 때 옛 무덤을 여러 번 파보았다. 관이 물에 잠겨있거나 불에 탔어도 그 집안이 부귀한 경우도 있었고, 관에 운화(雲花)가 나도 그 후손이 곤궁하고 굶주리는 경우도 있었으니 알 수 없는 것이 땅의 이치이다. 우리 가문의 친족들은 선영(先塋)을 동그랗게 모으고, 다만 비석을 세워 표시하였다. 그래서 유독 새로 묏자리를 차지하려고 소송을 일으키는 폐단은 없었다고 한다."라고 훈계하니, 오리(梧里) 이원익(李元翼) 가문의 훈계와 같다. - 상제류(喪祭類), 『송남잡지』

지봉 이수광이 말하였다. 우리나라는 옛날부터 생사(生祠)가 없었는데, 완평(完平) 이원익(李元翼)이 관서관찰사(關西觀察使)가 되어 백성들에게 사랑을 베풀자 생사당이 비로소 세워졌다. - 상제류(喪祭類), 『송남잡지』

오리 이원익은 동고東皐 이준경李浚慶의 문인으로 남인 계열이었지만 정적政敵들로부터도 인정을 받았습니다. 임진왜란에서 의병들과 합세하여 전세를 바꾸었고 이순신을 구명하여 임진왜란을 극복했습니다. 또한 대동법大同法의 실질적인 창시자였습니다. 류성룡柳成龍, 최명길崔鳴吉, 김육金堉과 함께 조선 중기를 대표하는 실무형 관료입니다. 그리고 대단한 청백리였습니다. 그래서 조선 후기 학자 남학명南鶴鳴의『회은집晦隱集』에 '이원익은 속일 수는 있지만 차마 속이지 못하겠고, 류성룡은 속이고 싶어도 속일 수가 없다.'라는 말이 있습니다.

음악

옛날 우리나라 사람들의 승부 근성은 문자를 얼마나 잘 요리하는가에서 보입니다. 이런 현상은 시詩의 힘에서 명확하게 나타납니다. 시를 쓸 수 있느냐 없느냐는 개인의 문기文氣를 가르는 기준이었습니다. 앞서 살펴본『최치원 설화』에도 시의 힘이 드러납니다. 김부식과 정지상의 일화에서도 볼 수 있듯이 시의 힘은 막강했습니다. 조선 성종 시대의 홍문관 교리 최부崔溥의 『표해록漂海錄』에도 최부가 명나라에 표착했지만 시를 지을 수 있다는 사실이 밝혀지면서 목숨을 잃지 않았다는 기록이 나옵니다. 오히려 최부에게 시를 받고자 했던 중국 관료도 있었습니다.

그 옛날에 이러한 시의 힘 못지않게 강력한 힘이 있었으니 바로 음악의 힘이었습니다. 음악의 힘은 그 사회의 문명도文明度였습니다. 한국인은 음악, 노래에 진심입니다. 그리고 음악의 힘으로 문명을 선진화시켰습니다. 지금 한류의 핵심에도 K-팝K-Pop이 있습니다.

『집운(集韻)』에는 "진(秦)나라 사람들은 의리가 없어 부자(父子)가 슬(瑟)을 두고 싸우다가 반씩 나누었기에 '쟁(箏)'이라는 이름이 붙었다."라고 하였다. 지금은 '가얏고 슬(伽倻鼓 瑟)'이라고 훈석한다. 어떤 이는 고운(孤雲) 최치원(崔致遠)이 가야산(伽倻山)에 들어가서 그것을 만들었다고 한다. - 음악류(音樂類), 『송남잡지』

최치원은 못 하는 게 없었습니다. 가야금 연주도 수준급이었습니다. 최치원은 음악에서도 두각을 나타낸 스타 한국인이었습니다.

백제 무왕(武王)이 성 남쪽에 연못을 파고 이십 리 밖에서 물을 끌어대서 못 가운데 섬을 만들었는데 바다 위의 선산(仙山)과 사자하(泗沘

河)에 있는 사안(四岸) 암곡(巖谷)을 모방하여 이름난 꽃들을 섞어 심고 왕이 술에 취해 노래하고 거문고를 타며 종자들을 춤추게 했다.
- 지리류(地理類), 『송남잡지』

백제에서도 거문고가 인기였습니다. 고구려, 신라, 백제 모두 음악을 귀하게 여겼고, 또 음악을 사랑했습니다. 지금의 한류를 대표하는 분야로 음악을 꼽는 데에는 모두 이런 역사가 있었습니다.

신라의 역사에서 "자비왕(慈悲王) 때에 백결선생(百結先生)이 영계기(榮啓期, 춘추 시대 사람)의 사람됨을 흠모하였다. 거문고로 방아 찧는 소리를 내서 아내를 위로하니 세상에서는 대악(碓樂)이라고 하였다."라고 하였다. 지금 용가(舂歌)를 '방아타령(房阿打슈)'이라고 하는데, 방아를 찧는 사람들이 절구공이 소리로 일을 권면(勸勉)하니 그 유래가 오래되었다. - 음악류(音樂類), 『송남잡지』

거문고 소리로 방아를 찧는[舂, 요] 소리를 냈다는 것은 적극적인 가상성 구현의 실재입니다. 실제로 존재하지는 않는 실재를 실제로 존재하는 것으로 느끼게 하는 것이 가상성의 본질입니다. 저 당시에 대중은 이미 시뮬라크르simulacre(가상)를 이해하고 있었다고 볼 수 있습니다.

신라 역사에 보고(寶高)라는 사람이 지리산으로 들어가 거문고를 오십 년 동안 배우자 검은 학(玄鶴)이 와서 춤을 추었기에 마침내 '현학금(玄鶴琴)'이라고 이름을 지었다고 한다. 지봉 이수광이 "우리나라에서 지금 금(琴)을 현금(玄琴)이라고 하는 말이 이것이다."라고 하였다. - 음악류(音樂類), 『송남잡지』

신라의 거문고 음악은 옥보고玉寶高로부터 비롯합니다. 옥보고는 홀로 지리산 운상원雲上院에 들어가 거문고 익히기를 50년 하면서 30여 곡을 지어서 제자인 송명득續命得에게 전해주었습니다. 송명득은 자신의 가락을 귀금貴金에게 전해주었고, 귀금 역시 지리산에 들어가 거문고 익히기에 전념하느라 세상에 나오지 않았습니다. 이를 걱정하던 신라의 임금은 윤흥允興을 보내 거문고 음악을 서둘러 계승하라고 명하였습니다. 남원에 도착한 윤흥은 안장安長과 청장淸長이라는 소년 두 명을 선발하여 지리산으로 보내 귀금에게 거문고 가락을 배워 오도록 했습니다. 귀금 선생은 〈표풍飄風〉 등 3곡을 전해주었다고 합니다. 지금 보면 저 두 명이 엔터테인먼트 기획사의 '연습생'이나 다름없었습니다. 이후 안장은 그의 두 아들 안극상安克相과 안극종安克宗에게 이 가락을 전했습니다. 이러한 역사적 사례를 보면 한국인의 정서에 음악이 얼마나 탄탄하게 박혀 있는지 알게 됩니다. 한국인은 음악을 귀하게 여겨 왔습니다.

고구려에는 거문고의 대가 왕산악이 있었습니다. 거문고라는 글자의 연원에 대해서는 고구려를 뜻하는 '굼'과 현악기를 뜻하는 '고'가 합성된 이름이라는 설과 왕산악이 거문고를 타니 검은 학이 내려와 춤을 추었다고 해서 '검은학금'으로 불렀다가 나중에 학자를 빼고 '거문고'라 불렀다는 설이 있습니다.

거문고는 중국에서 칠현금이 유래되어 변형되었다는 설이 있는데, 황해도 안악 지역에서 발굴된 제3호분 벽화와 중국 지린성吉林省 지안현集安縣 퉁거우의 무용총 벽화에 현악기 그림이 있는 것을 보면 이미 고구려에는 거문고로 불렸던 현악기가 있었을 것으로 추정할 수 있습니다.

우륵은 가야국 가실왕嘉實王 때 활약한 가야금의 시조입니다. 가야국 성열현省熱縣에 살다가 지금의 경북 고령인 대가야大伽倻로 옮겨 궁중악사로서 가야의 음악과 춤, 노래 등을 발전시켰습니다. 이때 가실왕은 부근 여러 지역에서 사용되었던 악기를 가야금의 형태로 통일하고 각 지역의 음악적 특징을 담은 12곡을 짓게 했습니다. 12곡은 〈하가라도下加羅都〉,〈상가라도上加羅都〉,〈보기寶伎〉,〈달기達已〉,〈사물思勿〉,〈물혜勿慧〉,〈하기물下奇物〉,〈사자기師子伎〉,〈거열居烈〉,〈사팔혜沙八兮〉,〈이사爾赦〉,〈상기물上奇物〉입니다.

'여러 나라 방언이 서로 다르거늘 어찌 음악이 같을 수 있겠는가?'라는 가실왕의 음악관에 따라 각 지방의 고유 음색으로 작곡했을 것으로 생각됩니다. 『송남잡지』에도 장소와 소리에 관한 이런 생각을 읽을 수 있는 기록들이 있습니다.

『회남자(淮南子)』에서 말하였다. 토지는 각각의 종류대로 사람에게 영향을 끼친다. 맑은 물가에 사는 사람의 음성은 작고 흐린 물가에 사는 사람의 음성은 크다. 급류(急流)가에 사는 사람의 음성은 가볍고 완류(緩流)가에 사는 사람의 음성은 무겁다. 어떤 사람은 "지금 기호(畿湖, 경기도와 충청도) 사람들은 이와 혀 사이로 소리를 많이 내고 해서(海西)와 관서(關西, 평안도와 황해도 북부) 사람들은 혓소리를 많이 내고 영남 사람들은 목구멍 소리를 많이 낸다."라고 말한다. – 음악류(音樂類), 『송남잡지』

우리나라의 성음(聲音)은 팔도가 다르다. 오로지 영남의 성음은 우리나라의 옛 음이지만 양서(兩西, 평안도와 황해도)는 중국이나 야인(野人)과 통하기 때문에 중국의 오랑캐 소리와 섞였다고 한다. – 문방류(文方類), 『송남잡지』

대저 우리나라의 성음(聲音)은 팔도(八道)의 언어 중에 앞이 높고 뒤가 낮은 것도 있고, 뒤가 높고 앞이 낮은 것도 있다. – 방언류(方言類), 『송남잡지』

자연과 감응하고 공명하는 한국인의 정서는 이런 관찰에서 비롯했습니다. 여러 지역이 제각각의 색깔을 갖고 있었으므로 이런 특징을 모두 살리는 음악을 만들려고 했던 게 가실왕과 우륵의 목표였습니다. 이들의 세계관이 대대로 지금의 한류 음악가에게 전해져 세계로 퍼져나갔습니다. 한류는 이미 한국을 떠났습니다. 한류가 버내큘러 vernacular(자연스럽게 생겨난 자생적이고 토속적인 것)로 변모한 지 오래입니다. 우륵이 작곡한 12곡 중 9곡이 지방의 이름입니다. 가실왕과 우륵의 세계관과 작곡 활동은 세종대왕의 한글 창제 철학에 비교할 수도 있습니다.

여기서 세종대왕과 관련한 재미있는 『송남잡지』 기록을 하나 보겠습니다.

> 조선 언서의 글자 모양은 전부 범어(梵語)의 글자를 모방하였으니, 처음 세종의 예지(叡智)에서 비롯되었다. 살펴보건대, 세종이 병인년(1446)에 측간에 갔다가 측주(廁籌)가 종횡으로 된 것을 보고 반절(反切)을 창제하였다. 처음 시행될 때 '훈민정음(訓民正音)'이라고 하였다. - 문방류(文方類), 『송남잡지』

측주는 변소에서 밑씻개로 사용하는 대나무 조각입니다. 세종대왕이 깨우침을 얻은 곳이 바로 화장실이었다니 놀랍습니다. 여러분은 이런 사실을 알고 계셨나요? 작은 것도 눈여겨보는 공부 습관은 여러분은 물론이고 세상도 바꿔 놓을 수 있습니다.

다시 우륵 이야기입니다. 신라로 망명한 우륵은 진흥왕의 지원 아래 지금의 충주에 자리를 잡고 신라인 세 명(계고, 법지, 만덕)에게 음악, 춤, 노래를 전했습니다. 충주의 탄금대彈琴臺가 우륵이 '가야금을 연주했다'는 뜻에서 나온 이름입니다. 우륵이 처음에 지은 곡은 빠르고 복잡하다고 전해집니다. 캐논 변주곡Canon Variation 같은 느낌이었을까요? 고故 신해철의 〈그대에게〉(1988) 같은 멜로디였을까요? 콜드플레이Coldplay의 〈Viva La Vida〉(2008) 같았을까요?

지금도 고령군 쾌빈리(금곡)에는 우륵 전설이 전해지고 있습니다. 가야금 소리가 정정하게 들린다고 해서 마을 이름도 정정골입니다. 가야금은 9세기에 일본으로 전해지기도 했습니다. 가야에서 만든 가야금이 신라에서 전해졌다는 뜻에서 '신라금新羅琴, しらぎこと(시라기고토)'이라 부릅니다. 지금은 일본의 왕실 창고인 쇼소인正倉院에 3점이 보관되어 있습니다. 금니신라금金泥新羅琴, 금박신라금金薄新羅琴, 동대사명 신라금東大寺名 新羅琴입니다. 김훈의 소설 『현의 노래』(2004)는 우륵의 일대기를 그린 작품입니다.

한국의 음악사에서 빼놓을 수 없는 인물이 있습니다. 바로 백결百結입니다. 백결은 현순백결懸鶉百結의 줄임말입니다. '옷이 닳아 해져서 백百 군데나 기웠다'는 뜻입니다. 백결의 본명은 박문량朴文良입니다. 아버지 박제상은 충절을 지키다 왜국에서 순국했습니다. 고려 때 죽송竹松 오서진塢徐甄, 운곡耘谷 원천석元天錫, 운월제雲月齊 신현申賢이 박문량에 관한 기록을 남겼습니다. 박제상과 박문량 집안은 영해寧海 박씨

朴氏 가문입니다. 영해 박씨 가문은 화랑도와 깊은 관련이 있습니다. 김시습이 강원도에서 함께 교유한 박계손朴季孫도 영해 박씨입니다. 조선 시대 김시습과 박계손이 수양대군의 왕위 찬탈에 반발해 함께 강원도에 은거했다는 사실은 신라에서 시작한 영해 박씨 가문의 화랑도가 조선에까지 이어져 왔다는 데에 대한 근거가 될 수도 있습니다.

화랑도는 삼국통일을 이룬 승전국 신라에서 조선으로 이어졌던 정신이지만 고구려와 백제에도 이와 비슷한 조직이 있었습니다. 고구려의 조의皂衣·선인仙人과 백제의 무절武節입니다. 이름과 모습은 달랐지만 모두 한국의 '현묘한 도道'의 정서를 만들어낸 이들이었습니다. 조선에서 선비 정신이라고 명명된 그것입니다. 지금 원광대학교 김종학의 연구에 따르면 고구려의 조의·선인은 한국 민족정신의 표상이라 할 수 있는 화랑도 정신과 선비 정신의 전신前身이고, 고조선으로 거슬러 올라가는 민족 고대 신앙인 수두교에 그 연원을 두고 있다고 할 수 있습니다. 또한 이는 동양철학사 관점에서 묵가墨家와 유사합니다.

5장

어벤져스 한국인

『송남잡지』가 재밌는 이유는 당시를 살던 사람들의 구체적 행적이 고스란히 남아 있기 때문입니다. 저자 송남은 조선 후기, 당시 알아야 했던 사람들을 기록했습니다. 지금은 유명하지 않으나 170여 년 전에는 누구라도 알았을 법한 인물들입니다. 이들의 행적에서 보이는 특성을 이용해서 한국판 마블 코믹스Marvel Comics를 만들어본다면 누가 등장할까요? 한반도의 인물로 영웅극을 한 편 만들 때 여러분이라면 누구를 캐스팅하실 건가요? 영화 〈익스펜더블The Expendables〉(2010)처럼 말입니다. 외적, 귀신, 요괴와 싸워 맞서야 합니다.

　멀티버스Multiverse 개념을 이용해 시간대를 교차해 만든 한국의 영화와 드라마가 꽤 있습니다. 물리적 타임머신을 기계로는 만들 수는 없지만 글과 영상이라는 가상 세계 속에서는 얼마든지 구현해 낼 수 있습니다. 디지털 기술이 나타나기 이전 삼국 시대, 고려 시대, 조선 시대를 살던 호모사피엔스들은 문자라는 테크놀로지를 이용해서 이와 같은 타임슬립Time Slip 콘텐츠를 만들었습니다.

　조선 시대 몽유록夢遊錄 소설에는 이미 한반도 어벤져스Avengers(지구를 지키기 위해 활동하는 슈퍼 히어로)가 나타나 있습니다. 당시 조선을 휩쓸었던 놀이도 어벤져스 류의 장르였습니다. 조선대 몽유록 소설에서 저자들은 내로라하는 한반도의 영웅들을 한데 집결시켜 무적군단을 결성

합니다. 이런 가상성은 우리 인류의 DNA로 자리 잡았습니다. 참고로 '내로라하다'는 '나이로다'+'하다'라는 결합어입니다. 바로 '나라고 (자신 있게) 하다.'라는 의미입니다. 자, 어벤져스 한국인을 시작해 볼까요? 귀신과 한판 대결을 벌이는 남이 장군과 안종약 장군이 가장 먼저 출격합니다.

> 남이(南怡)가 길을 가다가 보자기에 홍시를 싸서 지나가는 조그만 계집종을 보았다. 그런데 그 보자기 위에는 얼굴에 분을 바른 여자 귀신이 앉아 있었건만 사람들은 모두 보지 못하였다. 남이가 괴상하게 생각하고 시험 삼아 좇아가 보니 그들은 권람(權擥)의 집으로 들어갔는데 얼마 뒤에 곡소리가 났다. 연유를 물어보니 아기씨가 감을 먹고 갑자기 죽었다는 것이었다. 남이가 보기를 청하니 과연 그 귀신이 아기씨의 가슴에 걸터앉아 있다가 남이를 보더니 달아났고 아기씨는 일어나 앉았다고 한다. - 기술류(技術類), 『송남잡지』

순조 시대에 뽑은 조선 시대의 분야별 1위 인물이 '무용武勇에 남이, 지략智略에 이순신, 덕德에 퇴계 이황'이었습니다. 남이는 태종의 외증손입니다. 세조 6년, 18세로 등과하였고 이시애의 난에서는 사자위장獅子衛將으로 참전, 화살을 맞아도 끄떡없었습니다. 조선 최고의 무용을 자랑했던 통에 명나라 사신이 남이의 활 쏘는 모습을 보고 싶다고 했을 정도였습니다. 불과 25세의 젊은 나이에 선봉장으로 무공을 세웠고 최연소 병조판서가 되었습니다.

참고로 '끄떡없다'와 같은 뜻의 '말짱하다'의 말짱은 깨끗하거나 온전하다는 뜻입니다. '맑다 淨(정)'에서 '다'가 빠져, '맑 정', '말짱'으로 변화되었을 법합니다. 이처럼 한자어의 음과 훈(뜻)을 함께 읽고 하나의 단어로 묶어 수용한 의식의 사례는 '누를 황黃'에서도 보입니다. 원래는 누르스름한 색깔을 나타내는 말이지만 힘을 주어 무언가를 '누른다'는 의미로도 해석했던 사람들이 있었습니다. 조령鳥嶺, 추풍령秋風嶺, 죽령竹嶺에서도 보입니다. 한양으로 과거를 보러 갈 때 추풍령은 '추풍' 낙엽처럼 떨어진다고 해서, 죽령을 '죽죽' 미끌어진다고 해서 선비들은 이 고개로 다니지 않았습니다. 그러나 조령은 새재, 문경새재로도 불렸는데, 이 고개는 '경사스러운 소식을 듣는다.'라는 뜻의 문경聞慶이어서 과거 급제의 희망을 주는 곳으로 여겼습니다. 말의 변화는 사람의 이런 의식과 경험을 바탕으로 제각각의 발음으로 일어납니다. 말의 원류를 알아야 하는 이유이기도 합니다. 아, 여기서 말은 올라타는 말馬이 아니라 입으로 내뱉는 말言語입니다.

위의 『송남잡지』 기록에서 귀신 쫓는 사건으로 남이는 권람의 사위가 되나 이때 귀신이 앙심을 품고 후에 남이의 시詩를 조작하여 남이를 죽음에 이르게 했다고 전해집니다. 문제의 시를 한 번 보겠습니다. 남이南怡가 쓴 「북정시北征詩」입니다.

백두산의 돌은 칼을 갈아 다하고 白頭山石磨刀盡 (백두산석마도진)

두만강의 물은 말을 먹여 없애리. 豆滿江水飮馬無 (두만강수음마무)
남아가 스물에 나라를 평정치 못하면 男兒二十未'平'國 (남아이십미평국)
후세에 누가 대장부라 칭하랴. 後世誰稱大丈夫 (후세수칭대장부)

라는 시를 지었는데, '平(평)' 자를 '得(득)' 자로 고쳐서 옥사(獄事)를 일으켰다. - 문방류(文方類), 『송남잡지』

이 「북정시」에 '미평국未平國'이란 글귀가 나오는데 이를 귀신이 '미득국未得國'으로 바꿨다는 에피소드가 전해집니다. 이렇게 '나라를 평정하지 못하면'을 '나라를 얻지 못하면'으로 해석되도록 글자를 바꾼 것은 귀신이 아니라 류자광柳子光이라고 전해집니다. 그러나 이는 류자광 '낙인찍기'의 결과입니다. 남이의 혁명설은 신빙성이 있습니다. 류자광은 무오사화戊午士禍의 단서를 제공하였고, 사림은 그를 간신배로 낙인찍었습니다. 「북정시」 날조설도 이런 맥락으로 해석되어야 합니다. 남이 장군은 사후 신이 되어 무속계에서 신격화되었습니다. 남이의 고모가 신숙권을 낳았고 신숙권이 신명화를 낳았고 신명화의 딸이 신사임당으로 남이와는 먼 친척이 됩니다.

귀신을 물리치니 이번에는 호랑이가 나타났습니다. 누가 맞설 것인가? 안종약이 나섭니다.

『순흥안씨보(順興安氏譜)』에서 말하였다. 안종약(安從約)이 밤에 오솔길을 가는데 큰 범이 입을 딱 벌리고 앞으로 다가왔다 안종약이 "나를 해치려느냐?"라고 하자 머리를 가로저었다. "치료해 주기를 바라느냐?"라고 하자 머리를 끄덕였다. 손으로 아가리를 더듬어보니 은비녀가 가로질러 박혀 있기에, 즉시 뽑아주었다. 그 뒤 안종약을 장사 지낼 때 범이 홀연히 나타나 상여를 인도해 산으로 올라가 명당 터를 발톱으로 표시하였다. 지금 백천(白川)의 호산묘(虎山墓)라고 한다. - 상제류(喪祭類), 『송남잡지』

귀신 잡는 안종약입니다. 안종약은 귀신보다 더 귀신 같은 인물이었습니다. 『용재총화慵齋叢話』에 안종약의 활약이 여럿 기록되어 있습니다. 그 앞에서는 호랑이도 순해졌습니다. 참고로 호랑이를 피하는 조선시대의 방법을 알려드리겠습니다.

『잡서(雜書)』에서 말하였다. 옛날에 의강(義康)과 의방(義方)이라는 형제가 산에 들어갔는데 의강은 호랑이를 쫓는 신이 되었다. 그래서 지금의 술사(術士)가 깊은 골짜기에 들어가면 '의강'이라고 외우면서 가면 눈에 호랑이가 보이지 않는다. 의방은 뱀을 쫓는 신이 되었기 때문에 문과 벽에 의방(義方) 두 자를 써 붙이면 뱀이 들어오지 않는다. - 구기류(拘忌類), 『송남잡지』

뱀을 피하는 방법도 있군요. 여러분도 산에 가면 한 번 해보시기를 바랍니다. '의강'이라고 말하면서 다니면 호랑이를 만날 일이 없습니다.

세상에 다음과 같은 말이 전한다. 옛날에 박 진사라는 사람이 연못가에서 피리를 불자 용녀(龍女)가 감동해서 그를 끌고 들어가 남편으로 삼은 까닭에 '박연(朴淵)'이라고 이름하였다. 이곳이 바로 박연폭포다. 그의 어머니가 와서 곡을 하다가 아래의 못에 떨어져 죽었기에 '고모담(姑母潭)'이라고 불렀다. 연못 위에 신사(神祠)가 있으니 가뭄에 비를 빌면 효험이 있다. 고려 문종(文宗)이 일찍이 도암 위에 오르자 갑자기 바람과 우레가 사납게 일며 바위가 진동하였기에 문종이 놀라고 두려워하였다. 그때 이영간(李靈幹)이 호종하였는데 글을 써서 용의 죄를 낱낱이 지적하고는 연못에 던졌다. 그러자 용이 즉시 그 등을 드러내기에 매질하였더니, 연못의 물이 그 때문에 모두 붉어졌다고 한다. - 지리류(地理類), 『송남잡지』

여기 나오는 이영간이 그 유명한 용 잡는 이영간입니다. 이영간은 금성산성金城山城에 있는 연동사煙洞寺의 늙은 삵을 살려주고는 비술책을 손에 얻었습니다. 고려 현종 때 과거에 급제하고 문종 때 활약한 문신으로 한림학사를 거쳐 참지정사參知政事(종2품)에 이르렀습니다. 『신증동국여지승람新增東國輿地勝覽』, 『담양향교실상기潭陽鄉校實上記』, 『추강선생문집秋江先生文集』에는 이영간이 젊어서부터 비술에 능통하여

기이한 일을 많이 했다고 기록되어 있습니다. 특히 그는 사람으로서 용을 제압하는 한국 설화의 최초 주인공으로 한반도 어벤져스의 시초입니다.

외적의 침입 소식이 도달했습니다. 시간이 없습니다. 잘못하면 또 평지풍파가 일 것 같습니다. 『송남잡지』에 기록된 평지풍파의 뜻은 다음과 같습니다.

> 『장자(莊子)』「천하(天下)」에서 "풍파에 시달린 백성(風波之民, 풍파지민)"이라고 하였는데, 주석에서 "세사(世事)에 시달려 스스로 안정하지 못함"이라고 하였다. 지금 '평지풍파(平地風波)'라는 말이 여기에서 나왔다. - 방언류(方言類),『송남잡지』

먼저 활로 제압해야 합니다. 양만춘 장군이 활을 집어 듭니다. 사격 정확도가 타의 추종을 불허합니다. 역시 궁술弓術의 한국인입니다. 지금도 올림픽 양궁은 한국이 메달을 휩쓸지요.

> 양만춘(楊萬春)은 고구려 보장왕(寶藏王) 때 안시성(安市城)을 지켰는데 당나라 태종이 60일 동안 함락시키지 못하고 화살이 눈에 박히고서야 군사를 돌렸다. - 인물류(人物類),『송남잡지』

안시성은 지금의 만주 봉천성奉天省 해성海城의 동남쪽에 있는 영성자산성英城子山城으로 추정됩니다. 영화 〈안시성〉(2018) 제작진은 영화제작 전 영성자산성을 답사하고 중국 지린성吉林省 지안시集安市의 산성자산山城子山에 있는 환도산성丸都山城과 중국 랴오닝성遼寧省 번시시本溪市 환런현桓仁縣의 오녀산에 있는 오녀산성五女山城을 안시성의 모델로 삼아 촬영했습니다.

또 한 명이 활을 쏘고 있습니다. 조금 작은 화살이 나가는데요, 누군가요? 유붕수 아닌가요? 이수광의 외삼촌입니다. 쏘는 대로 다 맞춥니다.

> 유붕수(柳鵬壽)는 활을 잘 쏘았다. 최황(崔滉)을 따라 명나라에 갔을 때 오랑캐를 만나 산해관(山海關)에 14일 동안 포위되어 있을 때, 중국 장수는 성문을 닫아걸고 나가지 않았다. 유붕수가 편전(片箭)으로 적을 쏘아 맞히는 대로 죽이니 오랑캐가 크게 놀라면서 "고려가 왔다."라고 곧 달아났다. 황제가 그를 포상하고 치하했다. 간이(簡易) 최립(崔岦)의 글에서 "우리나라 무인(武人)으로 사신을 따라 중국으로 갔던 사람이 한두 발의 굳센 화살로 수만의 기병을 물리쳐서, 지금까지 유명하다."라고 한 말이 이것이다. - 무비류(武備類),『송남잡지』

뒤따라 다른 화살들도 수없이 날아갑니다. 이번에는 누가 쏜 건가요? 신숭겸 장군입니다.

신숭겸(申崇謙)은 팔공산(八公山) 전투에서 고려 태조가 견훤(甄萱)에게 거의 붙잡힐 뻔했을 때, 당시 스물넷의 나이로 용모가 태조와 비슷하다는 이유로 자리를 바꾸어 대신 죽었다. 태사(太師) 신숭겸(申崇謙)이 전투에서 죽었을 때 머리가 없자 왕이 금으로 태사의 얼굴을 주조하여 몸과 합하여 장사 지냈는데, 사람들이 도굴할까 걱정하여 그 봉분을 세 개로 만들어 알지 못하게 했다 어떤 사람은 아마도 부인을 합장했다고 생각하기도 한다. 『동국여지승람(東國輿地勝覽)』에서 "신장절공(申壯節公) 신숭겸이 죽어서 곡성(谷城)의 성황신(城隍神)이 되었다."라고 하였다. - 실옥류(室屋類), 『송남잡지』

신숭겸은 원래 성이 없었습니다. 출신이 그렇게 좋지 않았던 것이지요. 신申씨를 하사받은 데에도 활쏘기 솜씨가 있었습니다. 태조 왕건과 함께 황해도 평산으로 사냥을 나갔다가 왕건이 날아가는 기러기 떼를 가리키며 "저 기러기 떼 중 앞에서 세 번째로 가는 기러기의 왼쪽 날개를 맞춰 보라."라고 명하자 화살을 쏴서 기러기를 맞추었습니다. 세 번째 기러기를 화살로 꿰뚫었다고 해서 이 모습을 형상화한 申(신)씨 성을 받았습니다.

왕건이 신라를 구원하기 위해 출전했던 공산公山 전투에서 후백제의 견훤에게 참패하고 죽음의 위기에 처하자 신숭겸은 왕건의 투구와 갑옷을 입고 후백제군을 유인했고, 왕건은 탈출하는 데 성공하였습니다. 이때 모두 8명의 장수가 전사하였다고 하여 공산의 이름이 '팔공산'이 되었습니다. 바로 대구광역시의 팔공산입니다. 임진왜란에서 활약한 신립申砬, 신흠申欽이 신숭겸의 후손입니다.

물러서는 외적을 싹 쓸어버려야 합니다. 다시는 얼씬도 하지 못하도록 말이지요. 이때 저게 누굽니까? 강을 뚫어져라 노려보고 있는 장군은 바로 을지문덕입니다.

> 을지문덕(乙支文德)은 수(隋) 양제(煬帝)가 침입하자 거짓으로 항복하였다가 살수(薩水)에서 크게 격파하였으니 살수는 지금의 청천강(淸川江)이다. - 인물류(人物類),『송남잡지』

을지문덕 장군은 수나라의 군대를 말 그대로 전멸시키고 전쟁을 승리로 이끌었습니다. 수나라군에게 항복하겠다면서 혈혈단신 적진에 들어가 정찰을 하고 나오는 생사를 넘나드는 일도 아무렇지도 않게 해내고 나오는 강심장인 데다가 뛰어난 지략을 발휘해 적을 무찌르는 혜안도 가지고 있었으며 「여수장우중문시與隋將于仲文詩」를 지어서 수나라군을 농락할 정도의 문장력도 지니고 있었던 명장이었습니다. 조선의 이순신과 더불어 한반도 역사상 최고의 명장이라고 할 수 있습니다.

조선 시대 숙종도 을지문덕에게 청천淸川이라는 호를 내리고 사우祠宇에 향사享祠하도록 지시하였습니다. 해방 이후 1946년에 구한말 중국인들의 거주지에는 중국의 기를 누르기 위해 '을지로'라는 이름을, 일본인들의 중심지에는 '충무로'라는 이름을 붙이게 되는 데에도 이런 이유가 있습니다. 영화 〈살수〉(2023)는 을지문덕 장군의 살수대첩을 다룬 영화가 아닙니다. 조선 최고의 살수殺手(군사 혹은 망나니)를 배우 신현준이 연기한 작품입니다.

다른 쪽에도 장군 한 명이 분주히 작전을 지시하고 있습니다. 누군가요? 막강한 전략가이자 호랑이도 때려잡는 강감찬 장군입니다. 신술神術을 쓴다는 강감찬 장군입니다.

강감찬(姜邯贊)은 거란이 침입하자 산골짜기에 기병(奇兵)을 매복시키고 새끼줄로 소가죽을 꿰어 냇물을 막고 적이 오기를 기다리다가 적이 오자 막은 냇물을 터트리고 복병을 출동시켜 이겼다. 또 귀주(龜州)에서 비바람이 남쪽에서 불어와 깃발이 북쪽을 가리키자 힘을 떨쳐 소손녕(蘇遜寧)을 공격하여 격파하고 개선하니 왕이 직접 채붕(彩棚, 오색 비단으로 치장한 무대)을 엮고 강감찬의 머리에 금꽃 여덟 가지를 꽂아주었다. - 인물류(人物類), 『송남잡지』

유하(柳下) 홍세태(洪世泰)는 그의 시에서,

산하의 기를 다하게 한 강감찬과 山河氣盡姜邯贊 (산하기진강군찬)
일월과 같이 이름 드러난 정몽주 日月名戀鄭夢周 (일월명련정몽주)

라고 하였다. - 기술류(技術類), 『송남잡지』

고려의 위인 두 명을 꼽으라면 과연 강감찬과 정몽주였습니다. 다음과 같은 일화도 전해집니다.

『대동운부군옥(大東韻府群玉)』에서 말하였다. 한양에 호랑이가 많았는데 강감찬이 통판(通判)이 되어 늙은 중을 불러다 놓고 윽박질렀다. "너는 형체를 바꾸어 보라." 중이 한 번 포효하더니 커다란 호랑이로 변해서는 난간을 기어 올랐다. 강감찬이 말하였다. "그만해라." 호랑이는 다시 중이 되어 떠나가자 호환(虎患)이 사라졌다. - 기술류(技術類), 『송남잡지』

고려왕이 궁궐 못에서 우는 개구리 소리를 몹시 괴로워하였기에 강감찬(姜邯贊)이 부적을 못에 붙였는데 지금까지 조용하다는 전설이 있다. - 기술류(技術類), 『송남잡지』

드디어 어벤져스 한국인 정예군이 적군 토벌에 나섭니다. 수성에서 공격으로 전세가 바뀌었습니다. 퇴각하는 외적을 소탕하기 위해서 조충趙沖, 김취려金就礪 장군 부대가 진격합니다. 좌로 조충, 김취려 연합부대, 우로 박서朴犀, 김경손金慶孫 장군의 부대가 외적을 섬멸하기 시작합니다. 박서 장군은 무언가 새로운 무기를 들고 나타났습니다. 대아포라는 무기입니다. 성곽 방어의 최고 수장인 박서와 김경손 장군입니다. 이들의 활약은 드라마 〈고려 거란 전쟁〉(2013)에서도 확인할 수 있습니다.

조충(趙沖)과 김취려(金就礪)가 군대를 인솔하고 몽골·동진(東眞)과 연합하여 거란의 침입을 평정하였다. 사씨(史氏)는 말한다. 문정공(文正公) 조충(趙沖)은 문무를 겸비한 인재로 외방(外方)으로 나가면 장수감이고 도성으로 들어오면 정승감이다. 요(遼)나라 잔당이 들어와 노략질하고 몽골 군대가 국경을 압박하던 날에 위열공(威烈公) 김취려와 마음을 합하여 국가적 수모를 막고 조용히 잔에 술을 붓고 적을 신(神)과 같이 물리쳐서 국가가 그 덕에 편안해지니 서희(徐熙)와 강감찬도 그들보다 훌륭하다고만 할 수 없다. 어찌 이른바 세상에 드물게 나타나는 영웅호걸이 아닌가? - 인물류(人物類),『송남잡지』

위에 나온 장군들이 지금 우리가 많이 알고 있는 인물들은 아닙니다.『송남잡지』에 나오는 인물이 대부분 그렇습니다. 저자 송남은 이런 인물들을 조명해서 아들들에게 가르치려고 했습니다. 이를 보면 조선 후기에 역사적 인물 누가 인기가 있었는지, 누가 교육적으로 의미있는 인물이었는지 알 수 있습니다. 여기서 잠깐『송남잡지』에서 말하는 영웅호걸의 연원을 한 번 보겠습니다.

『인물지(人物志)』에서 "풀 중에 아름답고 빼어난 것을 '영(英)'이라 하고, 짐승 중에 무리에서 특출한 것을 '웅(雄)'이라고 한다. 또한, 지혜가 백 사람보다 뛰어나면 '호(豪)'라 하고, 천 사람보다 뛰어나면 '걸(傑)'이라 하니, 곧 '일당백(一當百)'을 일컫는다. 지금 '영웅(英雄)'과 '호걸(豪傑)'이라는 말이 여기에서 유래하였다. – 방언류(方言類), 『송남잡지』

'영', '웅', '호', '걸'이라는 글자마다 각각 다른 의미가 있습니다. 다시 전장으로 돌아가 보겠습니다.

몽골이 귀주(龜州)를 공격하자 박서(朴犀)가 대아포(大牙浦, 큰 칼)로 그들을 물리쳤다. 몽골의 노장(老將)이 성을 포위할 때 성루(城壘)를 보고 말하였다. "내가 천하를 행군(行軍)하였는데 이런 공격을 받고도 끝까지 항복하지 않는 자는 보지 못하였다." 사관은 말한다. 고립된 성(城)과 보잘것없는 병졸로 천하의 거친 오랑캐를 막아내니 산악과 같이 우뚝하도다. 우리나라에서 성(城)을 잘 방어한 것으로 안시성(安市城) 대첩 이후 또 귀주(龜州)의 박서(朴犀)와 김경손의 공이 적지 않다. – 인물류(人物類), 『송남잡지』

고려의 명장이라고 하면 유금필庾黔弼, 양규楊規, 척준경拓俊京, 김취려金就礪, 김윤후金允侯, 박서朴犀, 김방경金方慶, 최영崔瑩, 이성계李成桂

를 말할 수 있습니다. 귀주성 전투에서 김경손 장군은 무사 12명과 함께 몽골 적진에 뛰어들었습니다. 김경손 장군은 화를 내면 머리카락과 수염이 꼿꼿이 섰다고 합니다. 박서 장군은 조선 시대에서도 항상 기억하는 인물이었습니다. 귀주와 다른 북방 요새에 대해 논할 때면 빠지지 않고 언급되는 장군이었습니다.

적군이 성 위로 올라오려고 합니다. 이때 나타난 장수는 정충신입니다. 지략가 정충신이 나섭니다.

> 조선 갑자년(1624) 이괄(李适)의 난리 때 정충신(鄭忠臣)이 적은 군사로 안현(鞍峴) 꼭대기에 웅거하여 적을 피했는데, 적이 급박하게 위로 공격하니, 정충신이 군사들에게 내리 부는 바람을 따라 재를 뿌리게 하자 재가 적의 눈으로 들어갔다. 또 돌을 아래로 굴리자, 적들이 눈으로는 사물을 보지 못하고 발은 또 돌 때문에 곤란을 겪어 곧 패하여 흩어졌다. 그 때문에 그 산을 '승전봉(勝戰峯)'이라 이름 지었다.
> – 무비류(武備類), 『송남잡지』

조선 시대 『계서야담溪西野談』에는 한 노비의 탄생과 관련된 이야기가 나옵니다. 1575년 정월 어느 날, 광주 향청의 좌수 정윤은 무등산이 갈라지면서 청룡이 튀어나와 몸을 휘감는 꿈을 꾸었습니다. 다시 잠에 들었는데 이번에는 백호가 그에게 안겼습니다. 보통 꿈이 아니라고 생각하고 여종과 정을 통하여 사내아이를 얻었는데 바로 금남군錦南君 정충신鄭忠信입니다.

정충신은 한쪽 부모가 천민이면 자식도 천민이 되는 조선의 법에 따라 천민으로 살았습니다. 17세에 광주 목사 권율의 휘하에 들어가 권율의 노복奴僕으로 일했습니다. 임진왜란이 일어나자 행재소에 승리했다는 장계를 선조에게 올려야 하는 상황에서 자원해 평안도 의주목에 피신 중인 선조를 찾아가 전했습니다. 이때 어명에 따라 면천免賤되었고 당시 병조판서 이항복은 그에게 '충신忠信'이라는 이름을 지어 주며 제자로 삼았습니다. 권율의 사위인 백사 이항복의 문하생으로 들어가 학문을 이수하고, 후에 무과 시험에서 병과로 급제하였습니다. 천문, 지리, 점술, 의술에 대한 지식도 해박했습니다. 1627년 정묘호란이 발생하자 부원수에 임명되었습니다.

『기재사초寄齋史草』「임진잡사壬辰雜事」에는 다음과 같은 기록이 있습니다.

> 정충신(鄭忠信)이라는 자가 얼굴이 매우 아름답고 말이 유창하였는데 극히 조리가 있어서 사람들이 모두 사랑하였고, 그중에서도 이항복(李恒福)이 특히 심하였다. 그래서 그와 같은 이불에서 자고, 길 갈 때에도 꼭 동행하고 앉을 때도 꼭 붙어 있었다. 그에게 과거 보기를 권하여 마침내 무과에 합격하니, 사람들이 그를 이(李) 판서(判書)의

별실(別室)이라고 하였다.

정충신은 조선의 미남상입니다. 정충신의 외모를 보면 당시 미남 한국인의 얼굴이 어떠했는지 알 수 있습니다. 전라도 광주를 대표하는 길, 금남로는 정충신의 군호에서 따온 것입니다. 웹툰 〈칼부림〉(2013)에 정충신의 활약이 나옵니다.

그림 22. 정충신
(출처: 디지털서산문화대전)

다시 전장으로 가보겠습니다. 성 한 곳이 포위되었다는 소식이 들어왔습니다. 중요한 요충지인데요, 빼앗기면 낭패입니다. 이때 송 장군이라는 자가 나섭니다. 이름을 알 수 없는 송 장군입니다. 한편, 낭패狼狽는 전설 속 동물 낭狼(뒷다리가 없는 이리)과 패狽(앞다리가 없는 이리)에서 유래했습니다. 이 둘은 협력하지 않으면 도무지 움직일 수가 없습니다.

송 장군이라는 사람이 임진왜란 때 죽산산성(竹山山城)을 지켰는데, 산성이 평야에 우뚝 솟아 영·호남에서 북쪽으로 올라가는 요로를 차지하고 있었기 때문에 적이 지나갈 수 없었다. 그러나 성안에 샘이 적어 산을 파도 물이 나오지 않았다. 적이 이런 정황을 알고 바로 철통같이 포위하자, 송 장군이 성 위에서 쌀겨를 뿌려 백마를 씻으니, 백마의 흰색에 쌀겨의 흰색이 더하여 보였다. 적이 멀리서 이 광경을 바라보고 물이라 생각하여 곧 퇴각했다고 한다. - 무비류(武備類),『송남잡지』

외적이 퇴각합니다. 지금부터는 지채문 장군이 전장 정리를 시작합니다. 국왕 호위무사의 대명사인 지채문 장군입니다.

지채문(智蔡文)은 현종이 거란의 침입 때 피난을 가자 삼궁(三宮, 왕, 대비, 왕비)을 보호하였다. 그리고 서울로 돌아오자 능(陵)을 청소하여 구물(舊物, 대대로 전해오는 물건)을 잃지 않게 하였다. - 인물류(人物類),『송남잡지』

아직 안심하기에는 이릅니다. 적들이 지금은 퇴각했으나 언제 다시 쳐들어올지 모릅니다. 전열을 가다듬고 다시 방책을 세워야 합니다. 저들의 동태도 살펴야 합니다. 동쪽 산에 누군가 홀로 앉아 있습니다. 누구인가요? 정렴이 나타나 하늘을 향해 귀를 기울이고 있습니다. 적들이 무슨 말을 하는지 듣고 있는 것이군요. 여기 최세진도 합세합니다.

> 외국어의 달인인 정렴(鄭磏)의 호는 북창(北窓)이다. 소시(少時)에 중국에 들어가서 해외 열국(列國)의 사신을 만나면 각각 그 나라 언어로 말을 하니 열국의 사신들이 어느 나라 사람인 줄 알지 못하였다.
> – 인물류(人物類), 『송남잡지』

> 조선의 최세진(崔世珍)은 중국어에 가장 능통하여 『사성통해(四聲通解)』를 저술하여 세상에 전하였다. – 문방류(文方類), 『송남잡지』

『해동전도록海東傳道錄』에는 정렴이 배우지도 않고서도 외국어를 구사하였으며, 새소리와 짐승의 소리도 알아들었다고 기록되어 있습니다. 김시습金時習, 이지함李之菡과 함께 조선 시대 3대 기인奇人으로 꼽힙니다.

본관이 괴산인 최세진은 어문학자이자 당대 최고의 중국어·운서韻書 연구의 대가였습니다. 중종 12년(1517)에 중국어 교육 학습서 『사성통해四聲通解』를 저술하였고, 이에 앞서 『노걸대老乞大』, 『박통사朴通事』를 한글로 번역하였습니다. 중종 22년에는 『훈몽자회訓蒙字會』를 썼습니다.

괴산槐山이라는 이름은 어디서 왔을까요? 신라 진평왕 때 찬덕贊德이라는 장군이 가잠성椵岑城에서 백제군에게 성이 고립되었으나 항복하지 않고 느티나무에 머리를 부딪쳐 자결하였는데, 태종 무열왕이 찬덕의 뜻을 기리기 위해서 가잠성을 괴양槐壤이라고 부르게 했습니다. 槐(회)는 느티나무, 壤(양)는 흙을 뜻합니다. 고려 때는 괴주槐州로 불렸다가 조선 시대에 괴산으로 바뀌었습니다. 괴산향교槐山鄉校, 청안향교清安鄉校, 연풍향교延豊鄉校가 있는 괴산은 조선 시대의 교육벨트였습니다. 최세진, 박세무, 조재삼이 모두 괴산 출신입니다.

> '茶'의 본음은 '차'인데도 '다'로 독음하고, '槐(괴)'의 본음은 '회'인데도 '괴'로 독음하는 것과 같으니, 이런 예는 매우 많다. - 방언류(方言類), 『송남잡지』

적군의 미래를 예측하기 위해서 이지함李之菡과 남사고가 산 위에 자리를 잡습니다. 이지함은 율곡 이이와 친했습니다. 천문, 지리, 음양에 통달했고 예언을 잘했습니다. 남사고는 임진년에 백마를 탄 사람이 남쪽으로부터 나라를 침범할 것을 예언했는데, 실제로 왜장 가토 기요마사加藤清正가 조선을 쳐들어올 때 백마를 타고 왔습니다.

> 이지함의 호는 토정이다. 일찍이 혜성이 나타나니 사람들이 모두 흉흉하다 하였는데, 그만이 서성(瑞星)이라고 말하였다. 남사고(南師古)의 호는 격암(格庵)이다. 풍수학에 조예가 깊었다. - 인물류(人物類), 『송남잡지』

아니나 다를까 외적이 다시 침입을 시도합니다. 1차 침입 때보다 훨씬 강력해졌습니다. 해로로도 침투합니다. 이사부異斯夫 장군이 출격합니다.

> 신라 때의 장군. 지증왕 13년(512)에 가야와 우산국을 정벌하였고, 진흥왕 11년(524)에는 고구려의 도살성(道薩城)과 백제의 금현성(金峴城)을 빼앗는 등 여러 지방을 공격하여 신라의 영토를 크게 넓혔다.
> – 방언류(方言類), 『송남잡지』

이사부 장군은 이李씨가 아닙니다. 『삼국사기三國史記』에 기록된 성은 김金씨이며 이름이 이사부異斯夫입니다. 혹운或云 태종苔宗이라고 하여 '이사부'를 '태종'이라고 부르기도 했는데, '태苔'는 '이끼'를 뜻하므로 고대에 이것을 훈으로 읽었을 때 '잇' 또는 '이시'로 발음한 것으로 추정됩니다. 『삼국유사三國遺事』에는 이종伊宗이라 표기하였는데, 이는 '이끼'라는 음을 살리려고 했던 것입니다. 『일본서기日本書紀』에서는 이사부의 이름을 이질부례利叱夫禮라고 했는데, 질叱은 향찰로 사이시옷을 표기하는 글자로 쓰였으므로 이사부가 '잇부'로 발음되었던 것으로 볼 수 있습니다. 또한 이사부의 성을 박朴씨라고도 기록했습니다. 이사부의 진짜 이름이 '김이사부'인지 '박이사부'인지는 알 수 없게 되어서 지금은 이사부라고만 부릅니다.

'부'라는 발음은 이사부·거칠부·노리부 등의 사례에서 볼 수 있듯이 신라의 인명 뒤에서 발견할 수 있는데 '보'를 음차하여 한자로 쓴 것으로 생각할 수 있습니다. 먹보, 바보, 울보처럼 사람을 가리키는 데 쓰이는 예를 보면 알 수 있습니다. 우리는 이두吏讀의 명맥도 살려야 합니다. 우리나라 역사를 밝히는 중요한 요소가 글자와 발음인데 일제강점기가 없었다면 지금 초등학교에서는 이두가 교과 과정에 포함되어 있었을 것입니다.

류성룡이 진두지휘에 나섭니다. 이준경李浚慶도 등판했습니다. 동고東皐 이준경은 을묘왜변 때 방진方震과 정걸丁傑 장군을 수하로 두고 왜적을 물리쳤습니다. 방진 장군의 사위가 충무공 이순신 장군입니다. 정걸 장군은 임진왜란 때 78살의 노장으로 참전하여 이순신을 도왔습니다. 정극인丁克仁의 5세손이며 우리나라 최초의 판옥선 설계자입니다.

성호(星湖) 이익(李瀷)이 "왜(倭)는 고바야카와 타카카게(小早川隆景)를 모신(謀臣)으로 삼았고 우리나라는 류성룡을 모신으로 삼았다."라고 말하였다. - 외국류(外國類),『송남잡지』

임진왜란 때 왜적이 동고 이준경을 대단히 원망하여 무덤을 파헤쳐 모욕하려고 신도비 근처의 무덤을 모두 파헤쳤지만 끝내 찾지 못했다고 한다. - 상제류(喪祭類),『송남잡지』

정세운鄭世雲 장군도 합세합니다. 정세운 장군은 고려가 홍건적에 의해 위기에 놓였던 최악의 상황에서 20만 대군을 집결시켜 반격에 성공했습니다. 정세운 장군 휘하에 있던 최영崔瑩과 이성계李成桂가 정세운 장군 사망 이후 고려와 조선의 운명을 가르게 됩니다.

> 정세운(鄭世雩)이 홍두적(紅頭賊)을 격파하고 개성을 수복(收復)하니 공민왕(恭愍王) 때이다. 세상에서 김득배(金得培), 이방실(李芳實), 정세운(鄭世雲)을 '삼원수(三元帥)'라고 하였다. 목은(牧隱) 이색(李穡)이 "정세운은 비상한 사람이다. 개연(慨然)히 가기를 청하여 한 달 만에 종묘사직이 다시 안정되니 어찌 우연이겠는가?"라고 하였다. - 인물류(人物類), 『송남잡지』

여러분, 저쪽을 보십시오. 거북선입니다. 거북선이 나타났습니다. 이순신 장군이 거북선 함대를 지휘합니다.

> 이순신(李舜臣)이 거북선을 창제하고 왜구를 섬멸하였다는 승첩(勝捷)을 주달(奏達)하자, 명나라 장군 진린(陳璘)이 명나라 조정에 "이순신은 경천위지(經天緯地)의 재주로 보천욕일(補天浴日)의 공이 있다."라고 보고하였다. - 인물류(人物類), 『송남잡지』

경천위지經天緯地는 '하늘과 땅을 다스린다'는 의미입니다. 세상과 우주를 다스릴 만한 뛰어난 재능을 가졌다는 뜻입니다. 보천욕일補天浴日은 '하늘을 꿰매고 해를 목욕시킨다'는 의미입니다. 어려움을 이겨내고 세상에 긍정적인 영향을 미치는 위대한 공로를 나타냅니다.

그 뒤로 보이는 부대장은 누구인가요? 빨간 옷이 보이는데요. 아, 홍의장군입니다. 홍의장군紅衣將軍 곽재우郭再祐입니다. 그리고 익호장군翼虎將軍 김덕령金德齡의 부대가 조헌趙憲 장군의 700명 의병과 합세했습니다. 제말諸沫 장군이 이끄는 병사들도 합세했습니다. 정말 대단한 위용입니다.

> 곽재우(郭再祐)의 호는 망우당(忘憂堂)이니 바로 홍의장군(紅衣將軍)이다. – 인물류(人物類), 『송남잡지』

> 지금 아이의 울음을 그치게 할 때 '곽쥐(郭走, 곽주)'라고 하니, 놀라게 하는 말이다. '곽쥐'란 곽재우(郭再祐)의 부친 곽월(郭越) 형제와 여러 종형제가 문장과 기개로 세상에 이름을 크게 떨쳤기 때문에 "곽씨의 '주(走)' 변(邊)의 글자를 항렬로 쓰는 사람을 당세에서 두려워하고 복종하는 대상으로 일컬었다."라는 말이지, 쥐의 이름이 아니다. – 방언류(方言類), 『송남잡지』

> 『명사(明史)』에서 "임진왜란 때 조헌(趙憲)이 의병 칠백 명을 이끌고 금산(錦山)에서 왜적을 공격하다가 힘이 다하여 죽었는데 물러나거

나 달아나는 사람이 한 명도 없었다. - 상제류(喪祭類), 『송남잡지』

제말(諸沫)은 본래 고성현(固城縣)의 백성으로 임진왜란 때 의병을 일으켜 성주(星州) 목사(牧使)가 되었다. - 상제류(喪祭類), 『송남잡지』

　김덕령은 임진왜란 당시 5,000여 명의 의병을 이끈 대장군이었습니다. 권율의 휘하에서 의병장 곽재우와 협력하여 여러 차례 왜병을 격파했습니다. 14살 때 마을에 나타난 호랑이를 맨손으로 때려잡았다고 합니다. 왜장 가토 기요마사加藤清正가 일본 요괴를 불러들였다는 이야기를 듣고 가토 기요마사의 진영에 단신으로 침투하여 야만바山婆라는 요괴를 잡았다고 하지요.
　조헌은 율곡 이이, 토정 이지함의 제자였습니다. 임진왜란이 일어나자 옥천에서 의병을 일으켜 영규대사의 승병과 함께 싸웠습니다. 그리고 금산에서 700명의 의병을 이끌었습니다. 제말 장군은 신장이 8척이나 되는 거구이면서도 몸이 날래어 비장군飛將軍이라고도 불렸습니다. 곽재우 장군, 이순신 장군 못지않게 왜적 섬멸에 큰 공을 세웠습니다.
　당시 우리나라 사람들이 칼날과 총알을 대하는 태도는 다음의 기록에 나와 있습니다. 지금 보면 약간 의아한 부분이 있긴 합니다. 그러나 이러한 기록으로 당시 사람들의 인식을 읽어볼 수 있습니다.

　지금 주립(朱笠)이나 벙거지에 모두 구슬 갓끈을 하는데, 호박으로 갓끈을 하는 것은 『소설(小記)』에서 "칼날을 막을 수 있다."라고 하였기 때문이다. - 무비류(武備類), 『송남잡지』

우리나라는 임진왜란 때 머리에 담요를 두르고 총알을 막았기 때문에 그것을 발전시켜 군인의 벙거지를 만들었다. 대개 총알이 나무나 쇠는 뚫지만 재는 뚫지 못하니, 부드러운 것으로 강한 것을 제압할 수 있다. - 무비류(武備類), 『송남잡지』

냉약(冷藥)은 바로 『명사(明史)』에서 말한 '홍환약(紅丸藥)'이다. 냉약으로 전포(戰袍)를 염색하면 탄환이 뚫지 못한다. 세상에 전하기를 곽재우 장군의 붉은 옷도 이것이라고 한다. - 무비류(武備類), 『송남잡지』

홍환약(紅丸藥)은 동녀(童女)의 초경(初經)을 달여 만든 환약이고 전포(戰抱)는 전사(戰士)가 입는 군복이다. 이렇게 하면 총알이 뚫을 수 없다고 생각했다. - 무비류(武備類), 『송남잡지』

청주(淸州) 전투에서 중봉(中峯) 조헌(趙憲)이 두꺼운 기름종이로 갑옷을 만들어 남석교(南石橋, 충북 청주에 있는 다리)의 물에 하룻밤 담궈 널었다가 아침에 입고서 출전하였다. 왜놈들의 총알이 빗발치듯 하였지만 문득 떨어지고 뚫지를 못했다. - 무비류(武備類), 『송남잡지』

외적이 사방에서 튀어나옵니다. 전면전으로 안 되니 기습 작전을 쓰는 모양입니다. 이때 우리 진영에서 포를 쏩니다.

> 진천뢰(震天雷)는 군기장(軍器匠) 이장손(李長孫)이 만든 것이다. 철릉(鐵菱)과 철편(鐵片)과 불을 당기는 기구를 같이 둥근 공 모양으로 만들어 대완구(大腕口)에 넣어 불을 당겨 발사하자 오륙백 보를 날아 성안으로 들어갔다. 왜놈들이 다투어 모여들어 밀고 굴리며 자세히 보는데 포탄이 그 안에서 소리가 나고 철편이 별처럼 부서지니 이것에 맞아서 서른 명 남짓한 사람들이 죽었다. - 무비류(武備類), 『송남잡지』

> 박진(朴晉)이 영천(永川)에서 대승을 거둔 것도 진천뢰 때문이다. - 무비류(武備類), 『송남잡지』

이장손이 만든 진천뢰에는 목곡(木谷)이라는 나선형 발화장치가 있어 폭발 시간을 조절할 수 있었는데, 도화선을 10바퀴 돌려 폭발을 앞당길 수도 있었고, 15바퀴를 돌려 늦출 수도 있었습니다. 여기저기서 포탄이 터지고 있습니다. 적들이 마음대로 움직이지 못하고 있습니다. 이동 속도도 더딥니다. 지뢰포 때문에 느려지고 있습니다.

> 병자호란 때, 청 태종이 의주로 길을 잡았으나, 임경업이 지뢰포를 매설하였기 때문에 피하여 창성(昌城)으로 내려왔다고 한다. - 무비

류(武備類), 『송남잡지』

우왕좌왕하는 적들을 향해 혈혈단신으로 로켓포를 이끌고 오는 저한 사람이 있습니다. 누군가요? 성삼문成三問인가요? 성삼문이 로켓포를 들고 왔어요. 아, 이게 어떻게 된 일입니까? 반전도 이런 반전이 없습니다. 사육신의 한 명, 그 성삼문이 로켓포를 쏘고 있습니다. 오위도총부도총관五衛都摠府都摠管 성승成勝의 아들답습니다. 집현전 학자인 성삼문의 로켓포 발사!

성호(星湖) 이익(李瀷)이 말하였다. 금나라 사람들에게 비화창(飛火槍)이 있었는데, 화약을 붓고 불을 붙여 발사하면 앞의 십 보를 태운다. 이것은 명나라 우겸(于謙)이 사용한 화창(火槍)이다. 민간에 전하기를 성삼문이 철구(鐵毬)를 구해서 단종을 복위시키려 하였다는데, 이런 종류인 듯하다. - 무비류(武備類), 『송남잡지』

그림 23. 성삼문 (출처: 전통문화포털)

그리고 성삼문 뒤로 세 명의 건장한 남자들이 보입니다. 손에 든 건 도리깨? 도리깨로 적들을 마구 타작하고 있습니다. 이때 신립 장군 부대에서도 도리깨 특공대가 출격합니다.

임진왜란 때 왜적이 수원(水原)에 침입하였는데, 최 승지(承旨)라는 사람이 농장으로 물러나 살고 있었다. 그런데 삼부자가 보리타작을 하다가 갑자기 수백 명의 왜적과 맞닥뜨렸다. 부자가 "피할 수도 없고 막을 수도 없으니 죽기는 매한가지다. 지금 들고 있는 것이 도리깨이니 왜놈 몇 놈은 때려 죽일 수 있을 것이다."라고 약속하고는 곧바로 마음을 합하고 힘을 다해 보리타작하듯이 치니 많은 왜적이 모두 섬멸되었다. 그리고 보리를 거두어 식구들을 데리고 피해버렸다. 얼마 지나자 수만 명의 왜적 기병이 와서 "조선의 세 장사와 겨루어 보고 싶다."라고 하였다. - 무비류(武備類), 『송남잡지』

대개 육지에 적의 기마병들이 숲처럼 서 있을 때는 보리를 타작하는 것처럼 쇠도리깨로 무리 지어 때리는 것이 가장 좋다. - 무비류(武備類), 『송남잡지』

신립(申砬)이 이 방법을 사용하여 북쪽 변경에서 공을 세웠다. 도리깨로 치고 들어가면 적은 활을 쏠 겨를이 없고 창을 쓸 겨를이 없이 산이 무너지듯 도망간다. 그래서 곤륜(昆侖) 최창대(崔昌大)의 시에서,

오랑캐들 여전히 신립 병사를 이야기하며 胡兒尙說申兵使 (호아상설신병사)

동쪽 성곽 옛 전쟁터에 접근하기를 두려워한다 畏近東城舊戰場 (외근동성구전장)

라고 하였다. - 무비류(武備類), 『송남잡지』

외적이 수공을 준비합니다. 그러자 미수眉叟 허목許穆이 붓을 들고 등장합니다. 아, 그런데 머뭇거리고 있습니다. 무슨 일일까요? 허목이 빨리 물을 막을 영험한 시를 써야 하는데요. 붓을 높이 들었는데 벼루가 없군요. 이거 큰 일입니다. 벼루가 있어야 합니다. 허목이 무언가를 외치고 있습니다. 이름인데요. 누구의 이름인가요? 정. 철. 조? 정철조라고 부르고 있습니다. 정철조라면 그 석치 정철조가 아닌가요?

우리나라에도 정철조(鄭喆祚)란 사람이 있었다. 그는 벼루 수집광이었기에 사람들이 '석치(石癡)'라고 불렀는데, 그대로 자호로 삼았다.
- 문방류(文方類), 『송남잡지』

정철조는 다재다능한 사람이었습니다. 돌만 보면 벼루로 만들기도 하고 인중引重(기중기), 승고升高(도르래), 취수取水(수차) 같은 기계를 직접 만들기도 했습니다. 지도도 만들었고 해시계도 만들었습니다. 게다가 그림 솜씨도 빼어났습니다. 심노숭沈魯崇과 강세황姜世晃은 정철조의 벼루를 최고로 여겼습니다. 정철조가 연적硯滴도 가져왔습니다. 머리가 정말 기민한 정철조입니다.

『서경잡기(西京雜記)』에서 말하였다. 광천왕(廣川王) 거질(去疾)이 진(晉) 영공(靈公)의 무덤을 파서 옥두꺼비 하나를 얻었다. 뱃속이 텅 비어서 물 다섯 홉은 들어갔다. 왕이 가져다 물 담는 서적(書滴)으로 만들었다. 지금 두꺼비 모양의 연적은 여기에서 유래되었다. - 문방류(文方類), 『송남잡지』

정철조의 벼루를 얻은 허목이 드디어 일필휘지로 시를 한 수 적어 비석에 붙입니다. 적진의 물이 꼼짝하지 않습니다. 이러한 에피소드도 한국인의 가상성 정서라고 볼 수 있습니다.

우리나라 삼척(三陟)에 옛날 조수로 피해가 있었는데, 미수(眉叟) 허목(許穆)이 비석을 만들어 조수를 물리치고 또 비석 하나를 관청에 묻어두었다. 후임 수령이 부임하여 그 비석을 싫어해서 부수자 조수가 밀려들었다. 그래서 묻었던 비석을 파내어 세우자 조수가 물러나니 더욱 기이하다. - 문방류(文方類), 『송남잡지』

조선의 미수(眉叟) 허목(許穆)이 「삼척퇴조비(三陟退潮碑)」를 지었는데 대개 이 글을 비석에 새기면 조수가 물러가고 병풍으로 만들어 두면 사악한 기운을 물리칠 수 있고 주사(朱砂)로 써서 동쪽 벽에 붙이면 화재(火災)가 없어진다고 한다. - 구기류(拘忌類),『송남잡지』

허목은 조선 17세기의 대표적인 유학자이자 문신입니다. 서예에 조예가 깊었던 허목은 자신만의 서체를 발전시켰는데, 허목의 호를 따서 미수체라 불립니다. 그의 호 미수(眉叟)는 눈썹이 길어 눈을 덮은 늙은이라는 뜻입니다.

그림 24. 미수 허목 (출처: 조선명현초상화사진체)

여기서『송남잡지』에 기록된 귀신 막는 방법을 알려드리겠습니다.

"망상(罔象)은 죽은 사람의 간과 뇌를 즐겨 먹고 호랑이와 잣나무를 두려워한다. 그래서 무덤가에 잣나무를 심고 무덤 앞에 호랑이상을 세운다."라고 하였다. 살펴보건대, 『열이전(列異傳)』에서 "진(秦)나라 목공(穆公) 때 진창(陳倉) 사람이 땅을 파다가 양 같지만 양이 아닌 물건을 얻으니, 그것의 이름은 운(蝹)이었다. 죽은 사람의 뇌를 먹는데, 잣나무로 머리를 뚫으면 죽는다."라고 한다. - 상제류(喪祭類),『송남잡지』

우리나라 무덤가에는 왜 잣나무가 많은지 궁금했는데, 위의 인용문을 보고 알았습니다. 일단 나무는 잣나무가 귀신 막기에 최적입니다. 그리고 의외로 간단하지만 효과적인 귀신 막기 방법도 기록되어 있습니다.

『포박자(抱朴子)』에서 "산의 정령(精靈)으로 형체는 어린아이만 하고 외발이며 뒤로 달린다. 밤에 사람에게 덤비기 좋아한다. 이름이 소(魈)인데, 그 이름을 부르면 덤비지 못한다."라고 하였다. - 구기류(拘忌類),『송남잡지』

섣달그믐에 흰 경단을 말려서 도깨비를 때리면 다시는 귀신이 되지 못한다고 한다. - 구기류(拘忌類),『송남잡지』

호인국(互人國) 사람들은 백옥(白玉)으로 성을 만들기 때문에 귀신이 감히 들어가지 못한다. 대개 귀신은 음물(陰物)이기에 검은색을 좋아하고 흰색을 싫어할 따름이다. 어떤 사람이 이 성에 와보고 그 이치를 깨닫고는 흰 돌로 집을 빙 둘러 담을 만들었다. 이때 하간(河間)에 역질이 빈번히 발생했지만 그 집에는 전염되지 않았다. 지금 사람들이 흰 흙을 문에 바르는 것도 그 의미이다. - 구기류(拘忌類), 『송남잡지』

『몽계필담(夢溪筆談)』에서 말하였다. 관중(關中)에는 게가 없다. 진(秦)나라 사람이 마른 게의 껍질을 하나 주웠는데 이 지방 사람들이 괴상한 물건이라고 여겼다. 학질을 앓는 어떤 사람이 빌려다가 문에 걸어두자 병이 나았다. 사람만 게를 알지 못한 것이 아니라 귀신도 몰랐던 것이다. 지금 민간에서 게 껍질을 걸어두는 풍속이 이것이다. - 구기류(拘忌類), 『송남잡지』

경주(慶州)의 풍속에 '비형(鼻荊)'이라고 두 글자를 써서 문미(門楣)에 붙이니 바로 길달(吉達)의 고사다. 지금 귀신을 쫓을 때 '두두리(豆豆里)'라고 부르는 말이 이것이다. - 구기류(拘忌類), 『송남잡지』

『설부(說郛)』에서 "전야(田野)에 들어갔다가 도깨비불을 보게 되거든 말안장의 등자 두 개를 서로 두드려서 소리를 내면 없어진다."라고 하였으니 그것이 쇳소리를 싫어하는가 보다. - 구기류(拘忌類), 『송남잡지』

석유묵(石㵎墨)은 생각건대 지금 사용되는 석묵(石墨)인 듯하다. 지금의 신주(神主)를 쓰는 먹은 사슴뿔로 만든 아교를 섞어 만드는데, 신도(神道, 귀신)가 물고기 기름 냄새를 싫어하기 때문이라고 한다. - 문방류(文方類), 『송남잡지』

『예기(禮記)』에서 "복숭아 빗자루로 상서롭지 못함을 쓸어낼 수 있다."라고 하였다. 지금은 동쪽 복숭아나무 가지로 빗자루를 만들어 귀신을 쫓는다. 또 붉은 팥을 뿌리는 것은 공공(共工)의 아들이 역귀가 되었는데 팥을 무서워하기 때문이다. - 구기류(拘忌類), 『송남잡지』

귀신을 쫓는 데에 복숭아나무를 사용하는 이유는 복숭아나무가 봄의 양기를 갖고 있는 정령이기 때문에 이른 봄의 기운으로 귀신의 음기를 누를 수 있기 때문입니다. 영화 〈전우치〉(2009)에서는 요괴의 옆구리에 복사꽃을 꽂아 봉인하는 장면이 나옵니다. 드라마 〈도깨비〉(2016)에도 복숭아꽃으로 저승사자(배우 이동욱)의 정체가 드러납니다.

참고로 천도복숭아는 천도天桃라고 하는데 하늘에서 자라는 전설 때문에 생긴 이름입니다. 죽음과 생명의 여신 서왕모의 천도복숭아를 동방삭東方朔이 훔쳐 먹고 3천 갑자를 살게 되었다는 전설이 있습니다. 손오공도 이걸 먹어서 죽지 않게 되었다고 합니다. 세상에서 제일 뜨거운 복숭아라는 별명도 있습니다. 천도라는 이름을 1000°C로 바꿔 생각하는 한국인의 천재성.

『설부(說郛)』에서 "밤에 누워 자는 풀 자리 위의 풀줄기 하나를 뽑아 보아 길이가 세 치이면 귀신이 감히 와서 가위 누르지 않는다."라고 하였다. - 구기류(拘忌類),『송남잡지』

정리하겠습니다. 귀신을 물리치는 방법은 다음과 같습니다. 일단 잣 나무 준비. 귀신 이름 부르기. 흰 경단으로 섣달그믐에 때리기. 흰색으로 칠하기. 마른 게 껍질 가지고 다니기. '두두리'라고 외치기. 말 안장 등자 부딪치기. 물고기 기름 가지고 다니기. 복숭아, 팥 가지고 다니기. 이 정도면 귀신을 물리칠 수 있습니다.

다시 전장으로 가보겠습니다. 점점 전투가 사그라들고 있습니다. 외적이 물러가자 사람들이 다시 살 곳을 정비하고 물을 댈 준비를 시작합니다. 모재慕齋 김안국金安國과 허만석許萬石이 저수지 건설을 지시합니다. 김안국은 경상 감사로 있을 때 저수지를 만드니 사람들이 처음에는 이를 상국제相國堤라고 하다가 이후 그 이름을 안국제安國堤로 고쳤습니다. 서울의 안국동은 김안국의 이름에서 나왔습니다. 허만석은 세종 때 연기현감으로 있으면서 지금의 세종전통시장(옛 조치원시장) 자리에 제방을 쌓아 농경지를 확보하고, 농업용수를 원활히 공급했습니다. 이는 조선 시대의 대표적인 치수 사례로『목민심서牧民心書』에 기록되어 있습니다.

모재(慕齋) 김안국(金安國)이 영남의 관찰사가 되어 경상도 의성(義城) 비안(比安)을 순시하다가 축조했기에 '안국제(安國堤)'라고 한다. - 농정류(農政類),『송남잡지』

허공제는 조선의 허만석(許晩石)이 연기(燕岐)의 현감으로 있을 때 축조하였다. 네 개의 큰 못이 모두 밭에 관개하도록 축조되었기에 호수라는 이름이 붙었다. - 농정류(農政類),『송남잡지』

유형원과 홍계희가 나서서 전보다 더 견고한 성을 쌓고 있습니다. 더욱 치밀하고 정교한 성이 세워지고 있습니다.

반계(磻溪) 유형원(柳馨遠)이『반계수록(磻溪隨錄)』을 남겼는데, 그 전부(田賦, 토지세)와 군무(軍務)에 대한 기술에서 경륜의 치밀함을 볼 수 있다. 정조의 화성 축조에 많이 채용되었다. - 문방류(文方類),『송남잡지』

홍계희(洪啓禧)는 산술(算術)에 정통하였다. 창고의 벽을 재어 보고는 곡식이 불어나고 줄어든 것을 알았으며, 나무의 그림자를 곱하고 나누어 잎의 수를 알아냈다. 또 바다를 바라보고 걸음으로 재서 물의 깊이와 거리, 사물의 다소(多少)·유무(有無)를 계산했다고 한다. - 문방류(文方類),『송남잡지』

유형원은 병법, 천문, 지리, 의약, 문예, 산학算學에까지 능통했습니다. 정조는 화성華城 축조에 유형원의 이론을 많이 사용했습니다. 홍계희는 시무에 밝고 경세치용經世致用에 관심 많은 개혁 실천주의자였습니다. 상수학 연구에 몰두해 수학과 산학을 기초로 한 균역법을 시행하였고, 지리·금석학에 두각을 나타내었습니다. 1742년에는 북도별견어사北道別遣御史로 상수역학象數易學에 기반해서 함경도 북부 지역의 지도를 제작하고 백두산 지역의 거리 측량을 실시했습니다.

지금부터는 사회 시스템을 정비하고 사람들을 안정시켜야 합니다. 금남錦南 최부崔溥가 등장합니다. 학식이 높고 실무 행정에 능한 관료입니다. 연산군의 세자 시절 연산군을 따끔하게 혼내 가며 가르쳤습니다. 최부의 뒤로 서승순徐承淳도 따라나섭니다. 서승순은 1819년 식년시 생원에 합격하여 홍주목사洪州牧使를 지냈습니다. 예법으로 이 혼란을 정돈할 관료들입니다.

대쪽 관료인 금남(錦南) 최부(崔溥)가 말하였다. 고려 태조가 처음 육위(六衛)를 설치하고 각 위(衛)에는 삼십팔 영(領)을 두고 각 영(領)에는 천 명의 병사를 두었는데, 상하가 체제와 계통이 있어서 서로 유지되니 당나라 부(府)·위(衛) 제도를 계승한 것이다. - 무비류(武備類), 『송남잡지』

금남(錦南) 최부(崔溥)는 최승로의 「시무이십팔조(時務二十八條)」를 보고 "가산(賈山, 한나라 관영(灌嬰))의 기종자(騎從者)의 지극한 말과 유분(劉賁)의 대책(對策)이 최승로의 논(論)만 못하다."라고 하였다. - 인물류(人物類), 『송남잡지』

공민왕이 '자제위(子弟衛)'를 설치해서 잘 생기고 건장한 청년을 선발하여 항상 대궐에서 시중들게 하고 '속고치(束古赤)'라고 부르니, 금남 최부가 "궁궐을 더럽히고 금수(禽獸)의 행실을 한다."라고 하였다. - 가취류(嫁娶類), 『송남잡지』

'속고치'는 시종이라는 뜻의 몽골어 '시그르지Sigurchi'를 음역한 말입니다.

근래에 보니 서승순(徐承淳)이 관직에 있으면서 기일에 일을 볼 때, 소복을 입고 고기를 먹지 않았다. - 상제류(喪祭類), 『송남잡지』

본격적으로 사람들을 안심시키고 아이들을 가르쳐야 합니다. 박세무와 이덕무가 천천히 아이들 곁으로 갑니다. 과자 마니아 이덕무는 단정하게 옷을 차려입고 아이들에게 노란색 무언가를 나눠주고 있습니다. 저게 뭘까요?

『동몽선습(童蒙先習)』은 소요당(逍遙堂) 박세무(朴世茂)가 지었다. 문장이 매우 좋을 뿐만 아니라 알기 쉬운 것을 뽑아서 어린아이에게 양능(良能, 타고난 재능)을 가르치니 공이 적지 않다. - 문방류(文方類), 『송남잡지』

이덕무의 『사소절(士小節)』은 『예기(禮記)』, 『곡례(曲禮)』의 세세한 행동에서 나왔는데 그것을 실행하면 근칙(謹飭)하는 선비가 될 수 있으니 의당 '동국의 소학(小學)'이라고 말할 만하다. - 문방류(文方類), 『송남잡지』

박세무의 집안은 충청북도 괴산 지역의 명문가입니다. 그는 고향 괴산에서 『동몽선습』을 저술했습니다. 민제인閔齊仁과 함께 저술한 『동몽선습』은 박세무의 제자였던 노수신이 1580년(선조 13) 세자들을 가르칠 때 처음 소개된 이후 1880년(고종 17)까지 세자 교육 과정에 반드시 포함되었습니다.

걸어 다니는 인간 백과사전 이덕무도 생활 속 예절 교육서 『사소절』을 썼습니다. 한편, 이덕무李德懋는 가수저라加須底羅를 직접 만들었는데, 이것이 바로 카스테라castella였습니다. 이덕무는 가수저라 레시피도 남겼습니다.

전투 중에 다친 사람들과 병에 걸린 사람들을 치료해야 합니다. 기우자騎牛子 이행李行이 물을 가지고 옵니다.

조선의 세종이 눈병이 났을 때 여러 도(道)의 온천수를 길어다가 무게를 달아 보게 한 뒤 거둥하여 목욕하니 좋은 효험이 있었는데, 이천·갈산(葛山) 물이 가장 무거워서 최고였다고 한다. - 지리류(地理類), 『송남잡지』

『총화(叢話)』에서 "기우자(騎牛子) 이행(李行)은 물맛을 잘 분별하는데 충원(忠原)의 달수(㺚水)를 최고로, 오대산(五臺山)의 우통수(于筒水)를 두 번째로, 속리산(俗離山)의 삼타수(三陀水)를 세 번째로 쳤다."라고 하였다. - 지리류(地理類), 『송남잡지』

여기서 재미있는 것은 물의 무게를 달아서 물이 좋은지 안 좋은지 판별했다는 점입니다. 옛날 사람들은 무게가 많이 나가는 물을 좋은 물로 여겼습니다. 기우자 이행은 우리나라 물 중에서 첫째는 충주忠州의 달천수達川水, 둘째는 한강의 우중수牛重水, 셋째는 속리산의 삼타수三陀水라고 했습니다. 기우자는 고려말 문인으로 물맛을 기가 막히게 알아맞히는 능력의 소유자였습니다. 경연참찬관經筵參贊官, 예문관대제학藝文館大提學을 지냈고, 1392년에는 이조판서로 정몽주鄭夢周를 살해한 조영규趙英珪를 탄핵하기도 했습니다.

기우자가 말한 한강의 '우중수'는 한강의 한가운데를 가로지르는 물입니다. 우중牛重은 '소처럼 무겁다'는 뜻입니다. 오대산 월정사 앞 금강연金剛淵이 우중수의 발원지입니다. 우중수는 왕을 위한 물이었습니다. 한양 양반 집안에서도 한약을 달일 때 우중수를 길어다가 썼습니다. 참고로 한양 인왕산에서 흐르는 개울물을 백호수白虎水, 삼청동에서 흐르는 물을 청룡수靑龍水, 남산에서 나오는 물을 주작수朱雀水라 불렀습니다. 당시 명문가에서는 머리 감을 때 주작수, 장 담글 때 청룡수, 술 빚을 때 백호수를 썼습니다.

아직 외적 잔당이 남아 있습니다. 포도대장 장붕익張鵬翼이 소탕에 나섭니다. 숙종부터 영조 시대의 포도대장이었던 장붕익은 조선의 조폭 조직이었던 검계를 잡는 대로 모조리 죽였기 때문에 당시 검계들이 가장 두려워하는 대상이었습니다. 『송남잡지』에 장붕익의 성격을 보여주는 일화가 기록되어 있습니다.

> 우리나라의 옛 법례(法例)에 문관(文官)의 각종 집무처의 제액(題額)에는 모두 '아(衙)' 자를 썼으니 당나라 '남아(南衙)'의 의미에서 유래한 것이다. 무관(武官)은 비록 대장(大將)의 거처라도 편액에 '청(廳)' 자를 쓴다. 장붕익(張鵬翼)이 그것을 분하게 생각하였는데, 좌포장(左捕將, 좌포도대장(左捕盜大將)의 준말)이 되자 장교와 포졸을 거느리고 '아(衙)' 자를 크게 써서 세로로 걸었다. 그래서 청(廳)중에 아문(衙門)은 오로지 이곳뿐이다. - 실옥류(室屋類), 『송남잡지』

이제 됐습니다. 외적과 요괴가 모두 물러갔습니다. 모든 사람에게 요괴와 외적이 패배하고 물러갔음을 알려야 합니다. 장붕익 대장이 주협을 부릅니다.

> 우리나라의 서울 아전 주협(周挾)이라는 사람은 호수(戶數)를 아주 잘 기억하였다. 당시에 주협에게 조사를 받은 자들은 신표의 자취로 삼고 고치지 않았다. 지금 서울이나 지방이나 호적을 상준(相準, 서로 맞추어 봄)한 말미에 '주협무개인(周扶無改印)'을 먹물로 찍어서 신표로 삼았다. - 계고류(稽古類), 『송남잡지』

주협周挾은 사람의 이름이 사회적 용어가 된 사례입니다. 호적 관련 문서에서 호주가 제출한 내용의 수정 여부를 표시할 때 수정이 있으면 '주협자개인周挾字改印'이라는 도장을 찍고, 수정 사항이 없으면 '주협무개인周挾無改印'이라는 도장을 찍었습니다.

앞으로 이런 외적들과는 상종을 하지 말아야겠습니다. 아예 담을 쌓아야 합니다. '상종하지 말아야 한다', '담을 쌓는다'는 말은 어디서 왔을까요?

> 『회남자(淮南子)』에서 "행동이 서로 맞고 취향이 같으면 천리나 떨어진 사이라도 서로 어울릴 것이나(相從), 행동이 서로 맞지 않고 취향이 다르면 대문을 마주 보고 있어도 왕래하지 않는다."라고 하였으

니, 지금 '상종(相從)'이란 말은 여기에서 유래하였다. 지금 절교하여 왕래하지 않는 것을 '담을 쌓는다.'라고 하는 말이 여기에서 유래하였다. - 방언류(方言類), 『송남잡지』

6장

인기 최고 대한민국

한류韓流, Korean Wave, Hallyu란 대한민국의 대중문화, 특히 드라마, 음악, 영화 등이 해외에서 인기를 얻는 현상을 의미합니다. 1990년대 후반 중국에서 한국 드라마와 아이돌 그룹의 인기가 높아지면서 처음 사용되기 시작했습니다. 한류는 아시아 전역으로 확산했고, 지금 유럽, 미주 등에서도 한국의 대중문화에 관한 관심이 높아지고 있습니다. 음악, 드라마, 영화를 넘어 음식, 뷰티, 패션 등 다양한 한국의 산업 분야로 확대되고 있습니다. 그러나 한류는 지금의 대중문화 역사보다 훨씬 오래전부터 있었습니다. 고려양高麗樣 혹은 고려풍高麗風이 대표적입니다. 고대, 중세의 한류와 현대의 한류를 구분해서 살펴볼 필요가 있습니다.

마상재

지금의 마상재(馬上才)는 바로 천하의 신기한 재주이다. 달리는 말 위에서 일어나 총을 쏘고 활을 쏘며 칼을 휘두르고 방패로 막으며 말 배의 장니(障泥, 말의 양쪽 배에 드리워 흙먼지를 차단하는 말다래)로 돌아 들어가 적을 피한다. - 무비류(武備類), 『송남잡지』

저 시절의 마상재는 지금의 한류 현상을 미리 보여주었습니다. 조선의 마상재는 일본에서 큰 인기를 얻었습니다. 마상재 공연은 조선 통신사의 최종 목적지인 에도江戶에서 성황을 이루었는데, 공연장이 무려 세 군데나 되었습니다. 이는 아이브Ive, 뉴진스NewJeans, 블랙핑크 Blackpink 등의 현대 한류 스타와 맞먹는 인기였습니다.

당시 외국은 우리를 어떻게 평가했을까요? 『송남잡지』가 출간된 1855년은 서양의 외국인이 조선으로 들어오던 시기입니다. 저자 조재삼은 외국인을 만나면 한국의 어떤 것을 알려주고 싶었을까요? 혹은 그의 아들이 한국의 어떤 것을 외국인에게 알려주기를 원했을까요?

예·시·서

지봉 이수광이 말하였다. 명나라는 외국 사신을 차례대로 줄지을 때 우리나라를 제일로 하였는데, 예(禮) 때문이었다. 안남(安南)과 유구(流球)는 모두 나란히 반열에 서지 못하였다. 중국 사신 진감(陳鑑, 명나라의 문신)은 '조선은 동쪽 주변의 중요한 나라이며 예의가 있는 지역이며 시서(詩書)의 연수(淵藪, 모두가 모이는 곳)이기에 특별히 으뜸으로 삼는다.'라고 하였다. - 조시류(朝市類), 『송남잡지』

외국에서도 한국의 예의는 통했습니다. 예의를 말하는 말 '싸가지'는

'싹'과 '아지'로 만들어집니다. 싹은 '싹수'라는 말에서 나왔는데, 어떤 일이나 사람이 앞으로 잘될 것 같은 낌새를 말합니다. 여기에 강아지, 송아지 등 작은 것을 뜻하는 '아지'가 합쳐집니다. 여기서는 '어리다'는 의미로 쓰입니다.

시詩와 서書는 당시 문명도文明度의 기준이 되었습니다. 조선은 시와 글의 연수로 불릴 정도로 훌륭한 콘텐츠를 갖고 있었습니다. 지금 한류 콘텐츠로 불리는 작품들이 인기가 있는 데에는 이런 역사적 바탕이 있었습니다. 한국에서 제작한 스토리 콘텐츠의 인기가 20세기 들어 갑자기 올라간 게 아닙니다. 삼국 시대, 고려 시대, 조선 시대에 이르는 오랜 시간 동안 축적된 콘텐츠와 이를 관통하는 한국만의 정서가 현대 한류의 토대가 된 것입니다.

편전

지봉 이수광이 말하였다. 편전(片箭)은 우리나라의 신묘한 기술이다. 멀리서 쏘아도 반드시 적중하기 때문에 오랑캐가 두려워하였고, '고려전(高麗箭)'이라 불렀다. 왜인(倭人) 사이에 일찍이 "중국의 창술과 조선의 편전과 일본의 조총은 천하제일이다."라고 하였다. - 무비류(武備類), 『송남잡지』

편전은 철촉이 달린 길이가 짧은 소형 화살입니다. 애기살, 통전筒箭, 변전邊箭, 동전童箭으로도 불렸고, 통筒이라는 대롱에 장전하여 발사했습니다. 왜적들조차 조선의 편전이 천하제일이라고 항상 말했습니다. 옛날부터 중국과 일본은 조선의 활쏘기를 배우려고 많은 노력을 기울였습니다. 편전은 군사기밀로 다루어졌습니다.

『청장관전서靑莊館全書』「앙엽기盎葉記」를 보면 '고려 시대에 중경유수 김강신이 원나라 군사들에게 포위되어 병기가 떨어졌을 때 엽전으로 화살촉을 만들어 사용하다가 원병의 화살 하나를 얻으면 넷으로 잘라서 통편筒鞭을 사용해 쏘았다.'라는 기록이 있습니다. 이것을 편전의 시작으로 봅니다. 다만 이덕무가 말한 김강신에 대한 고려, 조선의 사료가 없으므로 '금金나라의 장수 강신'을 김강신으로 잘못 적었을 가능성도 있습니다.

종이

우리나라의 경면지(鏡面紙), 죽엽지(竹葉紙)는 중국 사람들이 진귀하게 여긴다. 또 고려 견지(繭紙, 아주 질긴 종이, 견면지(繭綿紙))를 비싸게 쳐준다. - 문방류(文方類), 『송남잡지』

대나무와 관련한 신라의 이야기가 있습니다. 신라 13대 미추왕의 능은 흥륜사興輪寺 동쪽에 있었습니다. 유리왕 때 이서국伊西國이 경주로 쳐들어 와 이에 맞섰는데, 신라군이 패배하려고 할 때 갑자기 정체 모를 군대가 나타나 신라를 돕기 시작했습니다. 군사들의 귀에는 모두 대나뭇잎이 꽂혀 있었습니다. 이들은 신라군이 이서국 군대를 물리치고 나서 모두 사라졌습니다. 이후 사람들은 미추왕릉에 수많은 대나뭇잎이 쌓여 있는 것을 보고 미추왕이 나라를 구하였다고 믿었습니다. 그래서 미추왕의 능은 죽현릉竹現陵이라고도 불립니다.

> 우리나라에서는 만마동(萬馬洞, 전라도 전주의 마을)의 설화지(雪花紙)를 상품(上品)으로 치는데 또 닥나무의 고장이다. 뽕나무 껍질로도 종이를 만든다. 북도(北道)에서는 귀리 짚으로 종이를 만드는데, 황색으로 물들여야 쓸 수 있다. - 문방류(文方類),『송남잡지』

우리나라는 종이를 주로 닥나무로 만들었기 때문에 질깁니다. 그리고 매끄럽습니다. 저 당시 우리나라 종이는 세계에서 품질이 가장 우수했습니다. 고구려 승려 담징曇徵은 일본에 종이 만드는 방법을 전해주었고, 고려 때부터 우리나라 종이는 중국과 일본에 수출되었습니다. 동아시아에서 우리의 종이를 안 쓴 나라가 없었습니다. 후금과 청을 세운 여진족은 시신을 종이에 싸서 매장했는데, 이를 위해 우리나라에서 가져가는 종이의 양이 많았습니다. 지금은 프랑스 루브르 박물관 Musée du Louvre 복원사들이 한국의 전통 한지를 넣어 소중한 예술품을 보존하고 있습니다. 한국의 전통 한지는 2016년부터 루브르에 수출되기 시작했습니다. 이탈리아 국립 기록유산 보존복원 중앙연구소ICPAL는 2016년 말 이탈리아의 유물 카르툴라Chartula(가톨릭의 성인인 성 프란체스코의 친필 기도문) 등 주요 문화재 5점을 한국의 전통 한지를 이용해 원형을 되살렸고, 2018년에는 레오나르도 다빈치가 1505년 창작한 것으로 추정되는 〈새의 비행에 관한 코덱스Il codice sul volo degli uccelli〉의 복원에 한국의 전통 한지를 쓰기도 했습니다.

경면지鏡面紙는 '거울鏡'처럼 빛나는 매끈한 재질의 종이입니다. 공식 외교 문서인 자문咨文과 표전表箋에 쓰이는 중요한 종이였습니다. 명나라의 동기창董其昌이 경면지를 애용했고 금나라의 장종, 청나라의 강희제도 즐겨 썼습니다. 지금 임권택 감독의 〈달빛 길어올리기〉(2009)가 배우 박중훈과 고故 강수연이 주연한 한국 종이에 관한 작품입니다. 임권택 감독은 〈달빛 길어올리기〉를 자평하기를 '시데부데한 사람들의 시데부데한 일상'이라고 말했습니다. '시데부데하다'는 '시답잖다'는 뜻의 전라도 사투리입니다.

> 우리나라에는 중국이 따라올 수 없는 것이 네 가지가 있으니 '부녀자가 절개를 지키는 것', '천한 사람들도 상례를 치르는 것', '맹인이 점을 잘 치는 것', '무사의 편전(片箭)'이다. 우리나라의 산물 중에 중국에 없는 것 네 가지가 있으니 경면지(鏡面紙)·황모필(黃毛筆)·화문석(花紋席)·양각삼(洋角蔘)이다. - 문방류(文方類), 『송남잡지』

촌은 유희경

조선 시대는 계급 사회였습니다. 그러나 문사적 이데올로기가 중심이 되는 문자 지식 사회이기도 했습니다. 가만히 따져보면 지금의 디지털 사회와 비슷합니다. 시詩로 대표되는 문자 지식 활용 능력은 틀과 내용, 즉 프로그래밍과 콘텐츠를 겸비하지 않으면 드러나지 않습니다. 시에서든 프로그래밍에서든 추상성을 정복하는 단계로 올라서면 사회의 중심 시스템으로 다가갈 수 있는 역량을 갖추게 됩니다. 이와 더불어 용기와 창의성이 나타날 기회까지 찾는다면 부와 명예에도 다가가게 됩니다. 조선 시대에 이처럼 계급을 넘어설 수 있는 뛰어난 문자 지식 활용 능력으로 신분을 뛰어넘은 천민 출신 문사가 있었습니다.

유몽인은 『유희경전劉希慶傳』에, 허균은 『성수시화惺叟詩話』에 각각 미천한 신분으로 태어났으나 효성으로 어버이를 섬겨 세간의 존경을 받았고 시에 능했다는 이 사람의 기록을 남겼습니다. 바로 촌은村隱 유희경劉希慶입니다. 조선 시대 최초의 양명학자인 남언경南彦經이 유희경을 제자로 삼아 예학禮學을 가르쳤고 이를 계기로 유희경은 예학의 전문가가 되었습니다. 그리고 임진왜란이 발발하자 의병을 모집하여 싸운 공을 인정받아 면천되고 통정대부通政大夫의 품계를 받았습니다. 사암思菴 박순朴淳에게 당시唐詩를 배우고 나서 당시 노비 시인이었던 백대붕白大鵬과 함께 '풍월향도風月香徒'라는 시詩모임을 만들어 박계강, 정치, 최기남 등 중인들은 물론 이수광, 신흠, 차천로, 홍경신 등 사대부와도 시회詩會를 열었습니다. 이때 '향도'라는 말은 상여를 메는 사람을 뜻했습니다. 서울시뮤지컬단이 뮤지컬 〈균〉(2014)에서 유희경의 삶을 조명한 작품을 무대에 올렸습니다.

이러한 현상을 보면 한국인은 지식 앞에 평등합니다. 누군가에게 시詩를 배울 수만 있다면 그의 출신은 중요하지 않았습니다. 일례로 야족당也足堂 어숙권魚叔權은 중국어에 뛰어나 외교에 공헌한 바가 크고, 지식이 풍부하고 글솜씨가 뛰어나 시를 논하는 데 탁월해 율곡 이이를 가르칠 정도였습니다. 어숙권은 서얼 출신이었습니다.

기녀, 서녀 출신이 시를 논하면서 모임을 만든 사례도 있습니다. 평안남도 성천 출신의 기생 운초雲楚 김부용金芙蓉, 『호동서락기湖東西洛記』를 쓴 금원錦園, 죽엽竹葉, 금홍錦紅, 경혜瓊蕙 등이 '삼호정시사三湖亭詩社'를 결성했습니다. 금원은 14살에 남장男裝을 하고 금강산 유람을 다녀왔습니다. 참고로 허난설헌도 남장을 하고 장차 남편이 될 예비 신랑을 훔쳐보고 왔었습니다. 남장을 할 정도의 배포를 가졌던 허난설헌은 자기에게 세 가지 한恨이 있다고 늘 말했습니다. 그것은 바로 '여자로 조선에 태어나 김성립金誠立의 아내가 된 것'입니다.

지화

조선 시대 한양에 있던 명통사明通寺라는 절은 맹인을 구호하기 위해 지어졌습니다. 맹인들은 이 절에 거주하면서 불교, 도교의 경전을 독송讀誦하여 가뭄에 비를 기원했습니다. 세종은 맹인을 서운관書雲觀에 소속시켜 천문天文, 음양학陰陽學, 육효六爻, 명리요강命理要綱, 사주四柱를 2년 동안 배울 수 있게 했습니다. 세종은 궁중 연회에 비파와 거문고를 연주하는 관현맹인管絃盲人 제도도 시작했습니다. 세종은 35세가 되는 무렵부터 후천적 시각장애를 갖게 되었는데, 이러한 사실도 세종이 맹인 등 장애인에 대해 세심하게 다가선 이유로 보입니다. 효종 시대에는 맹청盲廳이 설립되어 맹인 역술가들이 체계적인 조직을 갖출 수 있었습니다.

조선 시대 유명한 맹인 관료로 지화池和가 있습니다. 지화는 태종 때부터 단종 때에 걸쳐 왕의 명을 받아 왕실의 길흉화복吉凶禍福을 점치는 국복國卜을 담당했고 국혼國婚에도 참여했습니다. 계유정난 이후 수양대군은 지화를 참형에 처했습니다. 안평대군에게 '임금이 될 운세'라고 점을 쳐주었기 때문이었습니다. 영화 〈관상〉(2013)에서 수양대군(배우 이정재)이 "내가 왕이 될 상인가?"라고 말하는 장면은 이러한 역사적 사건을 모티브로 합니다.

황모필

우리나라는 북도(北道)의 오소리털과 족제비털을 상품(上品)으로 친다. 또 족제비털로 속심을 만들고 개털로 바깥털을 만들면 뻣뻣하고 갈라지지 않기에 큰 글자를 쓰는 데에 적합하며 파리 머리처럼 작은 글자(蠅頭, 승두)도 뜻대로 쓸 수 있다. 또 날다람쥐의 털은 족제비 털에 버금가는데, 오직 장인의 솜씨에 달려 있기는 하지만, 왕희지(王羲之)의 쥐수염 붓과 비교해도 차이가 없다. 풍고(楓皐) 김조순(金祖淳)은 『호모필설(虎毛筆說)』에 "호랑이 털 붓을 쓰는 사람은 그것이 다른 털보다 부드럽고 탄력 있는 점을 아낀다."라고 하였다. 성수침(成守琛)은 흰 염소 털붓에 심 없는 붓을 즐겨 썼으니 역시 글씨를 잘 쓰고 못 쓰는 것은 손에 달려 있다. - 문방류(文方類), 『송남잡지』

허균이 명나라 사신 주지번에게 자기가 쓰던 붓을 주었는데, 이 붓으로 글씨를 한 번 써본 주지번은 깜짝 놀랐습니다. "이것이 천하제일의 붓이다."라고 칭찬을 아끼지 않은 주지번은 조선 붓 수천 자루를 사서 돌아갔습니다. 허균이 준 붓이 바로 족제비 꼬리털로 만든 황모필黃毛筆입니다.

『승정원일기承政院日記』와 『조선왕조실록朝鮮王朝實錄』, 김정희金正喜의 『완당전집阮堂全集』, 이익李瀷의 『성호사설星湖僿說』을 보면 '중국의 사신이 왔을 때 황모필黃毛筆을 다량으로 제작하였다.'라는 기록을 볼 수 있습니다. 그만큼 인기가 있었다는 말입니다. 1622년 실록의 기록은 조정에서 한 달에 필요한 황모필이 무려 3,000자루였다고 말합니다. 기한 내에 붓을 만들지 못한 필공이 자살하거나 손가락을 자르는 일이 있었을 정도였습니다.

청심환

『위략(魏畧)』에서 "여헌국(黎軒國)에는 기이한 요술이 많은데 스스로 묶고 스스로 푼다."라고 하였다. 지금 중국에 이 기술을 가진 사람이 있는데, 우리나라의 청심환(淸心丸)을 구한다고 한다. - 기술류(技術類), 『송남잡지』

연암 박지원의 『열하일기熱河日記』에 보면 '청심환 한 알을 건네주었더니 중국인 주인이 거듭해서 감사를 표한다.'라는 기록이 있습니다. 중국인들에게 조선의 청심환은 상당히 값진 선물이었습니다. 우황청심환은 원래 중국의 의약재입니다. 1107년 중국 송나라 『태평혜민화제국방太平惠民和劑局方』이라는 의서에도 나옵니다. 그런데 중국에 가짜 우황청심환이 넘쳐나자 나라에서 관리하던 조선 청심환을 진환眞丸이라 하며 진짜 우황청심환이라고 불렀습니다. 이조원李肇源의 『청심환가淸心丸歌』는 조선의 청심환이 중국에서 신단神丹으로 불릴 정도로 효과가 좋다고 소문이 나서 조선 사신단이 온다고 하면 요동遼東에서 북경北京에 이르는 길에 청심환을 얻으려 몰려드는 인파가 가득했다고 기록했습니다.

단산오옥

소식(蘇軾)의 시에서 "진귀한 재료를 낙랑에서 취한다."라고 하였으니, 대개 우리나라의 먹 재료를 진귀하게 여겼나 보다. - 문방류(文方類), 『송남잡지』

당나라 때 고구려에서 소나무 그을음으로 만든 먹을 바치니, 사슴뿔로 만든 아교를 섞어서 먹을 만드는데 '유미(隃麋)'라고 한다. 우리나라는 해주(海州)의 부용당(芙蓉堂) 먹이 좋다. - 문방류(文方類), 『송남잡지』

소나무를 불에 태우면 기름기 때문에 그을음이 많이 생기는데, 이때 그을음을 모아 만든 먹이 송연묵松烟墨입니다. 일본 쇼소인正倉院에 소장되어 있는 신라의 먹 2점이 우리나라 먹 중에서 가장 오래된 것입니다. 배 모양의 이 먹에는 각각 신라양가상묵新羅楊家上墨, 신라무가상묵新羅武家上墨이란 글씨가 찍혀 있습니다. 신라시대 양씨 집안과 무씨 집안이 만든 묵이라는 뜻입니다.

국내 먹 중에서 가장 오래된 것은 단산오옥입니다. 단산丹山은 고려시대에 단양을 칭했던 말이고, 오옥烏玉은 먹의 별명인 '오옥결烏玉玦'의 줄임말입니다. 우리나라의 맹주, 순천, 단양이 주요 먹 생산지였으며, 단산오옥의 명성은 조선 시대까지 계속 이어졌습니다.

남포석

우리나라에서는 남포(藍浦, 지금의 보령)의 수심석(水心石)과 국화석(菊花石), 성주산(聖住山, 보령에 있는 산)의 현옥(玄玉)을 진귀한 물건으로 여긴다고 한다. - 문방류(文方類), 『송남잡지』

조선은 명품 먹과 더불어 명품 벼루 생산국이었습니다. 최고급 벼루는 보령의 남포藍浦 지방에서 나는 남포석과 평안도 압록강 부근의 위원渭原에서 나는 위원석으로 만들어졌습니다. '아름다움이 꽃에 버금간다'고 해서 위원화초석渭原花草石이라고도 불렸습니다. 벼루를 고려 때는 '皮盧(피로)'라고 발음했다고 송나라 서긍徐兢의 『고려도경高麗圖經』에 기록되어 있습니다. 『훈민정음訓民正音 해례본解例本』에는 '벼로'라고 발음이 쓰여 있습니다. 옛날 사람들은 벼루를 연전硯田이라고도 불렀습니다. 이는 농부가 밭을 갈듯 선비는 벼루로 글 농사를 짓는다는 뜻입니다.

음악

명나라의 사신 주지번(朱之蕃)과 양우년(梁右年)이 (이를 듣고) 탄식하며 "곡절(曲節)이 중국과 다른 데다가 고대의 음률이 대단히 심후하여 귀중히 여길 만하다. 중국의 음악은 촉급하고 오랑캐의 음악이 섞여 있다."라고 말하였다. 지금의 「여민락(與民樂)」이다. - 음악류(音樂類), 『송남잡지』

명나라 태조(太祖)와 성조(成祖)가 모두 우리나라에 악기를 하사하였는데, 종(鐘)과 경(磬)은 음률에 맞지 않아 제악(祭樂)이 온전치 못하였다. 우리 조선 세종 8년(1426)에 남양(南陽, 경기 화성시)에서 경석(磬石)이 생산되었기에 박연에게 아악(雅樂)의 제작을 명하였다. 천자가 보낸 사신이 그 음악을 듣고 감탄하며 "능히 정음(正音)을 얻었구나! 동방에 이인(異人)이 있는가보다."라고 하였다. 세종 때에 해주(海州)에서 경석(磬石)이 떠서 나오고 남양에서 기장이 생산되자 박연에게 명하여 동방의 아악을 제작하게 하였다. - 음악류(音樂類), 『송남잡지』

우리나라는 음악을 중히 여겼습니다. 옛날의 음악은 단순히 엔터테인먼트를 넘어서는 것이었습니다. 사람만을 위한 것도 아니었고 개인의 감정만을 위한 것도 아니었습니다. 가상 세계를 여는 열쇠의 역할을 했을 뿐만 아니라 사회 질서 정립을 위한 균형추의 역할도 톡톡히 해냈습니다.

박연은 1405년(태종 5)에 생원시에 급제하고, 1411년 문과에 장원으로 등과하였습니다. 적(笛, 피리)의 명 연주가였으며 조선의 궁중음악을 아악雅樂(궁중의식에서 연주된 전통 음악) 중심으로 정비하는 토대를 만들었습니다. 서거정徐居正은 『필원잡기筆苑雜記』에서 박연이 앉으나 누우나 항상 가슴에 손을 얹고 악기 치는 시늉을 했고 입으로는 휘파람으로 음률音律 소리를 내어가며 10여 년의 공을 쌓았다고 했습니다. 지금 고구려의 왕산악王山岳, 신라의 우륵于勒과 함께 한국의 3대 악성樂聖으로 불립니다. 서울 성동구에서 종로구까지 이르는 길에는 박연朴堧의 호인 난계蘭溪를 딴 도로인 난계로가 있습니다.

그림 25. 박연 (출처: 전통문화포털)

조선의 또 다른 박연은 네덜란드에서 귀화한 조선의 무관입니다. 네덜란드 이름으로는 얀 얀서 더 벨테브레이*Jan Janse de Weltevree*. 조선에 귀화하고 나서 하사받은 이름이 박연입니다. 1627년 항해 중 표류해 제주도에 상륙했습니다. 표류 당시 횃불을 들고 다가오는 조선인들이 자신을 잡아먹을 것이라고 생각하여 통곡했다는 기록이 있습니다. 일본이 절리지단切利支丹(크리스찬)인 박연 일행을 거부했기 때문에 조선은 송환을 포기하였습니다.

이후 박연은 훈련도감에서 근무하며 결혼했고 귀화했습니다. 『하멜 표류기』*Journal van de Ongeluckige Voyagie van 't Jacht de Sperwer*에는 네덜란드인 헨드릭 하멜Hendrik Hamel이 조선으로 표류했을 때 박연이 통역을 맡았다는 기록이 있습니다. 그리고 윤행임尹行恁의 『석재고碩齋稿』에는 박연이 하멜을 만나고 숙소로 돌아와 매우 슬퍼했다는 기록이 있습니다.

한국 역사에서 기억해야 할 박연은 조선 전기 조선 아악의 기반을 닦은 박연, 조선 후기 조선으로 귀화한 네덜란드인 박연, 그리고 개성에 있는 박연폭포입니다.

7장

한국인의 말 습관

우리가 과거로 돌아가면 고려 사람들, 조선 사람들과 말이 통할까요? 그 당시의 말을 녹음해 둔 파일이 있었으면 참 좋았을 텐데요. 가끔 이런 엉뚱한 상상을 해봅니다. 한반도 호모사피엔스로 이어져 온 우리가 지금 쓰는 말의 역사를 따라가다 보면 신기하게도 뭔가 통하는 게 있습니다. 많은 시간이 흘러 말의 모양새는 달라졌지만 우리 말 속에 녹아있는 뉘앙스는 현재 우리의 말 습관의 시작이 되었습니다. 어떤 말 습관은 신라 시대까지 올라갑니다. 우리가 별거 아니라고 생각하고 쓰는 말에도 한국인의 원류가 스며들어 있습니다.

한

지봉(芝峰) 이수광(李睟光)이 말하였다. 익재(益齋) 이제현(李齊賢)이 "신라 때는 임금을 마립간(麻立干)이라고 하고 신하를 아간(阿干)이라고 하였는데, 시골 사람에 이르기까지 이러한 예에 따라 간(干)자를 이름 뒤에 붙여서 부르니 대개 높이는 말이다."라고 하였다. 우리나라 방언(方言)으로 '干'의 음은 '한'이다. 예를 들면 채소 심는 사람을 원두한(園頭干), 물고기 잡는 사람을 어부한(漁夫干), 두부 만드는 사람을 두부한(豆腐干)이라고 하는 따위이다. 우리나라 말로 큰 것을 한(干)이라고 한다. - 방언류(方言類),『송남잡지』

서울의 한강에서 '한'이라는 글자도 크다는 뜻입니다. 한비는 큰비를 가리킵니다. 할아버지도 '한'아버지, 즉 아버지보다 더 큰 아버지라는 뜻입니다. 서울의 북'한'산에도 북쪽에 있는 큰 산이라는 뜻으로 '한'자가 쓰였습니다.

이 '한'이라는 말은 상대를 높이는 기능을 갖기도 했는데, 지금 사람들 사이에서 서로 높여서 부를 때 '씨氏'라는 말 대신 '선생님', '형님'이라고 하는 것과 같습니다. 이러한 한국인의 정서가 신라 때부터 이어져 온 것이었습니다. 이런 걸 보면 상대에 대한 존중 정서는 왕국이라는 공동체가 가졌던 계급의 호칭과도 무관하지 않아 보입니다.

『통론(通論)』에서 "口(구)와 儿(인)이 합쳐져 兄(형)이 된다. '인(儿)'은 사람이 아래에 있는 것이니 형이 입으로 그 아랫사람을 가르친다."라고 하였다.『곡례(曲禮)』에서 "동료들이 그 공손함을 칭송한다."라고 하였다. 지금 사람들이 남을 공경하여 '형'이라고 부르고, 자신을 낮추어 '아우'라고 부르는 것은 여기에서 유래하였다. - 방언류(方言類),『송남잡지』

왕

신라 말에 큰 것을 '왕(王)'이라 하였으니, 큰 대나무를 '왕죽(王竹)'이라고 하고 큰 그릇을 '왕기(王器)'라고 하였다. - 방언류(方言類), 『송남잡지』

지금 '왕초보', '왕기초' 등의 '왕'이라는 말은 신라에서부터 이어져 온 말버릇입니다.

사랑

사랑(思郞)은 바로 "생각이 있어 친구를 부른다."라고 한 것이다. 대개 사람의 정(情) 가운데 여자가 낭군을 생각하는 것이 최고인 까닭에 우리나라에서 '愛'를 '사랑'이라고 훈석하니 사랑하고 떠나지 말라는 뜻이다. 『설문계전(說文繫傳)』에서 "여자의 성질은 온유하면서도 멈칫거리고 좋아하는 사람이 있으면 사랑하며 잊지 않는 까닭에 글자도 '女' 자와 '子' 자가 합쳐져서 '호(好)'자가 되었다."라고 하였다. '시(媤, 남편)'는 또한 여자(女)가 그리워하는(思) 것인 까닭에 남편의 집을 일컫게 되었다. - 방언류(方言類), 『송남잡지』

옛말에 "사랑하면서도 그 나쁜 점을 알고, 미워하면서도 그 착한 점을 아는 것은 천하에 드물다."라고 하였다. - 방언류(方言類), 『송남잡지』

『송남잡지』 사료를 찾고 보니 '사랑'이라는 말의 뜻이 '친구를 생각한다'는 것이었습니다. 생각을 뜻하는 한자 思(사)는 恖라고도 쓰는데 이는 囟(정수리 신)과 心(마음 심)이 합쳐진 것입니다. 즉, 생각이란 머리에서 나오는 마음이라는 뜻입니다.

사랑에 빠지다

『예기(禮記)』에서 "군자는 입에 빠지고, 소인은 재물에 빠진다."라고 하였다. 지금 사람을 사랑하는 것을 '그 사람에게 빠졌다'라고 하는 말이 여기에서 유래하였다. - 방언류(方言類), 『송남잡지』

이게 영어에서 말하는 'fall in love'입니다. 동양이나 서양이나 모두 사랑에는 빠지는 게 답인가 봅니다. 1998년에 개봉한 영화 〈미술관 옆 동물원〉에서 춘희(배우 심은하)는 "사랑이란 게 처음부터 풍덩 빠지는 줄만 알았지. 이렇게 서서히 물들어 버릴 수 있는 건 줄 몰랐어."라고 합니다. 드라마 〈태양의 후예〉(2016)에도 "나도 모르게 그대에게 빠져들었어.", 가수 김종서의 〈아름다운 구속〉(1996)에도 '처음이야 내가 드디어 내가 사랑에 난 빠져 버렸어.'라는 표현이 나옵니다. 지금도 흔히 쓰는 이 표현이 알고 보면 한참 오래전부터 써온 일종의 이디엄idiom이었습니다. 박현중, 양하진의 〈사랑에 빠져 버렸어〉(2024), 전율의 〈사랑에 빠져 버렸어〉(2024)라는 노래도 있습니다.

진지

> 중국 발음으로 '食(식)'을 '지'라고 한다. 그렇기 때문에 지금의 '지공(支供)', '지응(支應)'이란 말은 본래 '식(食)'자의 발음이 변한 것이다. 또 식사 올리는 것을 '진지(進支)'라 한다. 그리고 살펴보건대, 수라는 '수아(𠙋雅)'의 와전이다. - 방언류(方言類), 『송남잡지』

밥의 높임말인 '진지'라는 말도 이렇게 생긴 것입니다. 다른 설명으로는 진進은 천薦이라는 의미로 '드리다', '올리다'는 뜻이고 지止는 '마음'을 의미한다고도 합니다. '심각하고 착실하다'는 뜻의 진지는 한자로 眞摯라고 씁니다.

'먹다'의 '먹'은 고대어로 '입'을 뜻했습니다. '묻다(問, 문)'에서 '묻'도 말이나 입을 뜻 합니다. '먹다'의 높임말이 '들다', '잡수다', '자시다'입니다. '자시다'라는 말은 '해보고 자시고 할 것도 없이'처럼 부정어와 함께 쓰이는 표현으로 분화했습니다.

동냥

세상에 다음과 같은 말이 전한다. 고려 때 승려들은 모두 나귀를 타고 쌀자루를 메고는 마을을 향해 방울을 울렸다. 그러면 주인이 바리때에 쌀을 담고 맞아들여 주었다. 지금 식량 구걸하는 것을 '동냥(動鈴, 동령)'이라 한다. - 방언류(方言類),『송남잡지』

동령動鈴은 불교 의식에서 쓰던 놋쇠 방울입니다. 동령은 시간이 가면서 점점 걸식하는 행위나 그렇게 해서 얻은 곡식의 뜻으로 파생되었습니다. 조선 시대 불교 배척 분위기에서 승려의 동령 시주도 비천하게 여겨졌고, 급기야 거지의 구걸 행위로 인식되기 시작했습니다. 발음도 '동냥'으로 바뀌었습니다.

비파

손을 앞으로 내미는 것을 '비(琵)'라고 하고 뒤로 끌어당기는 것을 '파(琶)'라고 한다. 고구려에서는 뱀가죽으로 비파 바탕(槽, 조)을 만들고 가래나무로 면(面)을 만들고 상아로 채(捍撥, 한발)를 만든다. - 음악류(音樂類),『송남잡지』

저자 송남의 아들이 악기에 대해 궁금해할 때 이처럼 설명해주는 아버지의 모습을 한 번 떠올려보세요. 화선지에 붓으로 그림을 그려가면서 설명했을 것 같지 않나요?『송남잡지』는 이런 식의 학습을 위한 종합 교양서입니다.

나락

신라 때 벼로 관리들의 월급을 주었던 까닭에 지금까지 영남지방 사람들은 낟알을 '종나락(種羅祿, 종나록)'이라고 한다. - 방언류(方言類),『송남잡지』

벼와 쌀의 어원은 각각 고대 인도어인 '브리히Vrihi'와 '사리Sari'에서 나왔습니다. 씨와 알이 합쳐져 '씨알'이 '쌀'이 되었다는 설명도 있습니다. 충청 이남 지역에서 사용되는 '나락'이란 말은 급료를 벼로 준 신라의 봉록, 즉 '라록羅祿'에서 나왔습니다.

지금 '나락으로 떨어졌다'는 표현에서 '나락奈落'은 지옥입니다. 불교에서 지옥을 뜻하는 나라카naraka의 발음을 그대로 옮겨 쓴 것이 나락입니다. 이슬람교 국가인 인도네시아와 말레이시아에서도 지옥을 네라카*neraka*라고 부릅니다.

구들

지금 방을 '구들(甌突, 구돌)'이라고 하는데, 산골 사람들은 '곡홀(曲忽)'이라고 한다. 대개 '돌(突)', '홀(忽)'은 모두 '탈(脫)'의 와음(訛音)이다. 구탈(甌脫)은 흉노(匈奴)들의 말로, 한(漢)나라 때 흉노족과 접경한 지역의 요새지에 세운 초소(哨所)를 가리키는 말이다. - 실옥류(室屋類), 『송남잡지』

위의 설명대로라면 방이 곧 구들이므로 지금 '구들방'이라고 하면 방을 두 번 말하는 셈입니다. 구들은 온돌을 말하기도 합니다. 그런데 온돌을 설명하는 구들은 『송남잡지』의 설명과는 조금 다릅니다. 방을 따뜻하게 만드는 온돌은 우리말 발음으로 '구운 돌', '구돌', '구들', '온돌'로 변화했습니다.

복작복작

> 지금 종묘(宗廟)의 대제(大祭)에서 제사가 끝나고 공신(功臣)의 위패를 배향할 때 인의(引儀, 제사를 주관하는 관리)가 '헌작(獻爵)' 또는 '복위(復位)'라고 외치는데, 밖에서 그 전하는 소리를 들으면 '복작(復爵)', '작복(爵復)', '복작(復爵)'이라고만 들린다. 그래서 지금은 매우 떠들썩한 것을 '복작(復爵)'이라 한다. – 방언류(方言類), 『송남잡지』

'복작복작'이라는 말이 이렇게 생긴 것이었습니다. 한국인은 음률에 강합니다. 아래 인용문을 보세요. 여럿이 떠드는 소리를 쓸 때 어떻게 쓰는지 볼 수 있습니다. '작작 좀 해라.'라고 할 때 그 '작작'이 여기서 나온 것일까요? 그리고 이런 식의 표현으로 제비 소리도 있는데, 옛 사람들은 제비가 지저귀는 소리를 적을 때 단순히 소리만 비슷하게 쓴 것이 아니었습니다. 『논어論語』에 나오는 글귀를 이용했습니다. 다음의 『송남잡지』 기록에서 확인할 수 있습니다.

> 민간에 다음과 같은 이야기가 전한다. 어떤 선비가 '공작(孔雀)'이라는 부제(賦題)를 보고 취기에 장난삼아 첫 구부터 끝 구까지 '공공작이작작(孔孔雀而雀雀) 작작공이공공(雀雀孔而孔孔)'으로 시편을 완성하였는데, 어쩌다 잘못해서 높은 등수로 뽑히자 시험관들이 크게 웃었다. 지금은 여럿이 떠드는 소리를 말한다. 제비가 '지지위지지, 부지

위부지(知之謂知之, 不知謂不知, 어떤 것을 알면 그것을 안다고 하고 알지 못하면 알지 못한다고 하는 것)'라고 지저귄다고 하는 말과 같다. - 방언류(方言類), 『송남잡지』

그만해

『북제서(北齊書)』에서 "무성제(武成帝) 때, 노는 아이들이 '고말(高末)'이라고 하니 '고말(高末)'은 대개 고씨(高氏)의 운세가 끝났다는 의미다."라고 하였다. 지금은 와전되어 '고만(高滿)'이 되었으니, 중지하라는 말이다. - 방언류(方言類), 『송남잡지』

영화 〈친구〉(2001)에서 "고마해라. 마이 무따 아이가(그만해라. 많이 먹지 않았느냐)."의 '고마해라'가 이 말입니다.

아포

「동방삭전(東方朔傳)」에서 "사인(舍人) 곽방(郭榜)이 고통을 견디지 못해 '포(誧)'라고 부르짖었다."라고 하였는데, 그 주석에서 "'誧'의 음은 '포'이다. 지금 사람들은 고통이 심하면 '아포(阿誧)'라고 한다. 포

(噁)는 고통스럽고 원망하는 소리이다."라고 하였다. - 방언류(方言類), 『송남잡지』

영화 〈웰컴 투 동막골〉(2005)에 "여 누워 있지 마라. 뱀 이거 깨물믄 마이 아파. 우터(어찌) 그래 아픈지."라는 대사가 나옵니다. 여기서 '아파'가 '아포'에서 나온 것이니, 지금 장난스럽게 '나, 많이 아포요.'라고 말하는 게 원래부터 있었던 표현이었습니다. '아파'가 이런 어원을 갖고 있을 줄은 생각도 못했습니다.

임금

지봉 이수광이 말하였다. 우리나라에서 '군(君)'을 '임금(音수, 음금)'이라고 훈석하는데, 이 말은 본래 신라 때 나왔다. 치아가 많으면 어질다고 여겼기 때문에 떡을 깨물게 하여 시험해서 임금으로 추대하고 '이사금(尼師수)'이라고 불렀다. - 방언류(方言類), 『송남잡지』

'이사금'이라는 발음이 시간이 가면서 '임금'이라는 발음으로 변한 것이었습니다. 임금을 부르는 말로 '주상主上 전하殿下'도 있습니다. 주상은 왕을 뜻하고, 전하는 '궁궐 계단 아래에서 우러러 뵙는다'는 뜻입니다. 그러므로 '주상 전하'는 '왕이시여. 계단 아래에서 우러러 보는 분이

시여.'라는 의미입니다.

> 유리왕(儒理王)의 호칭이 이사금 또는 치흔왕(齒痕王)이다. 우리나라 말에서 '이(齒, 치)'를 왕(王)이라고 하니, 글자의 음이다. 탈해(脫解)가 "성인(聖人)은 이가 많다고 하니, 떡을 깨물어 보자."라고 말하였는데, 유리왕이 이가 많아 왕으로 등극하였다. - 국호류(國號類), 『송남잡지』

남해왕이 죽을 때 석탈해에게 왕위를 물려주라는 유언을 남겼으나 석탈해는 이를 반대하고 남해왕의 아들 유리가 왕이 되어야 한다고 주장했습니다. 유리 왕자가 계속 사양하자 석탈해는 한 가지 방법을 생각해 내었습니다. 바로 치아의 숫자로 왕을 결정하자는 것이었습니다. 두 사람은 떡을 깨물었고, 치아의 수를 세어 보니 유리 왕자의 것이 한 개 더 많았습니다. 석탈해는 전부터 유리 왕자의 치아 수가 자신보다 더 많다는 것을 알고 있었습니다. 이로써 유리 왕자가 신라의 세 번째 왕이 되었습니다. 유리 이사금이 죽고 나서 석탈해가 왕위를 이었습니다. 그가 바로 신라의 네 번째 왕인 탈해 이사금입니다.

저격

> 『운서(韻書)』에서 "원숭이 등속 중에 저(狙)가 있는데, 엿보기를 잘 한다."라고 하였으니, 바로 "장량(張良, 한 나라의 개국공신)이 진시황을 저격(狙擊)하였다."라는 말이 이것이다. - 충수류(蟲獸類), 『송남잡지』

중국 진나라의 시황제를 철퇴로 죽이려다 실패한 것을 '저격시황狙擊始皇'이라고 불렀습니다. 저狙라는 말은 '원숭이'이면서 '엿보다'입니다. 엿보기를 잘하는 원숭이를 따라 하는 것이 저狙입니다. 영어에서도 명사와 동사가 다른 뜻으로 사용되는 경우를 많이 볼 수 있는데 한자도 그렇습니다.

영화 〈고지전〉(2011)에는 배우 김옥빈이 저격수 차태경으로 나왔습니다. 그리고 영화 〈암살〉(2015)에서 배우 전지현이 연기한 저격수 안옥윤의 실제 모델은 '여자 안중근'으로 불리는 남자현 의사입니다. 지금 '취향 저격'이라는 말이 여기서 왔습니다. 축약해서 '취저'라고도 합니다.

참고로 '개취'는 '개인 취향'이라는 뜻입니다. 래퍼 바비Bobby 김지원이 있는 한국의 보이밴드 IKON의 노래 중에 〈취향 저격〉(2015)이 있습니다. 마케팅에도 '취향 저격 마케팅'이 활발한데, 이는 지금 유행하는 노래 가사나 영화의 대사를 패러디하는 형태의 마케팅입니다.

그림 26. 바비 김지원

아아

양웅(揚雄)의 『방언(方言)』에서 "오(吳)나라 사람들은 어린아이를 '아아(娿兒)'라고 한다."라고 하였으니, 지금 어린아이를 부르는 말이다. - 방언류(方言類), 『송남잡지』

『설부(說郛)』에서 "동방 사람들은 동생을 '아아(阿兒)'라고 부르며, '아아(我兒)'라고도 부른다."라고 하였다. 선비족(鮮卑族)은 형을 불러 '아간(阿干)'이라고 하는데 중국인이 '가가(哥哥)'라고 부르는 것과 같으니, '간(干)'자가 '가(哥)'자로 와전된 듯하다. 또 높이는 말이니, 신라 때 신하를 높여서 '아간(阿干)'이라고 불렀다. '질(侄)'을 '조카(族兒, 족아)'라고 부르는 것도 '종아(從兒)'의 와전이다. - 방언류(方言類),

『송남잡지』

'아아'라는 말에서 '아이'라는 말이 나왔군요. 지금 누군가가 '아아'라고 말한다면 대개 아이스 아메리카노ice Americano를 줄여서 부르는 '아아'를 떠올릴 게 분명합니다. 영화 〈다만 악에서 구하소서〉(2020)에서 레이(배우 이정재)는 아이스 아메리카노를 계속 들고 다닙니다. 지금 '얼죽아'는 '얼어 죽어도 아이스 아메리카노'를 뜻합니다. 이 말이 외국에 Eoljuka(얼죽아)라고 소개되기도 합니다. 프랑스의 AFP는 아이스 아메리카노를 '한국의 비공식 국가 음료'라고 소개하면서 이 음료가 겨울에도 따뜻한 음료보다 더 많이 팔린다고 전했습니다.

한국의 남성 듀오 그룹 10CM(십센치)는 〈아메리카노〉(2010)라는 제목의 노래를 불러 인기를 끌었습니다. 한국인의 정서에서 빼놓을 수 없는 것이 이 커피입니다. 『커피세계사+한국가배사』(2021), 『커피가 묻고 역사가 답하다』(2023), 『커피 한 잔에 담긴 문화사, 끽다점에서 카페까지』(2025)의 저자 이길상 교수는 대한민국을 '카페 공화국'으로 정의합니다.

영화 〈가비〉(2011), 〈덕혜옹주〉(2016), 드라마 〈미스터 선샤인〉(2018) 등 개화기 배경 콘텐츠에 나오는 커피의 정서는 한국 커피 정서의 시작입니다. 여기서 문득 고려말 천재 워터 소믈리에 기우자騎牛子 이행李行이 바리스타로 등장하는 사극을 한 번 써보고 싶어집니다. 영화 〈가비〉는 고종이 커피로 독살당할 뻔한 세간의 이야기를 바탕으로 만들어졌습니다. 작가 김탁환의 소설 『노서아 가비』(2009)를 원작으로 합니다. 영화

〈덕혜옹주〉에서는 고종 독살설을 사실로 묘사합니다.

한국인에게 커피는 낭만과 과거 미화 유전자로서 독보적인 자리를 차지하고 있습니다. 드라마 〈미스터 션샤인〉의 고애신(배우 김태리)이 "신문에서 작금을 '낭만의 시대'라고 하더이다."라고 말했듯이 커피가 들어오기 시작했던 이때가 우리나라의 낭만의 시대였기 때문인지도 모르겠습니다. 드라마 속에서 고애신은 '아기씨'라고 불립니다.

아기씨

'아기씨(阿只氏, 아지씨)'는 어린아이의 호칭이니 곧 아이를 말한다. 지금은 신부(新婦)의 호칭인데, 근래에 대군(大君)이 태어난 지 백일이 못되어 죽자, 기별(記別)에 "대군 아기씨가 세상을 떠났다."라고 하니, 아기씨 역시 남녀 어린이에 쓰는 통칭이다. - 방언류(方言類), 『송남잡지』

아기씨의 '기' 발음을 두고 '지' 발음이 '기'로 변화했다고 보는 의견과 '기' 발음이 '지'로 변화했다고 하는 의견이 있습니다. 전자 측은 '아지'의 차자표기에 사용된 '-知, -智, -只, -之' 등의 발음을 [지]라고 보았습니다. 반면, 후자 측은 '-知, -智, -只, -之'의 고대 국어 음가가 [지]가 아니라 [기]에 가까우므로 오히려 '아기'가 먼저고 이후 발음이 '아지'로 변한 것으로 봐야 한다고 주장합니다.

참고로 '아저씨'의 옛말인 '아자비'는 '아저(앚)'와 '아비'가 결합된 말입니다. 아저阿儲에서 '저'는 '버금', '작은'이라는 뜻으로 직계 가족이 아닌 방계 가족을 가리킵니다. '아저+아비'가 '아자븨'가 되고 '븨'가 탈락하면서 '아재'가 됩니다. 여기에 씨를 붙인 게 아저씨입니다. 같은 맥락으로 아주머니는 '앚어미'에서 온 말입니다. 배우 원빈 주연의 〈아저씨〉는 2010년에 개봉했습니다.

엄마야

> 민간에서 아버지를 '아부(阿父)'이라 하고 어머니를 '아미(阿嬭)'라고 한다. 아프고 고통스러우면 '아야(阿爺, 아버지)'를 부르고 놀라고 두려우면 '아모(阿母, 어머니)'를 부른다. – 방언류(方言類),『송남잡지』

무슨 일이 생겼을 때 '엄마야!'라고 외치는 말의 연원도 정말 한참 오래된 거로군요. 가수 조용필의 〈고추 잠자리〉(1981)에도 '엄마야, 나는 왜'라는 가사가 나옵니다. 드라마 〈도깨비〉(2016)에도 주인공 지은탁(배우 김고은)이 "엄마, 깜짝이야."라고 하는 대사가 나와 인기를 끌었습니다.

뻐꾹질

시매(猜枚)는 우리나라 말로는 '뻐꾹질'이라고 한다. 바로 국국새는 이곳을 떠나면서 '뻐꾹' 울고 저곳을 떠나면서 '뻐꾹' 운다. 지금 어린아이들이 서로 숨고 서로 찾는 것은 뻐꾸기 소리를 흉내 낸 놀이이다. - 기술류(技術類), 『송남잡지』

〈못 찾겠다 꾀꼬리〉(1982)라는 조용필의 노래가 있습니다. 왜 못 찾는데 하필이면 꾀꼬리라고 할까요? 꾀꼬리 소리가 들리면 사람들은 소리가 나는 쪽을 돌아보고 어떤 새인지 찾는데, 꾀꼬리는 나뭇가지가 무성한 사이에서 숨어 노래하기 때문에 잘 안 보입니다. 이것이 꾀꼬리라는 새가 숨바꼭질 놀이에 등장한 이유입니다.

'숨바꼭질'이라는 말에서도 우리의 물 정서가 나타납니다. 처음 이 놀이는 물놀이였습니다. 물속에서 숨을 바꿔 쉬는 '숨막질', '숨바꿈질'이 '숨바꼭질'이 되었습니다. 숨바꼭질은 물속에서 술래잡기를 하던 놀이였습니다.

자! 으쌰!

『개권일소(開卷一笑)』에서 "『금릉시어(金陵市語)』에서 '거동을 하면 자

(者) 자를 숭상한다.'라고 하였는데, 지금 여러 사람이 힘을 모을 때 '자(者)'라고 외치니 '아위성(鴉圍聲)'이라고 한다."라고 하였다. - 방언류(方言類), 『송남잡지』

저것이 지금의 '자!', '힘내!'라는 말입니다. 그리고 저 '아위성'이 바로 '아우성'입니다. 1936년 청마 유치환은 그의 시 〈깃발〉에서 바람에 나부끼는 깃발을 '소리없는 아우성'으로 표현했습니다. 드라마 〈폭싹 속았수다〉(2025)에서 주인공 관식(배우 박보검)이 애순(배우 아이유) 앞에서 〈깃발〉을 어렵게 끝까지 암송하는 장면이 나옵니다.

『회남자(淮南子)』에서 "큰 나무를 드는 사람은 반드시 '어사(於邪)'라고 소리쳐서 서로 호응하여 힘을 모은다."라고 하였다. 지금 무거운 것을 드는 사람들이 '어사(於邪)'라고 외치는 소리가 이것이다. - 방언류(方言類), 『송남잡지』

이게 지금의 '으쌰!' 입니다. 이런 한국어 감탄사는 지금 외국에서도 꽤 유명해졌는데, '아이고'라는 말도 그렇습니다. 한국어가 고스란히 외국어에 스며들어 쓰인 것은 20세기 초 작가 김사량金史良이 쓴 일본어 소설 『빛 속으로光の中に』에서 발견할 수 있습니다. 소설 속에 한국어 '아이고'가 'アイゴ(아이고)'라고 그대로 나오는 부분이 있습니다.

アイゴ… 何も訊かないで下さい。彼女は小さな声で哀れ深く云った。

(아이고… 아무것도 묻지 말아주세요. 그녀는 작은 목소리로 불쌍하게 말했다.)

이를 보면 한국어가 외국 문화에 들어가기 시작한 지가 꽤 되었습니다. 지금은 외국인들도 'Mukbang(먹방)', 'Hwaiting(화이팅)', 'Gosu(고수)', 'Chobo(초보)', 'Aegyo(애교)', 'Unnie(언니)', 'Oppa(오빠)', 'Maknae(막내)' 등의 한국어를 서슴지 않고 사용합니다.

쫑쫑쫑

옛날 말에는 동물을 부르는 소리도 따로 정해져 있었습니다.

> 『풍속통(風俗通)』에서 "닭은 본래 주씨 노인이 가금(家禽)으로 변화시킨 것이다. 그래서 모이를 줄 때 '주주(朱朱)'라고 부른다."라고 하니, 『집운(集韻)』에서 "매의 음은 '주'이니 닭을 부르는 소리이다."라고 하였다. - 방언류(方言類), 『송남잡지』

축계옹(祝鷄翁)이 닭을 잘 기른 까닭에 닭을 부를 때 '축축(祝祝)'이라고 한다. 양웅(揚雄)의 『방언(方言)』에서 "계림(桂林)에서는 닭을 일러

'종(鍾)'이라고 한다."라고 하였는데, 그 주석에서 "'鍾'의 음은 '종'이다."라고 하였다. 지금 병아리를 부르는 소리다. – 방언류(方言類), 『송남잡지』

'나리나리 개나리 입에 따다 물고요. 병아리 떼 종종종 봄나들이 갑니다.'

윤석중尹石重이 작사하고 권태호權泰浩가 작곡한 우리나라 동요 〈봄나들이〉(1930년대 초)입니다. 여기에 병아리 떼 '종종종'이 나옵니다. 위 『송남잡지』 기록을 보면 오래전 병아리 부르는 소리가 '종'이었다고 하는데 노래 가사와 연관이 있어 보입니다.

하하

양(梁)나라 무제(武帝)가 후경(侯景)에게 곤액을 당하였는데, 오랜 병에 입이 써서 꿀을 찾았지만 얻지 못하였기에 '하하(荷荷)'라 하고 마침내 죽었다. 지금은 어떻게 할 수가 없어서 웃는 것을 '하하(荷荷)'라고 하니 '허허(翖翖)'거리는 억지웃음과 같다. 억지로 웃는 분노는 눈을 부릅뜨는 것보다도 심하다. – 방언류(方言類), 『송남잡지』

『송경문필기(宋景文筆記)』에서 "촉(蜀)나라 사람들은 물건을 보고 놀라면 문득 '희희희(噫嘻嚱)'라고 한다. 이백(李白)은 「촉도난(蜀道難)」에서 이 말을 사용하였다."라고 하였으니 '희희희(噫嘻嚱)' 세 자가 좋은 감탄인 줄 알겠다. - 계고류(稽古類), 『송남잡지』

'하하', '희희희'라고 하면 지금은 웃는 모습을 생각합니다만, 과거에는 안 좋은 느낌을 전달했습니다. '하하'는 억지로 웃는 웃음, '희희희'는 놀랐을 때 내는 소리입니다. 웃어 넘어가는 것은 '절도'라고 표현했습니다. 이것이 지금도 쓰는 포복절도抱腹絶倒입니다.

진(晉)나라에서 사람들이 하는 말에 "위개(衛玠, 진나라 사람)의 이야기에 왕징(王澄)이 절도(絶倒)한다."라고 하였다. 지금 크게 웃는 것을 '절도(絶倒)'라고 하는 말이 여기에서 유래하였다. - 방언류(方言類), 『송남잡지』

푸르다

우리나라에는 예로부터 여관(店, 점)은 없고 원(院)이 있었다. 행인이 곡식을 싸들고 길을 나섰다가 빈 원(院)에서 제 손으로 취사하고 잠을 잤다. 고려의 숙종(肅宗)이 돈을 유통시키려고 주식점(酒食店)을 열도록 명한 것이 가게의 시초이다. 지금은 원(院)이 없어졌는데도 여전히 주막(酒幕)을 원이라고 일컬으니, 요로원(要路院), 장호원(長湖院) 같은 예가 매우 많다. 『광운(廣韻)』에서 "푸른 주막 깃발(帘, 염)은 술집의 망자(望子)이다."라고 하였으니, 지금 술집 문의 푸른 기(青帘, 청염)와 주등(酒燈)은 모두 여기에서 유래하였다. - 실옥류(室屋類), 『송남잡지』

조선 시대 술집에는 푸른 깃발이 있었나 봅니다. 지금부터 사극에 주막이 나오면 한 번 유심히 보시기를 바랍니다. 술집 문에는 푸른 깃발이 있어야 제대로 된 고증입니다. 우리나라의 청색은 조금 따져봐야 합니다.

우리나라에서 '아청(鴉靑)'이라 하는 것은 갈가마귀 것의 푸른 색과 같다는 말이다. '다홍(茶紅)'이라 하는 것은 산다화(山茶花, 동백꽃)의 붉은 색과 같다는 말이다. '초록(草綠)'이라고 하는 것은 풀의 푸른 색과 같다는 말인데, 우리나라에 '초록은 동색(同色)'이라는 말이 있다. 공번(孔璠)이 제자인 이밀(李謐)에게 도리어 가서 배움을 청하였는데, "푸른색은 쪽풀에서 만들어지지만, 풀은 푸른색보다 덜 푸르다."라는 노래가 있었으니, 푸른색에도 농담(濃淡)의 차이가 있나 보다. 또 은(蒑)색은 운서(韻書)에서 "풀이름이니 일명은 초청색(草靑色)이다."라고 하였으니, 지금의 담청색(淡靑色)을 이른다. - 방언류(方言

類),『송남잡지』

『계척집(鷄跖集)』에서 "유리기와(琉璃瓦, 유리와)를 일명 '표와(縹瓦)'라고 한다."라고 하였고, 유도(劉陶)의 시에서 "연청색으로 기와를 만든다."라고 하였으니, 지금의 '청기와(靑瓦)'가 이것이다. - 실옥류(室屋類),『송남잡지』

횡단보도를 건널 때 초록색에 건너세요? 파란색에 건너세요? 사실 우리나라 신호등에는 파란색이 없습니다. 교통신호는 전부 초록색입니다. 그런데도 우리는 '파란불'이라는 말을 계속 사용합니다. '푸르다'는 말을 쓰는 한국인의 말 습관입니다. 제가 질문해보겠습니다. 한자 '푸를 청靑'에서 '푸르다'가 '파란' 거예요? '초록초록'하다는 거예요?

여기에 기준을 마련한 문인이 조선 후기의 표암豹庵 강세황姜世晃입니다. 1768년 강세황은 「녹화헌기綠畵軒記」를 쓰면서 '옛날 사람들이 청靑, 벽碧, 창蒼, 취翠 등으로 산을 묘사한 이유는 먼 산을 가리키는 것일 뿐 산의 색은 사실 녹綠이라고 해야 한다는 사실을 깨달았다.'라고 했습니다.

종이

우리나라에서는 '지(紙)' 자의 훈을 '종이(造衣, 조의)'라고 발음하는데 이것은 면이 나오기 전에는 종이로 옷을 만들었기(造衣, 조의) 때문인 듯하다. - 방언류(方言類), 『송남잡지』

정묘호란이 일어난 해인 1627년 9월 인조는 솜옷 500벌과 더불어 낙복지 400장을 서북 변방에 보냈고 해조該曹에 보관되어 있는 낙복지와 쓸 만한 휴지休紙, 회답이 없는 장계狀啓 등의 종이를 보내 군사들의 추위를 방지하도록 했습니다. 이것이 유지의襦紙衣(종이로 만든 겨울옷)의 시초로 이유원李裕元의 『임하필기林下筆記』에 기록되어 있습니다.

조선 시대 사람들은 솜옷을 만들어 입었는데, 솜으로 지은 옷을 '핫옷'이라 합니다. '핫바지'라는 말도 여기에서 나왔습니다. 목화솜보다 더 오래전부터 사용된 것은 풀솜이었습니다. 풀솜은 실을 뽑아낼 수 없는 누에고치를 잡아당겨 얻은 솜입니다. 솜옷 만드는 방법은 옷감 사이에 솜을 넣는 것입니다. 그러나 이렇게만 하면 솜이 옷감 안에서 뭉치고 아래로 축 처집니다. 그래서 이를 방지하려고 종이가 사용되었습니다. 이것이 낙복지落幅紙(과거에 떨어진 사람의 시험지, 즉 남은 종이)입니다.

조선 시대의 궁중 문서인 「궁중발기宮中發記」에는 오목누비·중누비·잔누비·납작누비 등 여러 가지 누비 방법이 나오는데, 정약용은 『아언각비雅言覺非』에서 꿰맨 승려의 옷을 뜻하는 '납의衲衣'를 우리나라 사람들이 잘못 옮겨 '누비縷緋'라고 말한다고 했습니다.

울릉하다

『삼국사기』에서 말하였다. 울릉도 사람들이 강함을 믿고 복종하지 않기에, 이사부(異斯夫)가 나무로 사자를 만들어서 "너희들이 만약에 복종하지 않으면 내가 이 짐승을 풀어놓아 너희들을 죽이겠다."라고 위협하였다. 그래서 지금 거짓 위엄으로 남을 협박하는 사람을 '울릉(鬱陵)'이라 하고, 또는 '울(鬱)'이라고 하는 것이 여기에서 유래하였다. – 방언류(方言類),『송남잡지』

'울릉하다'라는 말이 있었습니다. 지금도 간혹 씁니다. '위협한다'는 뜻입니다. 그런데 울릉도 하면 뭐니 뭐니해도 호박엿입니다. 이 호박엿은 울릉도의 후박나무를 첨가해 만들었던 '후박엿'이 육지로 전해지면서 호박엿으로 바뀌게 된 것입니다.

마누라

노부인(老婦人)을 '마누라(抹樓下, 말루하)'라고 칭하니, 꾸민 마루 아래

(粧妹樓下, 여매루하)라는 말로 '합하(閤下)', '족하(足下)'와 같은 의미이다. 지금 남자를 '영감마누라(令監妹樓)', '대감마누라(大監妹樓)', '진사마누라(進賜妹樓)'라고 칭하기도 하니, 또한 남자나 여자를 존대하는 통칭이다. - 방언류(方言類), 『송남잡지』

마누라의 어원은 '마노라'입니다. 『삼강행실도三綱行實圖』에 '마노라'라는 단어가 나타나는데, 이때는 '주인'의 의미였습니다. 『계축일기癸丑日記』에는 '대비 마노라', '선왕 마노라'처럼 왕과 왕의 가족이 관련된 명사 뒤에 붙여 쓰였습니다. 지금 '마누라'는 아내를 부르는 말입니다.

영감令監은 조선 초 정3품과 종2품의 당상관堂上官을 높여 부르던 말이었습니다. 임금을 의미하는 상감上監, 정2품 이상의 당상관을 뜻하는 대감大監, 그 다음으로 높은 벼슬아치에게 쓰는 존대어였습니다. 지금은 검사, 판사, 국회의원 뒤에 붙여서 쓰기도 합니다. 영화 〈부당거래〉(2010)에서 경찰 최철기(배우 황정민)가 검사 주양(배우 류승범)을 영감이라고 부르는 게 바로 이것입니다.

귀달마

조선의 정승 홍귀달(洪貴達)은 청렴하고 검소하였다. 정승의 지위에 있었으나 그의 말이 살찌지 않았기 때문에 지금 비루먹은 말을 '귀달마(橽達馬)'라고 부른다. - 방언류(方言類), 『송남잡지』

    홍귀달은 재상이었음에도 불구하고 천성이 매우 검박하여 항상 조랑말을 타고 다녔기 때문에 사람들이 조랑말을 귀달마라고 부르기 시작했습니다. 홍귀달은 연산군 때 문인으로 1504년 손녀(아들 홍언국(洪彦國)의 딸)를 궁중에 들이라는 왕명을 거역해 장형杖刑을 받고 경원으로 유배를 가던 도중 죽임을 당했습니다. 이를 '홍귀달 사건'이라고 하는데 이 사건이 1504년 갑자사화甲子士禍의 도화선이 되었습니다. 홍귀달 사건을 시작으로 왕명에 불복한 자들에 대한 연산군의 피의 보복이 시작되었습니다.

지청구

    지천(遲川) 최명길(崔鳴吉)은 여러 번 나라의 큰일을 맡아서 처리하였다 예를 들면, 인조반정에 인조의 생부를 원종(元宗)에 추숭한 일, 병자호란 때 강화를 맺은 일 등이다. 일이 이루어진 후에는 그 일과 상관없는 사람들의 시정에 대한 논의가 모두 최명길에게 허물을 돌렸다. 그래서 지금 매사에 탓하는 것을 지천굴(遲川屈)이라고 한다.
- 방언류(方言類), 『송남잡지』

요새 말에 '지청구'라고 하는 것은 꾸지람을 말하는데 '지천'에서 나온 말이었습니다. 사람들이 하도 최명길 탓을 하는 바람에 '이게 다 지천 때문이다.'라고 말했고, 이는 '최명길이 최명길했네.'라는 말이나 다름없었습니다. 이렇게 고유명사인 사람의 이름을 동사로 만들어 서술하면 그 사람의 특성을 단도직입적으로 나타낼 수 있습니다. 지금 어떤 대상의 특성을 직관적으로 나타내기 위해서 말하는 '(잘생긴)차은우가 차은우했네(잘생겼네).'처럼 '○○가 ○○하다.'라는 표현의 역사가 이렇게 오래되었습니다.

을사삼간

야사(野史)에 다음과 같은 이야기가 있다. 임백령(林百齡)의 꿈에 귀신이 말하였다. "네 이름을 괴마(槐馬)라고 고치면 의당 부귀해질 것이다." 임백령은 괴마(槐馬)라는 이름이 매우 점잖지 못하다고 생각하여 고치지 않았는데, 다시 귀신이 꿈에 나타나 꾸짖었다. "이름을 고치지 않으면 너에게 큰 재앙이 있을 것이다." 임백령은 "이름과 호는 비록 다르지만, 나를 부르는 것은 한 가지다."라고 생각하고 마침내 호를 괴마(槐馬)라고 하니 또한 괴이하다. – 성명류(姓名類),『송남잡지』

임백령, 윤원형, 정순붕은 을사삼간乙巳三奸입니다. 1545년 을사사화

때 중상모략으로 많은 이들을 죽였습니다. '을사'라는 말을 들으니 을사오적乙巳五賊도 생각납니다. 한국인의 정서에 이름이 얼마나 중요한 역할을 하는가는 영화 〈파묘〉(2024)를 봐도 충분히 알 수 있습니다. 이 영화의 주인공은 지관 역할의 상덕(배우 최민식), 장의사 영근(배우 유해진), 무당 화림(배우 김고은), 남자 무당 봉길(배우 이도현)입니다.

상덕은 임시정부 국무위원이었던 김상덕金尙德, 영근은 독립협회에서 활동한 고영근高永根, 무당 화림은 조선의용군에서 활동했던 이화림李華林, 봉길은 윤봉길尹奉吉 의사입니다. 화림의 동료 무당 오광심吳光心(배우 김선영), 박자혜朴慈惠(배우 김지안)도 모두 독립운동가였습니다. 친일파 집안 박지용은 을사오적의 하나인 이지용의 이름이고, 그의 어미는 배정자로 역시 친일파입니다. 아비 박종순은 을사오적의 하나인 박제순입니다. 이러한 패러디에 능한 게 한국인입니다. 이러한 패러디 식의 말 습관의 바탕은 역사 지식에 있습니다. 특히 한국인은 역사 관련 말 습관으로 콘텐츠를 만드는 데에 아주 뛰어납니다.

또한 이와 비슷하게 한국어 발음을 이용해서 외국어를 직관적인 한국어로 뒤집어내는 기가 막힌 능력도 갖고 있습니다. 윈도우 쇼핑 window shopping의 한국식 영어인 '아이 쇼핑eye shopping'을 '아이[童, 동] 쇼핑'이라고 만든 드라마 제목 〈아이쇼핑〉(2025)을 보면 이런 능력을 확인할 수 있습니다. 입양한 아이를 다시 물린다는 내용으로 제목은 '아이를 쇼핑한다'는 뜻입니다. 양부모에게 버려진 아이들의 생존과 복수를 그린 액션 스릴러 장르의 작품입니다. 한국인의 조어措語 능력은 가히

세계적입니다.

예교·쪽발이

『명사(明史)』에서 "유정(劉綎, 명나라 장수)이 예교(曳橋)의 성채(城砦)를 탈환하였다."라고 하였는데 그 주석에 "순천(順天)에 있다. 조선 사람들은 왜(倭)를 '예(曳)'라고 부르기 때문에 '예교(曳橋)'라고 한다."라고 하였다. - 실옥류(室屋類),『송남잡지』

지봉 이수광이 말하였다. 왜의 천황(天皇)은 정사에는 참여하지 않고 부귀만을 누린다. 국왕을 관백(關白)이라 부르는데, 국정을 전적으로 관장하며 천황을 받들어 섬긴다. 그러므로 세상에서 아무 하는 일이 없는 자를 일러 '예황제(曳皇帝)'라고 한다. 세간에서 왜(倭)를 예(曳)라고 하는 이유는 발꿈치를 질질 끌고 다니기 때문이라고 한다. - 방언류(方言類),『송남잡지』

예교는 전라남도 순천順天 망해대望海臺의 옛 이름입니다. 망해대는 조선 선조 30년(1597) 왜장 고니시 유키나가小西行長가 머물던 곳으로 처음에는 왜교倭橋라 불렀는데 후에 발음이 바뀌어 예교曳橋로 불렀습니다. 지금 '예황제 부럽지 않다.'라는 속담은 몸 편하고 우대 받고 호강하면서 지내는 안락한 생활을 일컫는데, 여기서 예황제가 일본의 국왕을 뜻합니다. 일본인 왕이 발을 질질 끌고 가는 모습에서 '예' 자를 써서 '예황제'라는 말을 만들었습니다. 배를 끌고 가는 배 예인선曳引船의 '예曳' 자로 기억하면 되겠습니다.

우리나라 사람들은 일본인 발의 모습을 보고 '왜'를 '예'라고 불렀는데, 이와 비슷하게 일본인을 비하할 때 쓰는 '쪽발이'라는 말도 일본인 발의 모습을 보고 나온 말입니다. 1923년 9월1일 일본 관동대지진이 일어났을 때 도시마다 도시 부흥에 나선 일꾼들이 넘쳐났습니다. 이때 일꾼들이 즐겨 신었던 신발이 '지까다비地下足袋'였습니다. 검은색의 지까다비가 돼지 족발을 닮았기 때문에 '쪽발이'라 부르게 되었습니다.

한하운韓何雲의 시 「전라도길」(1949)에 '버드나무 밑에서 지까다비를 벗으면 발가락이 또 한 개 없다.'라는 구절의 지까다비가 바로 이 신발을 가리킵니다. 『송남잡지』에 있는 기록도 그렇고 한하운의 시에서도 그렇고 우리나라 사람들은 일본 사람들의 발걸음을 유심히 관찰했던 모양입니다.

고집

『중용』에서 "선(善)을 택하여 굳게 지킨다(擇善而固執, 택선이고집)."라고 하였다. 우리나라에 '황고집(黃固執)'이란 사람이 있다. 또 우리나라 시에 "천하에 돌리기 어렵기가 닭고집(天下難回鷄固執, 천하난회계고집)"이라고 하였다. - 방언류(方言類), 『송남잡지』

고집은 굳게 지킨다[固執, 고집]는 말입니다. 조선 시대 숙종 대에 평양에 별명이 황고집인 사람이 있었습니다. 어찌나 고집이 센지 한양에 가서 친구의 초상 소식을 들었지만, 친구 죽음 때문에 한양에 온 게 아니었다고 하면서 우선 평양으로 돌아갔다가 한양으로 다시 조문을 왔다고 합니다.

이덕무李德懋의 문집에 일화가 나오는데, '황고집이 물정에 어두운 사람처럼 보이지만 오히려 편협한 사람의 정신을 일깨운다.'라고 했습니다. 이 사람이 황승순黃承順으로 호는 집암執庵입니다. 호에까지 집執자를 쓴 것을 보면 어떤 사람이었을지 짐작이 가고도 남습니다.

「소나기」(1952)를 쓴 소설가 황순원黃順元의 성격 역시 직설적이고 고집스러웠습니다. 황순원의 둘도 없는 친구인 원응서가 남긴 다음의 기록을 보면 황순원의 성격을 읽을 수 있습니다.

젊은 시절의 황형은 한복 차림에 고무신을 신고 크지 않은 키에 허리에는 염낭과 장도칼을 차고 …(중략)… 걸음이 빠르고 부지런하여 정말 발뒤꿈치에서 먼지가 뽀얗게 일 정도로 보였다. 한 마디로 황형의 성격은 자꾸만 위를 향해 올라가는 대나무와도 같다고 할까, 굽힐 줄 모르고 그냥 곧추 위로 올라가기만 하는 성격이랄까, 또 번거로움을 많이 타는 성격이랄까, …(중략)… 워낙 직설적인 성미여서 눈에 거슬리는 일이 많아서인지 몰랐다. 나는 그의 직설적인 데가 좋았다. 그것은 사리에 합당한, 언제나 바른말에 가까웠다. 싫은 것과 좋은 것이 분명했다.

황고집 황승순이 황순원의 8대조입니다. 역시 고집은 유전인가 봅니다. 황순원의 소설「소나기」를 모티브로 하는 한국의 영화 계보가 하나 있습니다. 이 계보의 영화에서는 남녀 주인공의 애틋함을 주제로 지금의 주인공 시점에서 시작한 이야기가 과거로 회귀하여 과거의 주인공 이야기로 펼쳐집니다. 영화 〈클래식〉(2003), 〈인어공주〉(2004)가 바로 이런 계보를 잇는 작품입니다. 일종의 타임슬립 Time Slip 영화입니다.

드라마 〈폭싹 속았수다〉(2025)도 「소나기」 계보의 드라마입니다. 이는 한국인의 정서 중 하나입니다. 우리나라 사람들은 과거로 돌아가는 이야기를 상당히 즐깁니다. 2000년 개봉작 〈동감〉과 〈시월애〉, 2016년 작품 〈당신 거기 있어 줄래요?〉와 드라마 〈재벌집 막내 아들〉(2022)도 모두 타임슬립 작품입니다. 이를 보면 한국은 가상 세계에 강한 정서를 가지고 있습니다. 영화 〈클래식〉과 드라마 〈폭싹 속았수다〉에는 타임슬립의 감성과 부모와 자식이라는 한국인 특유의 정서가 독특하게 나타납니다.

과거로 회귀하는 내용의 영화와 드라마가 인기를 끄는 이유는 향수鄕愁도 있겠지만 또 다른 이유는 과거가 누군가에게는 지식이 되기 때문입니다. 과거 회귀 장르를 볼 때 역사를 공부하거나 직접 겪은 사람에게는 '나는 다음 수를 미리 볼 수 있다.'라는 그런 우월감이 작용합니다. 지금의 미래 예측은 잘못했다가는 망신입니다. 그러나 과거의 미래인 지금의 과거는 지식이 됩니다. 가족끼리 보는 영화, 드라마에서 엄마, 아빠가 자식들에게 한 수 가르쳐주듯이 한마디 던지는 스토리가 극에서 중요한 단서가 되는 장면을 떠올려보세요. 이때 아빠, 엄마는 전지적 신이 됩니다.

지금 세대는 접해 본 적 없는 80년대 오락실 게임기, 소독차, 딱지치기, 김승진의 〈스잔〉(1985), 박혜성의 〈경아〉(1986) 등을 책이 아닌 몸으로 겪은 부모 세대와 지금의 역사책에 나오는 것들을 살아서 겪은 더 윗세대는 시간의 흐름이 부여한 원천 지식을 갖춘 셈입니다. 중장년의 생이 길어질수록 이전 세대가 살던 배경을 보여주는 콘텐츠가 더 많아집니다. 이런 콘텐츠는 일종의 박물관의 역할을 하게 되어 영상 역사 사료가 되기도 합니다. 아빠, 엄마, 할머니, 할아버지가 큐레이터와 도슨트가 될 수 있는 바탕은 역시 지식입니다. 한국인의 지식 추구성은 우월성의 근원이 되고, 이는 심할 경우 한국인의 상대 정복력으로도 연결됩니다.

한국인의 상대 정복력은 주로 재력, 학력으로 나타납니다. 근래에는 상대를 무시하기 위해서 학력으로 우월감을 드러내다가 여론의 뭇매를 맞는 사례도 있었습니다. 등급, 서열화에 익숙해진 한국인들은 '내가 누군지 알아?'라는 말로 유아성과 퇴행성을 보이기도 합니다.

영화 〈범죄도시1〉(2017), 〈범죄도시4〉(2024) 시리즈에서 폭력 조직원

장첸(배우 윤계상)과 장이수(배우 박지환)가 히트 친 '니, 내 누군지 아니?'라는 대사가 한국에서 인기몰이하는 이유는 그만큼 한국 사회에 상대 정복력 정서가 확산해 있다는 의미입니다. 옹졸하거나 치졸한 느낌이라서 직접 쓰지는 않겠지만 저 대사가 풍기는 얄팍한 자기 우월감이 지금 허세로 표현되는 사회관계망서비스SNS에 '잘나 보이는' 사진 올리기 행위에서 나타나는 건 아닌지 모르겠습니다. 이 또한 한국인의 스타성과 연결됩니다. 동안童顏 흠모 문화나 어쩌면 출산율 저조 현상도 이로써 설명할 수도 있겠습니다.

한국인의 스타성은 상대를 정복하려는 경향으로 나타나기도 합니다. 우리나라에서 차를 운전하다 보면 좌우로 차선을 변경할 때가 있는데 깜빡이를 켜면 뒤에 천천히 따라오던 차가 갑자기 속도를 올려 전속력으로 달려오곤 합니다. 차의 종류에 따라서 달려오는 속도가 달라지기도 합니다. 이런 식의 등급별 상대 정복력은 기형적으로 변태한 우월감의 표현입니다. 그런데 또 재미있는 것은 한국인의 정서에는 때리고 나서 미안하고 무안해하는 게 있어서 차선을 바꾼 차가 비상깜빡이를 켜서 '고맙다, 미안하다.'라는 의사를 전달하면 언제 그랬냐는 듯 없었던 일이 됩니다. 영화 〈스텔라〉(2022)에는 비상깜빡이의 의미를 설명하는 장면이 나옵니다.

나오는 말

조선의 마지막 백과전서의 의의

분류술과 창의력

『송남잡지』의 저자 송남 조재삼은 지식을 연결했습니다. 이를 위해서 먼저 데이터를 분류했습니다. 어떤 내용을 분류하는 기준을 마련하게 되면 자기 의견이 생기고 주변에 대한 식견이 생깁니다. 세상의 데이터를 나눠본다는 게 쉽지 않습니다. 그런데 한번 하기 시작하면 계속하게 됩니다. 어떻게 보면 일종의 지식 청소입니다. 세상을 한번 돌아보는 거지요. 이건 뇌 청소이기도 합니다. 일단 정리를 한번 해놓고 나면 머릿속이 시원합니다. 분류술分類術은 데이터가 많아진 지금 시대에 중요한 공부 방법입니다. 앞으로는 공부든 일이든 무엇을 하든 간에 성공은 뇌의 활성화에 달려 있기 때문입니다. '학습자가 어떻게 창의력을 계발할 수 있는가?'에 대한 교육학(자)적인 고민이 있어야 합니다. 학습자의 인지심리를 촉발하는 인지의 동인 중에 데이터가 있고, 이를 처리하는 분류술이 창의력 증진에 큰 역할을 합니다.

무엇이 창의력을 일으키는가? 창의성이 어떻게 나타나는지 연구했던 심리학자 아서 쾨슬러Arthur Koestler는 '이연 현상bisociation of matrices'이라는 용어를 만들어 창의성을 설명하려 시도했습니다. 이연 현상이란 서로 관련 없는 두 가지 사실이나 아이디어가 통합되면서 창의성이 발현되는 것을 말합니다. 서로 다르지만 놀랍게도 하나로 연관되어 있는 수많은 아이디어를 생각해 내는 정신의 능력이 창의력입니다. 『송남잡지』 같은 백과전서로 아이를 가르친다면 정말 많은 연결고리를 만들어 낼 수 있습니다.

데이터는 수용자와 공명을 일으킬 때 그 가치가 확실하게 드러납니다. 뇌는 자발적으로 의미를 찾고 그 순간 가장 타당한 행동을 선택하는 엔진입니다. 지금의 생각과 행동은 과거의 생각과 행동이라는 것을 기반으로 하며 뇌는 순간의 상황에 맞서기 위해 이러한 과거의 생각과 행동을 통제하고 재작업합니다. 우리 각자를 특별하게 만드는 것은 대부분 기존의 생각과 경험이라는 우리의 개별적인 역사의 독특함입니다. 다시 말해 우리 각자는 계속해서 창작의 과정에 있는 독특한 전통입니다. 인간의 지성은 오랜 생각으로부터 새로운 생각을 만드는 훌륭한 능력을 줍니다. 우리는 과거에 의존한다고 하더라도 계속 우리 자신을 재창조하고 있습니다. 그리고 그러한 재창조를 이끌어 가면서 우리가 누구인지, 어떤 사람이 될지를 빚어낼 수 있습니다.

분류는 다채로운 생각 후에 나타나는 기준의 모체입니다. 또한 인공지능을 지도 학습supervised learning하는 데에도 분류가 사용됩니다. 그만큼 분류는 지능과 연관이 깊습니다. 분류는 주어진 데이터를 클래스별로 구별해 내는 과정으로 데이터가 어느 범주에 속하는지 판단하게 됩니다. 알고리즘이 존재하는 이유도 바로 이 분류에 있습니다. 분류 능력은 그 자체로 또 하나의 지식입니다. 데이터를 분류하는 과정에서 고전적 방법을 따르는 가운데 독자적인 발상도 나타납니다.

분류는 하나의 세계관입니다. 역사적으로 『박물지博物志』, 『백과전서Encyclopédie, ou dictionnaire raisonné des sciences, des arts et des métiers』, 『사고전서四庫全書』 모두 제각각 소우주를 하나씩 만든 결과였습니다. 자기만의 우주를 만들려는 장대한 시도였습니다. 과연 오늘날의 아이들이 새로운 '지知'의 체계를 구축할 수 있을까요? 우리는 날마다 잡학 지식에 노출됩니다. 설사 잡학이라고 해도 그것을 분류하고 체계를 세우면 하나의 '앎'의 우주가 생겨납니다. 중요한 것은 '어떻게 하면 독자적인 분류법을 만들 수 있는가?'입니다. 특히 항목의 명칭을 어떻게 하면 특색 있게 만들지가 핵심입니다. 기성 분류법에 얽매이지 않고 자기가 활용할 목적으로 자기만의 분류 기준을 마련하는 것이 중요합니다. 『송남잡지』는 이런 분류 기준을 보여주고 학습자, 독자의 이연 현상을 유발하기 위해 고안된 학습서로 데이터 시대의 교육 과정에 벤치마킹할 요소가 많습니다.

언어 게임

저자는 『송남잡지』를 저술할 때 언어 게임 이론을 도입한 것으로 보입니다. 물론 저자 송남이 이런 이론을 알고 책을 저술했다고는 단정지을 수는 없지만 『송남잡지』에 언어 게임 이론을 적용할 수 있는 흔적이 남아 있습니다. 이런 걸 보면 한반도에서 조선 시대를 살던 호모사피엔스의 두뇌가 어떻게 진화했는지 추론해볼 수도 있습니다. 언어의 발자취를 찾아 지식의 맥락을 찾으려는 모습을 보였던 저자의 태도는 언어 게임의 특성입니다. 언어는 고정된 것이 아니므로 이를 귀납하는 방법에서 사고의 흐름을 잡을 수 있는데 『송남잡지』는 이러한 사례를 모은 것으로 인공지능사회로 가는 길목에서 인류가 어떤 사고태도를 보였는지 알 수 있게 합니다. 저자 송남은 사회적, 문화적 맥락속에서 이뤄지는 지식의 형성 과정을 살폈습니다. 누적된 데이터를 통해서 몇 개의 연결고리를 만들었고 네트워킹한 결과를 가르치려고 했습니다.

이는 언어의 의미가 맥락에 따라서 달라진다는 철학적 개념이 자연어 처리 기술에 접목된 예라고 할 수 있습니다.

언어 게임 이론은 비트겐슈타인Wittgenstein이 주장했습니다. 이 언어 게임 이론은 요즘 인공지능이 자연어를 처리하고 인간과 상호 작용하는 테크놀로지에 중요한 통찰을 제공합니다. 인공지능은 사용자의 의도를 파악해야 하는데 고정된 의미를 찾는 것이 아니라 대화의 맥락과 사용자의 의도를 파악해서 적절한 반응을 생성해야 합니다. 자연어 처리는 인공지능이 인간의 언어를 이해하고 처리하는 기술입니다. 문장과 단어의 의미를 정확하게 알아야 합니다. 지금의 디지털 세상은 단순히 단어의 사전적인 의미에 의존하지 않고 문맥을 찾을 수 있는 이러한 능력을 인공지능에게 요구합니다.

『송남잡지』라는 책의 목적과 기능이 일종의 언어 게임입니다. 저자는 동아시아에 살던 인간 언어 체계의 맥락에서 사고의 복잡성을 이해하려고 했고 이를 두 아들에게 가르쳐주려고 했습니다. 19세기에 살던 저자는 20세기를 살아갈 아들들이 어떻게 공부해야 할지 고민했습니다. 타인과의 상호작용을 위해서 더 자연스러운 언어 이해와 소통을 가능하게 하도록 언어에 대한 감각을 익히는 게 필수라고 느꼈나 봅니다. 이는 논리적 추론과 지식 표현(체계와 일관성, 패턴 파악과 규칙 생성)에서 아주 중요한 부분입니다. 이런 면에서는 버트런드 러셀Bertrand Russell

의 논리주의 철학도 보입니다. 러셀의 철학은 지식을 체계적으로 표현하는 데 필요한 논리적 기초를 제공합니다. 러셀의 논리주의는 지금 인공지능이 복잡한 논리적 문제를 해결하는 데 필수적인 기초를 제공합니다.

교육학적 고민

『송남잡지』에서 발견할 수 있는 비트겐슈타인 철학의 언어 맥락 파악, 러셀의 논리적 추론과 지식 표현은 교육 철학 관점에서 연구 대상입니다. 이렇게 디지털 발전의 이면에 있는 철학적 통찰을 살펴야 합니다. 기술 내면에 있는 철학적 정서를 찾아서 탐구해야 다음 단계로 지식의 진화를 이룰 수 있습니다. 『송남잡지』를 구성하면서 저자 송남은 이러한 교육 철학을 실현했고, 디지털 사고를 아날로그 방식으로 가르치는 교과 과정을 기획했습니다.

『송남잡지』는 조선의 마지막 백과전서입니다. 이 말은 『송남잡지』는 이전의 백과전서 내용을 포함한다는 것입니다. 지금 검색창에 검색어를 넣었을 때 나오는 검색 결과의 모음과 같습니다. 저자는 이렇게 답을 미리 끌어내어 가르치는 교재를 만들었습니다. 이런 방법을 요새 말로 알고리즘이라고 합니다. 따라서 『송남잡지』는 교육 공학과 디지털 데이터 교육의 연구 대상이기도 합니다. 『송남잡지』는 과거의 기록에서 영감을 받아서 쓴 교재이며 조선 후기보다 더 이전의 것을 조선 후기 당시의 것에 연결하여 쓴 내용이 주를 이룹니다. 이를 통해 과거 조선의 교육자는 어떻게 가르치려고 했는지에 대한 고민을 읽어볼 수 있습니다. 『송남잡지』라는 백과전서 교재를 편찬하여 다양한 데이터에서 학습자가 정보와 지식을 자발적으로 구성할 기회를 제공하려고 했던 저자의 의도를 보면 조선에도 지금과 비슷하게 교육 공학적 교육 철학이 있었음을 알 수 있습니다.

교감과 공감

재미있게도 『송남잡지』에는 누구라도 궁금해했을 법한 물음에 '아, 정말?'을 외치게 하는 답들이 제시됩니다. 저자는 '세상에 전하는 말', '전설에 따르면' 등의 말로 설명을 이끌며 사람들과 공감대를 일으키는 학습을 의도합니다. 저자는 사람들이 무심코 쓰고 있는 말에 대해 교육적 관심을 끌어내어 지식의 수준으로 발전시킵니다. 이를 보면 고대에서 조선까지 이어져 온 한국어의 어원학적 감각을 읽을 수 있습니다.

우리 민족은 시인 백석의 시에 나오는 단어만을 모아 어원사전을 만들 정도로 어원에 대한 애정이 남달랐는데, 언젠가부터 어원에 관한 글이 없어졌습니다.

송남은 당시 쓰이는 단어에 대한 새로운 시각을 전해주기도 하고, 다른 나라 언어와 우리말 사이의 조어 형식을 비교하기도 했습니다. 발음상으로 유추할 수 있는 어원뿐만 아니라 문헌상으로도 어원의 근거를 찾았습니다.

지봉 이수광이 "세상에 전하는 말로, 종루(鐘樓)는 싸리나무(杻, 뉴)로 마룻대를 만들었다."라고 하였으니, 뉴각(杻閣)이라는 이름이 마땅하다. - 실옥류(室屋類), 『송남잡지』

"사람이 활을 가지고 있는 모습을 본뜬 글자가 '弟(조)'이다. 아주 옛날에는 장례에 관곽(棺槨)을 사용하지 않았다. 그래서 항상 금수의 피해에 시달렸기 때문에 조문할 때 활을 들고 모여 짐승을 쫓기 위해 활을 쏘는 일을 도왔다." - 상제류(喪祭類), 『송남잡지』

당시(唐詩)에서,
산성엔 별미가 없어서 山城無別味 (산성무별미)

약초와 어과뿐이라네 藥草兼魚果 (약초겸어과)

라고 했는데, 어과는 물고기와 과일이 아니라 풀의 이름이다. - 계고류(稽古類),『송남잡지』

'어과'라고 하면 문득 물고기[魚]와 과일[果]을 떠올릴 법한데 저자는 이런 면을 유심히 지켜보고 있다가 가르쳐주고자 했습니다. 그리고 아래의 기록에서 보이는 것처럼 문헌에서 뿐만 아니라 실생활에서 얻은 지식을 전해주면서 공감과 교감을 시도했습니다.

「월령(月令)」에서 "2월 경칩이라 하니 칩거했던 벌레들이 모두 깨어나는 것을 말한다."라고 하였다. 그러므로 '칩거하던 벌레가 문에 붙는다.'라는 글이 있다. 근래 늙은 농부에게 들으니 '蟄(칩)'이란 틀어박혀 있다는(蟄伏, 칩복) 의미의 '蟄(칩)' 자가 아니라 바로 개구리 이름이니 봄기운이 돌면 얼음과 눈이 있더라도 반드시 먼저 우는 놈이라고 한다. - 세시류(歲時類),『송남잡지』

한국학, 한류학

『송남잡지』가 인용한 서적은 이수광의 『지봉유설芝峰類說』, 이익의 『성호사설星湖僿說』, 유형원의 『반계수록磻溪隨錄』, 권문해의 『대동운부군옥大東韻府群玉』, 그리고 『순오지旬五志』, 『아희원람兒戲原覽』, 『유양잡조酉陽雜俎』, 『산해경山海經』 등입니다. 인용한 내용은 고대, 중세, 근대 한국의 사회를 볼 수 있는 단서가 됩니다. 중국에서 들어온 데이터도 섞여 있습니다. 이는 당시 조선 사회에 영향을 끼친 데이터를 모두 커버하려고 했던 저자의 의도였습니다. 『송남잡지』를 통해 한국인의 원류를 파헤칠 수 있는 이유는 이 책으로 후대를 가르치려고 했던 저자의 태도에서 찾을 수 있습니다.

저자 송남은 한반도로 흘러 들어온 당시 주변 문명사회의 데이터 역시 한국인을 형성하는 데 크게 영향을 끼쳤다는 사실을 인지했습니다. 『송남잡지』에는 '한국인은 어떠한지?', '한국은 어떠한지?'에 관한 제3의 시선, 즉 한류학적 관점이 기록되어 있습니다. 우리가 우리를 알아야 할 때 바깥에서 우리를 바라보는 평가가 참 중요합니다. 저자가 아들들에게 가르치고 알려주고 싶었던 것이 바로 이런 것이었습니다.

『송남잡지』는 한국의 원류를 알려주는 책입니다. 한반도에 정주한 호모사피엔스는 시대별 여러 단계를 거쳐 그만의 유전자를 만들었고,

이것이 『송남잡지』에 기록되어 있습니다. 그러므로 지금 우리의 정서가 어떻게 구성되어 왔는가를 엿볼 수 있는 책입니다. 요새 말하는 한류는 역사 속의 이러한 정서가 물화物化된 결과입니다. 이름, 혼인(가족, 정치, 복수), 승부(공부, 외모, 예능), 생명(물, 인격체화) 등으로 분류되는 한국인의 문화 유전자가 『송남잡지』에 실려 있습니다.

**조선의
빅데이터,**
송남잡지를
찾아서

초판 1쇄 인쇄 • 2025년 8월 20일
초판 1쇄 발행 • 2025년 8월 27일

지은이 • 최원재
펴낸이 • 천정한
펴낸곳 • 문화잇다

출판등록 • 2020년 8월 3일 제446-2020-000006호
주소 • 충북 괴산군 청천면 청천10길 4
전화 • 070-7724-4005
팩스 • 02-6971-8784
블로그 • https://blog.naver.com/munhwait21
이메일 • munhwait21@naver.com

ISBN 979-11-976596-2-1 03910

• 책값은 뒤표지에 적혀 있습니다.
• 잘못 만든 책은 구입하신 서점에서 바꾸어 드립니다.
• 이 책의 일부 또는 전부를 재사용하려면 반드시 저작권자 및 문화잇다의 동의를 얻어야 합니다.
• '문화잇다'는 우리 지역의 이야기를 책과 다양한 문화예술 활동으로 담아내고 있는 지역문화
  콘텐츠기획사입니다.